感谢广东省广州市教育局与广州市广播电视大学2019年财政专项"广州学习型社会建设（远程教育部分）应用及建设工作"项目基金的支持

粤港澳台社区
老年教育比较研究

马早明 马林 郑淮◎编著

中国社会科学出版社

图书在版编目（CIP）数据

粤港澳台社区老年教育比较研究／马早明等编著 . —北京：中国社会科学出版社，2021.7
ISBN 978 – 7 – 5203 – 7894 – 9

Ⅰ.①粤… Ⅱ.①马… Ⅲ.①老年教育—对比研究—广东、香港、澳门、台湾 Ⅳ.①G777

中国版本图书馆 CIP 数据核字（2021）第 026555 号

出 版 人	赵剑英
责任编辑	张　林
责任校对	李　剑
责任印制	戴　宽

出　　版	中国社会科学出版社
社　　址	北京鼓楼西大街甲 158 号
邮　　编	100720
网　　址	http://www.csspw.cn
发 行 部	010 – 84083685
门 市 部	010 – 84029450
经　　销	新华书店及其他书店

印刷装订	三河弘翰印务有限公司
版　　次	2021 年 7 月第 1 版
印　　次	2021 年 7 月第 1 次印刷

开　　本	710×1000　1/16
印　　张	17.25
插　　页	2
字　　数	257 千字
定　　价	99.00 元

凡购买中国社会科学出版社图书，如有质量问题请与本社营销中心联系调换
电话：010 – 84083683
版权所有　侵权必究

目　　录

第一章　国际社区老年教育：理论基础、历史逻辑、
　　　　实践模式与发展趋势 ……………………………………（1）
　第一节　国际社区老年教育的理论基础 ……………………（1）
　　一　国际社区老年教育研究的相关概念 …………………（1）
　　二　国际社区老年教育的重要理论 ………………………（7）
　第二节　国际社区老年教育发展的历史逻辑 ……………（14）
　　一　社区教育发展的历史演进 ……………………………（14）
　　二　老年教育的发展历程 …………………………………（20）
　第三节　国际社区老年教育的实践模式 …………………（24）
　　一　"增权赋能"的国际社区老年教育实践模式 ………（24）
　　二　"养教结合"的国际社区老年教育实践模式 ………（38）
　　三　"以人为本"的国际社区老年教育实践模式 ………（46）
　第四节　国际社区老年教育的发展趋势 …………………（53）
　　一　社区老年教育目的呈多元化发展格局 ………………（53）
　　二　社区老年教育呈多层次化发展形态 …………………（53）
　　三　社区老年教育手段呈多样化发展 ……………………（55）
　　四　社区老年教育课程与教学呈多样化的设计 …………（56）

第二章　广东省社区老年教育研究 ………………………（58）
　第一节　广东省社区老年教育概况 ………………………（58）
　　一　广东省社区老年教育发展历程 ………………………（58）

二　广东省老年教育的现状 …………………………………………（61）
第二节　广东省社区老年教育的发展模式 ……………………………（64）
　　一　"社工＋义工"联动模式——以深圳市坪地社区九
　　　　九学堂为例 ………………………………………………………（64）
　　二　政府主导模式——以广州市黄埔区夏港街社区长者
　　　　学苑为例 …………………………………………………………（70）
　　三　地方开放大学参与模式——以茂名开放大学为例 …………（74）
　　四　多主体参与模式——以广州市番禺区为例 …………………（79）
第三节　广东省社区老年教育的课程与教学 …………………………（83）
　　一　广东省社区老年教育的科类与课程设置 ……………………（83）
　　二　广东省社区老年教育的教学工作 ……………………………（86）
　　三　广东省社区老年教育的师资队伍 ……………………………（88）
第四节　广东省社区老年教育的主要成效和问题 ……………………（91）
　　一　广东省社区老年教育的主要成效 ……………………………（91）
　　二　广东省社区老年教育中存在的问题 …………………………（94）
第五节　广东省社区老年教育发展的应对策略和未来趋势 …………（97）
　　一　广东省社区老年教育发展的应对策略 ………………………（97）
　　二　广东省社区老年教育未来的发展趋势 ……………………（102）

第三章　香港社区老年教育研究 …………………………………（105）

第一节　香港社区老年教育概况 ……………………………………（105）
　　一　回归前后香港社区老年教育的情况 ………………………（105）
　　二　老龄化问题对香港社区老年教育发展提出迫切需求 ……（106）
第二节　香港社区老年教育的政策 …………………………………（108）
　　一　香港社区老年教育的"老有所为"政策 …………………（108）
　　二　香港社区老年教育的"长者学苑"计划 …………………（110）
第三节　香港社区老年教育的组织管理与运作模式 ………………（111）
　　一　香港社区老年教育长者学苑的成立流程 …………………（111）
　　二　香港社区老年教育长者学苑的具体运作 …………………（112）
　　三　香港社区老年教育长者学苑的运行保障 …………………（113）

四　香港社区老年教育长者学苑的运作模式 …………………… (115)

　第四节　香港社区老年教育的课程与教学 ………………………… (121)

　　一　香港社区老年教育的课程设置 …………………………… (122)

　　二　香港社区老年教育的师资队伍建设 ……………………… (124)

　　三　香港社区老年教育的教学工作 …………………………… (127)

　第五节　香港社区老年教育的主要成效和存在问题 ……………… (142)

　　一　香港社区老年教育的主要成效 …………………………… (142)

　　二　香港社区老年教育中存在的问题 ………………………… (144)

第四章　澳门社区老年教育研究 ………………………………………… (149)

　第一节　澳门社区老年教育概况 …………………………………… (149)

　　一　澳门特区老年人口现状 …………………………………… (149)

　　二　澳门特区社区老年教育发展历程 ………………………… (151)

　第二节　澳门社区老年教育的政策法规 …………………………… (153)

　　一　澳门特区政府历年发布的《施政报告》 ………………… (153)

　　二　《澳门特别行政区养老保障机制及2016年至2025年
　　　　长者服务十年行动计划》的要点 ………………………… (155)

　　三　《持续进修发展计划》的主要内容 ……………………… (158)

　　四　《终身学习奖励计划》的政策内容 ……………………… (159)

　第三节　澳门社区老年教育实施及其发展模式 …………………… (162)

　　一　长者书院：正规教育体系下的高等教育发展模式 ……… (162)

　　二　多方合作的组织与管理模式 ……………………………… (165)

　　三　丰富养生的课程组合与灵活自主的教学模式 …………… (170)

　　四　"导师制"引导下的自我实现模式 ……………………… (179)

　第四节　澳门社区老年教育的特征与问题 ………………………… (180)

　　一　澳门社区老年教育的特征 ………………………………… (180)

　　二　澳门社区老年教育的主要问题 …………………………… (185)

第五章　台湾省社区老年教育研究 ……………………………………… (188)

　第一节　台湾省社区老年教育发展概况 …………………………… (188)

一　台湾省社区老年教育产生的背景 …………………… (188)
　　　二　台湾省社区老年教育的发展历程 …………………… (195)
　第二节　台湾省社区老年教育的政策法规 …………………… (198)
　　　一　台湾省社会行政主管机关的社区老年教育政策分析 … (198)
　　　二　台湾省教育行政主管机关的社区老年教育政策分析 … (202)
　第三节　台湾省社区老年教育的组织及管理模式 …………… (205)
　　　一　台湾省社会行政主管机关主办的社区型长青学苑
　　　　　及其模式 ………………………………………………… (206)
　　　二　台湾省教育行政主管机关主办的社区型老年教育机构
　　　　　及其模式 ………………………………………………… (209)
　　　三　台湾省民间组织设立的社区老年大学及其模式 …… (213)
　　　四　台湾省宗教团体创立的社区老年教育机构及其模式 … (215)
　第四节　台湾省社区老年教育的课程与实施 ………………… (217)
　　　一　台湾省社区老年教育的课程设置 ………………… (218)
　　　二　台湾省社区老年教育的师资培训 ………………… (221)
　　　三　台湾省社区老年教育的教学模式 ………………… (224)
　第五节　台湾省社区老年教育的成效与问题 ………………… (226)
　　　一　台湾省社区老年教育的成效 ……………………… (227)
　　　二　台湾省社区老年教育存在的问题 ………………… (230)

第六章　粤港澳台社区老年教育：共性与个性 …………………… (234)
　第一节　粤港澳台社区老年教育的个性差异分析 …………… (234)
　　　一　粤港澳台社区老年教育政策保障的差异分析 …… (234)
　　　二　粤港澳台社区老年教育课程与教学实施的差异分析 … (235)
　　　三　粤港澳台社区老年教育组织管理与运行模式的
　　　　　差异分析 ………………………………………………… (237)
　　　四　粤港澳台社区老年教育教师队伍的差异分析 …… (238)
　第二节　粤港澳台社区老年教育的共性分析 ………………… (239)
　　　一　粤港澳台社区老年教育背景分析 ………………… (240)
　　　二　粤港澳台社区老年教育课程实施分析 …………… (243)

三　粤港澳台社区老年教育组织与管理分析 …………………(246)
第三节　港澳台社区老年教育的经验借鉴 ……………………(249)
　　一　强化终身教育与社区教育意识，突破思想的
　　　　相对封闭性 ………………………………………………(249)
　　二　完善社区老年教育政策制度，健全社区老年教育
　　　　支持体系 …………………………………………………(250)
　　三　多方主体联动，构建新型社区老年教育治理模式 ………(252)
　　四　丰富课程内容与教学模式，为社区老年教育提供
　　　　实践支持 …………………………………………………(253)
　　五　营造社区老年教育环境，构筑积极老龄化社会 …………(255)

参考文献 …………………………………………………………(258)

后　记 ……………………………………………………………(268)

第 一 章

国际社区老年教育:理论基础、历史逻辑、实践模式与发展趋势

第一节　国际社区老年教育的理论基础

一　国际社区老年教育研究的相关概念

（一）社区及社区教育

"社区"这个词语，最开始是由德国的斐迪南·滕尼斯运用到社会学研究中。1887年德国的滕尼斯在《社区与社会》中提到了Community这一概念，即通过某一种积极的联系而形成族群，只要被理解为一致的对内和对外发挥作用的人或物。[①] 20世纪30年代初，费孝通先生翻译《社区与社会》时，将"Community"译为"社区"，其后被许多学者引用，并渐渐传播。许多学者也将"Community"译为共同体或公社，它具有公社、团体、社会、公众以及共同体、共同性等多种意思。当代社会许多学者都从不同的视角出发，对社区进行了定义。美国社会学家戴维·波普诺在《社会学》一书中指出，社区是指"在一个地理区域里围绕着日常交往方式组织起来的一群人"。英国学者德·朗特里编写的《西方教育词典》对社区教育进行定义认为："它是一种教育工作计划，它跨出学校或学院的范围，并让社区其他人参与，这些人既可以做学生，也可以做教师，或兼任两者，教育意图完全是为了整个社区利益服务的。比如：

---

① Ferdinand Tonnies, *Community and Society*, Germany, Dover Publications, 1877.

设法使本地区成为一个更令人感兴趣的居住地。"① 日本社会学家横山宁夫在《社会学概论》一书中也指出："社区具有一定的空间地区,它是一种综合性的生活共同体。"② 尽管社会学家对社区下的定义各有不同,在组成社区的基本因素上认识还是基本统一的,大部分认为社区应当包含一定数量的人口、一定规模的地区、一定规模的设施、一定特征的文化和一定类型的组织。社区就是这样一个"聚居在一定地区领域里的人们所构成的社会生活共同体"。作为城市的细胞,社区是理解城市空间结构、城市社会生活和城市居民活动的研究单位。随着城市生活圈的扩大,社区在居民生活中发挥的作用越来越突出,其触角逐渐蔓延到每个家庭和成员之间,因此对于社区及社区组织的研究受到越来越多学者关注,对于促进社区规范化管理和增强社区参与度与认同度等相关研究也逐渐增多。

社区教育(community education)源于1884年由丹麦建立的全球第一所"民众中学"。那时候欧洲其他国家接踵模仿丹麦的经验,开办了轰轰烈烈的群众教育活动。到了20世纪中叶以后,美国又逐渐延续和发展了"民众中学"的历史,社区学院——这一扎根基层社区的教育机构成为美国标志性的创举,在美国土壤中生根发芽,对美国的教育发展起到了重要的推动作用。对于社区教育的概念,不同的国家及学者具有不同的概念界定及内涵阐释。美国学者弗莱彻认为教育就是教育领域内的社区参与,社区教育还可以指把教育中心纳入社会生活的主动服务。按正规的说法,社区教育就是把中、小学和高等学校转变为适合一切年龄人的教育中心和娱乐中心的过程。弗莱彻在1976年曾对社区教育的主体、社区教育应利用的资源等进行了分析,他认为社区教育应利用社区公共设施,如学校社区教育涉及不同年龄、不同收入水平以及各种族群,由社区居民自己确认他们的需求和问题。为满足这些需求而发展各类教育计划,在社区内对各类机构和学校进行协调。

---

① [英]德·朗特里(D. Rowntree):《西方教育词典》,陈建平等译,上海译文出版社1988年版,第3页。

② [日]横山宁夫:《社会学概论》,毛良鸿、朱阿译,上海译文出版社1983年版,第10页。

在中国，社区教育在新中国成立前就已经出现并具备发展的雏形，清末民初的"通俗教育"及民国时期的"社会教育"就是社区教育的前世。但是直到20世纪80年代初期，中国社区教育才真正地发展起来。改革开放后，基于原有的学校教育、家庭教育和社会教育相结合的经验，并学习借鉴国外社区教育的经验方法，在不同区域设计不同的社区教育模式。通过试点，探索出来不同的社区教育模式。目前中国对于社区教育比较具有权威性的界定是教育部在2000年提出的："社区教育是在一定地域内运用各种教育资本，开展的旨在提升社区全体成员整体素质和生活质量，服务地域经济建设和社会发展的教育活动。"[1] 这一概念突出了"社区教育"两个主要的内涵：一是在社区教育中充分利用区域内所具有的资源，加入社区生活、社区问题等内容，向居民提供一种非正规化的教育服务；二是社区教育的最根本目的是利用教育的力量改善人民的生活，提高人民的素质，促进整体社会的进步与发展。因此，明确社区教育的范围、对象、目标及性质，对于研究社区教育问题及实践指导等都具有重要意义。这也契合了中国著名教育学家厉以贤的观点，"所谓社区教育，是提高社区成员素质和生活质量以及实现社区发展的一种社区性的教育活动的过程"。

（二）老年教育及社区老年教育

随着世界人口老龄化的迅速发展，联合国及世界各国政府也开始越来越重视和关注老年人的问题。早在1982年，在维也纳召开的世界老龄大会呼吁各国政府采取有效措施解决人口老龄化带来的问题。会上通过的《维也纳老龄问题国际行动计划》，提出了发展老年教育的问题，认为"教育政策应当通过核拨适当资金和制订适当教育方案来体现老年人受教育权利的原则"，并且要"按照联合国教育、科学及文化组织提出的终身教育概念，制订老年人教育方案，以便帮助他们树立自力更生的思想和对社会的责任感"。此后更是通过了《老龄问题国际行动计划》《十·一国际老年人节》《联合国老年人原则》《1992年至2001年解决人口老龄

---

[1] 《关于在部分地区开展社区教育实验工作的通知》，http://www.moe.gov.cn/srcsite/A07/s7055/200004/t20000427_165158.html。

化问题全球目标》《世界老龄问题宣言》《1999年国际老年人年》等一系列重要决议和文件，提醒各会员国"铭记21世纪社会老龄化是人类历史上前所未有的，对任何社会都是一项重大的挑战"。联合国2009年统计数据显示，世界上有50个国家已经进入老龄化社会；中国将成为各国中老年规模最大、老龄化速度最快的国家。老龄问题不仅是每个人和每个家庭的现实问题，也是一个关系国计民生和国家长治久安的重大社会问题。①

西方一些发达国家较早的进入了人口老龄化社会，许多国家关于老年教育问题的研究已经有了较为丰富的理论基础，也有成熟的教育模式，值得我国借鉴。目前国内对老年教育的概念尚无统一的界定。比较有代表性的观点可以归纳为：①中国老年大学协会会长张文范对老年教育的界定："老年教育是老年人在新的社会化过程中自我完善、超越自我的有目的的学习活动，是老年人提高自身生命质量和生活质量，适应时代和社会需求的素质教育活动。"②中国老年学家熊必俊对老年教育的定义为："老年教育是以老年人为对象的教育体系，它融普通教育、高等教育与职工教育于一体，是成人教育的一个组成部分，是终身教育的最后阶段。"国际上关于老年教育的概念比较成熟，例如美国洛杉矶南加州大学教授大卫·皮特森（David Petersen）认为，"老年教育学是成人教育学和社会老年学两学科发展而成的新的共同研究领域，是探讨老年教育活动与理论研究的学科。"可见，老年教育，顾名思义即以老年人为对象的教育和学习活动。同时，老年教育在概念界定上亦有广义与狭义之分。广义的老年教育，一般认为是指老年社会教育，而目前大多数人对老年教育的认识也属于广义的范畴，即通过电视、广播、书籍、报刊等帮助老年人增知益智；通过博物馆、科技馆等公共场所向老年人开放，提高老年人的素质。狭义的老年教育，一般认为是指老年学校教育。目前理论界对狭义的老年教育的概念界定还没有统一的看法。人们一般认为，绝大多数老年人退休后参加的主要是老年社会教育，其实质是"人人参与

---

① 《"积极老龄化"在中国》，http：//theory.people.com.cn/n/2013/0203/c107503 - 20413628.html。

教育，人人接受教育"的社会教育。

为学习和了解更多不同国家的老年教育，以下是不同国家老年教育的特点。

日本的老年教育特点：一是具有广泛的参与性。日本最早的老年教育是由一些民间的社会团体和组织提供的。日本每个地区机构都有董事会，均为民间机构。这些董事会由热衷于老年教育的发起者和创办者组成，他们为老年人提供了各种学习和娱乐的机会，开设各类学校和课程。二是学习的主体性。日本的老年教育重视精神环境的建设和完善，教育活动中的福利保健所占比重比较大，并注重唤起老年人的自立性、主体性及自我实现精神。三是与福利相结合。重视对精神层次的建设与完善。教育活动中福利保健所占比重较大。①

英国老年教育事业受到英国历史、社会与文化的影响，逐渐形成了符合其社会特点的老年教育。表现如下：一是老年教育机构多样化。英国老年教育由多种不同类型的办学机构承担，高等教育机构、民间组织、宗教团体、教育部门和慈善基金会等。承办机构的多样化则从不同角度满足老年人的需求，使老年人能广泛地参与老年教育中。二是英国第三年龄大学注重老年人福祉与教育相结合。英国第三年龄大学众多，但它们遵循的目标是完全一致的，即提升老年人的福祉生活，促进公共教育事业的发展。三是英国第三年龄大学的管理与教学体现主体性。英国第三年龄大学主体性主要表现在管理和教育教学两方面，这种主体性是实施"自助自治"理念的必然表现，地方第三年龄大学有完全的自主权，可以根据实际需要来开展活动。②

美国老年教育的特点：一是法律体系完善。美国是世界上成人教育方面立法最多、最完备的国家之一。不仅如此，美国还单独为老年人立法，健全的法律保障老年人权益是其一项特色。专门的老年人法律有老年人权益保障法、美国老年人法、美国老年人福利法、美国老年人就业

---

① 楚良勋：《日本老年教育特点及其对我国老年教育的启示》，《继续教育研究》2006年第4期。

② Moody, H. R., Philosophical Presupposition of Education for Old Age, Educational Derontology, 1979.

促进法、老年人保健法、老年人护理保险法、禁止歧视老人法以及老年人教育法等。这一系列法律条款的出台，为美国老年教育的发展提供了法律和制度依据。① 二是重视理论研究。美国重视老年教育基础理论的研究，推动了其老年教育实践的发展。首先，美国老年教育关注老人的生老病死问题，重视死亡教育理论的研究。其次，美国老年教育注重研究方法多元化。再次，美国老年教育工作者注意将多门学科与老年教育研究联系起来，较多地从心理学、哲学的高度论述老年人学习的必要性和可能性，分析老年人晚年的教育和生活，探讨老年教育存在的必要，为老年教育的发展不断注入新的血液。最后，美国老年教育研究更关注老年教育实践，理论来源于实践，而且理论转化为实践成果或用于指导实践的时间非常短，这也是美国老年教育能够健康、迅速发展的原因之一。②

以上可以看出，发达国家老年教育的发展大都是依托社区教育。社区老年教育能够让老年人继续学习文化知识并通过培训获得一定技能，并且将学习到的理论知识应用到社区服务当中，这样不仅使老年人有了新的兴趣，人际关系中也能得到升华。譬如，美国的一些理论研究者提出开展社区型老年教育，由联邦老龄管理局资助创立社区大学，并为老年人制定全面教育规划。每所社区大学彼此之间形成网络，相互联系，开展正规、非正规教育和正式教育三种形式的老年教育。目前，美国约有1.5万家社区老年中心，依托社区，充分发挥老年人自身的潜能继续为老年人服务；英国的社区老年教育的发展也逐渐成熟，社区教育场所一种是社区学校：主要是为老年人和家庭主妇提供交际方便，满足自身的各方面需求。另一种是通过远程教育开设的开放大学，以满足老年人的多样化需求，可随时学、随时选择课程，为社区老年人提供了方便。在社区教育经费方面，英国政府每年会进行固定拨款，十分重视社区老年教育。在老年教育组织机构方面，老年人自行设立了独具特色的第三年

---

① 李福岭:《美国老年教育与我国老年教育之比较》,《高等函授学报》（哲学社会科学版）2010年第1期。

② 王娟:《美国老年教育及其对我国的启示》,《湖北大学成人教育学院学报》2008年第4期。

龄大学。可见,老年人在教育活动中,自主性、参与力、选择权非常大,可满足他们多样化的教育需求。日本作为老龄化程度较高的国家,社区老年教育的发展较为成熟。社区老年教育机构,重视培养扎根于社区的老年团体,如公民馆和老人福利中心等社区机构,旨在使日本的老年人避开交通问题而积极参与学习活动,并发挥其特长为社区服务。总之,西方发达国家大都是依托社区教育发展起来的,这就使社区老年教育能利用社区教育的便利性、低成本、服务性等优势为老年人提供服务,从而在管理体制、师资队伍建设、资源投入等方面都形成了比较全面、系统的社区老年教育服务发展体系。

基于此,中国学者认为未来中国也可以朝向社会老年教育发展,大体有三种定义:①社区老年教育,是面向聚居在社区的老年人,依托社区开展的各类教育活动,包括社区老年学校教育、老年远程教育和老年社会教育,目的是提高社区老年人的素质和生命、生活质量,丰富精神文化生活,促进社会文明、和谐、稳定,推动形成"人人皆学,处处可学,时时能学"的学习型社会。②社区老年教育是指在社区范围内,利用社区资源对老年人进行教育影响的计划和措施,其目的是提高老年人的素质和生活质量。③老年教育是在社区范围内开展的,是以老年人和准老年人为主题的,旨在满足其教育需求,保障其受教育权利,增强其生存发展能力,推进其社会参与和全面发展,并最终实现老年人和准老年人与家庭、社区和社会和谐发展的为老年人服务的活动。

二 国际社区老年教育的重要理论

(一)终身教育理论

终身教育理论强调教育不是仅限于学校某一特定阶段的活动,也不是某一部分人所拥有的特权。教育贯穿于人生的每个阶段,并且包括社会的每个成员。终身教育作为一种重要的国际教育思潮最早是由 20 世纪法国著名思想家孔多塞(M. J. A. Condorcet)提出的。在 1965 年的成人教育促进国际会议上,由联合国成人教育局局长保罗·朗格朗(Paul Lengrand)正式提出的,其中包含五个基本目标:一是社会要为每个人终身提供学习机会;二是对各种教育的实施必须进行统筹协调;三是对小学、初中、高中、大学以及区域性的社会学校、区域性的文化中心等所发挥的教育功能，社会应该给予大力的支持和勉励；四是（政府或社会）应推动对本国公民的相关制度或措施；五是为使终身教育观念渗透到教育的各个角落，应该对过去的教育观念进行改变。① 此后在朗格朗的著作《何为终身教育》中，对终身教育理论进行了详细的阐述。他认为"终身教育是一个人从出生到坟墓所受到的各类教育的总称"。1975 年印度学者达夫认为，终身教育是一个总和的观念。它囊括了人一辈子正规的、非正规的、日常教育的各类学习。最终的结果是使人的社会和专业生活达到十全十美的发展。基于对国外"终身教育""终身学习"和"学习型社会"理念的比较与分析，可以看出"终身教育""终身学习"和"学习型社会"理论在 20 世纪 60 年代中后期，开始逐渐发展并紧密地交错在一起，不同理论之间互相影响，形成了 20 世纪 70 年代以来世界教育改革与发展具有共鸣性的基本指导思想与原则。因此，终身教育理论发展迅速，在当今社会受到了广泛的传播与发展。在中国，我们强调构建学习型社会的背景下，倡导将"人人受教育，时时受教育"的理念贯穿于人的发展始终，并将"终身教育""终身学习"和"学习型社会"理论作为发展老年教育的重要理论基础。②

（二）需求层次理论

美国心理学家马斯洛是人本主义心理学的创始人，1943 年在《人类激励理论》中提出了需求层次理论。③ 将人类需求从低到高分为五个层次：生理需求、安全需求、归属与爱的需求、尊重需求和自我实现需求。生理需求主要是指人们维持自身生存的最基本要求，包括对食物、空气、水等方面的需要，是推动人行动的强大动力。安全需求主要是生理需求的延伸，人在生理需求得到满足后，便会产生安全的需要，包括生命财产安全、健康保障、生活工作环境安全稳定等。归属和爱的需求是较高层次，包括被别人认可、爱护、赏识等，主要表现为对亲情、友情、爱

---

① ［法］保罗·朗格朗：《终身教育引论》，赵中建译，中国对外翻译出版社 1985 年版。
② 高志敏：《成人教育社会学》，河北教育出版社 2003 年版。
③ A. H. Maslow, "A Theory of Human Motivation", *Psychological Review*, 1943: 370 – 396.

情等的需要。尊重需求是个人希望得到他人对自己价值的认可与尊重，从而感到满足和自信。自我实现需求是人的最高层次的需要，也是人最高品质的体现。作为社会中的人，在发挥自己的才干和潜能中不断实现自我存在的价值。马斯洛认为人的需求是由低层次向高层次升序的过程，每个人都会有这五种需求，在不同时期所表现的需求不同。生理需求和安全需求是人的基本需求，这两种基础层次的需求会促使人们产生行动力，从而获得满足。不同层次的需求是随着人的发展变化而变化的，基础需求满足后便会向较高层的需求逐渐转变，然而，需求层次随之越高，实现的概率反之越低。同一时期内往往存在多种需求，但总有某一种需求作为优势需要占主导地位起决定性作用。任何一种需求不会因为需求层次的发展而消失，各层面的需求相互依存和重叠。

实际上，老年人作为社会人，他们也有各方面的需求，归根结底是为了自我实现的需求。随着时代变迁和社会发展，老年人退休后的自我实现的需求，即实现他们的精神需求，便是老年人所追求的。根据马斯洛"需求层次理论"，老年群体作为社会人应该不断追求自我价值的实现，而不能因为社会身份的撤离而远离社会生活，放弃自我实现。老年群体只有不断地追求自我价值的实现，才能够获取精神上的追求和满足，为自我社会地位、社会价值不断充值。因此，有必要关注老年人如何去适应退休后的生活，适应社会的发展变化，融入社会活动中去，实现他们的社会功能，从而实现老年人的理想和健康生活。

（三）社会教育理论

社会教育的思想源远流长，但确切使用这个词还是从近代德国开始。社会教育（society education），广义指与学校教育、家庭教育并行的影响个人身心发展的社会教育活动；狭义指社会文化教育机构对青少年和人民群众开展的各种文化和生活知识的教育活动。

中国学术界"社会教育"一词是由日本传入转译而得。社会教育是一种以全民为教育对象，以全部社会为其范围，以社会整体发展为目的的教育方式。[①] 社会教育是终身教育的重要组成部分，是实现终身学习的

---

① 龚超：《国外社会教育理论研究的发展现状探析》，《理论月刊》2008年第2期。

重要手段，是衡量学习型社会的主要标志。随着人本主义精神的发展，学校教育对象的限定和办学理念，已经不能很好地满足全体社会成员受教育机会均等理想的实现。社会教育一般被认为是学校教育的补充，但新时期的社会教育，应该是比学校教育、家庭教育更大，并且一定意义上是涵盖前两者的"大教育"。[①] 社会教育指对社会全体成员以非正规教育方式进行的非职业性的终身教育活动，是把全社会的教育资源有机整合起来，形成新的教育体系。社会教育以实现人的自由与全面发展为根本使命。这也是教育的本质所在。社会教育的目的在于促进全体社会成员身心充分发展，全面改善社会生活，普遍提高社会文化水平及增进国家的繁荣与进步。老年人作为社会不可缺少的一部分，他们的教育文化水平、素质以及社会适应能力的提升，也是社会发展的良好体现。基于此，我们可以运用社会教育的理论来分析中国老年教育，促进我们的社会进步。

（四）闲暇教育理论

亚里士多德说过："我们教育自己的目的就是要把闲暇时光用于崇高的事业。"那么到底什么是闲暇教育呢？在目前的学术界来讲，这是一个有争议的话题，这是一个不容易界定的概念。中国多数学者倾向于三种解释：第一种，闲暇教育就是在闲暇时间内进行的教育；第二种，闲暇教育就是教会人们如何利用闲暇时间和如何提高闲暇生活质量的教育；第三种，闲暇教育是一种提高、充实人的精神境界的教育活动。[②] 由于研究闲暇教育的视角不同，不同学者定义的闲暇教育内容与目标也是截然不同的。有些学者指出，主流解释的闲暇教育观点中，第一种观点是不全面的，因为有关于闲暇教育的定义不能仅仅从时间的这一个维度去理解。不能认为只要是通过所谓的闲暇时间接受的教育就是闲暇教育。那种认为花费了闲暇时间，甚至占用闲暇时间开展的教育活动就是闲暇教育的观念也是错误的。闲暇教育旨在通过教育提高人们闲暇生活质量，而非占用闲暇时间进行教育活动。也有学者指出第二种观点也是不全面

[①] 龚超：《国外社会教育理论研究综述》，《中国青年研究》2008 年第 2 期。

[②] 田友谊：《我国闲暇教育研究述评》，《上海教育科研》2005 年第 5 期。

的。他们指出我们必须承认闲暇教育是教会人们在闲暇时间内提高闲暇时间生活质量。这是闲暇教育的初衷,但是在此定义中首先忽视了闲暇教育作为一种教育,是动态的、连续的、持久的、可伴随着人的一生的终身教育过程。在这个定义中没有反映出闲暇教育另一个最重要的意义所在,即闲暇教育对于人的意识、精神态度、人生观和世界观等发生的变化以及产生的作用,甚至有学者指出第三种观点中,比较泛化笼统地定义了闲暇教育,并未对闲暇教育作出质的规定,没有明确闲暇教育与其他教育的真正区别与意义,因而对闲暇教育的解释也是不全面的。

美国学者 J. 曼迪与 L. 奥德姆合著的《闲暇教育理论与实践》一书中写道:"闲暇教育,最能够充分说明其意义的不是它所包括的内容,而是它的实施过程。我们将闲暇教育视为一个完整的发展过程,在这一过程中,人们逐步地理解自我、理解闲暇、认识闲暇与自己的生活方式及社会结构的关系,人们经历一个在自己的生活中确定闲暇的位置和意义的过程。"[1] 从这段话中我们知道,闲暇教育过程最终要达到的结果就是要帮助人们提高自己的闲暇生活质量。侧重的是这样一种过程,伴随着过程中人们所发生的变化,从而更加有价值地利用闲暇,提高个人闲暇的质量。综上所述,将闲暇教育与结合老年教育,我们可以将闲暇教育的核心概括为:首先,闲暇教育的出发点是闲暇时间,它主要是在老年人空闲时间进行的活动,关注的是在此时间中的状态;其次,闲暇教育着眼于提高老年人闲暇生活的质量和丰富人的精神世界。而闲暇教育主要区别于其他教育的最重要意义就在于:老年人闲暇教育的目的是通过提高人的闲暇质量以及利用闲暇时间的能力,从而促进人理解闲暇、理解生活,享受生活,享受幸福,提高精神世界的愉悦感与充实感,通过闲暇教育使作为主体的个人能够主动地去支配自己的闲暇,提高自己的闲暇,从而在此过程中体验生命的意义,增加生活的体验,提高精神境界,感受幸福。[2]

---

[1] [美] J. 曼迪、L. 奥德姆:《闲暇教育理论与实践》,叶京等译,春秋出版社 1989 年版。

[2] 冯建军、万亚平:《闲暇及闲暇教育》,《教育研究》2000 年第 9 期。

(五) 积极老龄化理论

世界卫生组织曾在2002年提出"积极老龄化"的观念。"积极老龄化"是一种观念，是指最大限度地提高老年人"健康、参与、保障"水平，确保所有人在老龄化过程中能够不断提升生活质量，促使所有人在老龄化过程中能够充分发挥自己体力、社会、精神等方面的潜能，保证所有人在老龄化过程中能够按照自己的权利、需求、爱好、能力、参与到社会活动，并得到充分的保护、照料和保障。积极老龄化是一种战略。我国积极应对人口老龄化挑战，综合运用经济、法律和行政手段，不断推动老龄事业发展，基本建立了老龄法律政策制度体系，形成了"大老龄"的工作格局，营造了全社会尊老敬老助老的社会氛围，为我国科学应对人口老龄和科学解决老龄问题奠定了基础。积极老龄化是一种自觉，老年人是社会的主题，应以积极的生命态度投入生活，更加注重身心健康，更加注重人格尊严，更加注重自我养老和自我实现。人人都是老龄社会的主体，都应当以积极的生活态度面对老龄，既要有"老吾老以及人之老"的宽广博爱，也要有"未雨绸缪"的预先准备，为自己的老年生活做好物质和精神的储备。①

通常人们将"积极老化"的概念经常与"健康老化"进行比较与区别。有学者指出，"健康老化"是强调以"预防"为主，帮助老年人要及时关注自己的身体，预防可能存在的疾病和心理问题的出现，呈现较为健康的身体状态以及老化状态。而"积极老化"中的"积极"是鼓励老年人不断参与社会、经济、文化和公民事务等，不仅是健康老年人积极参与不同活动事务，患病老年人或残疾老年人也能发挥自己余力，对其家庭、社区和国家做出积极的贡献。② 实际上，积极老化表达了比"健康老化""生产性老化""成功老化"更为广泛的意义：首先，不再将老年人视为社会的负担，而是将其视为社会财富的积极创造者和社会进步的积极贡献者；其次，赋予了国家、政府和社会对保证老年人健康与发展

---

① 《"积极老龄化"在中国》，http://theory.people.com.cn/n/2013/0203/c107503-20413628.html。

② 《健康老龄化和积极老龄化》，https://it.sohu.com/20041211/n223446258.shtml。

所要尽的责任和义务，而且老年人获得健康、参与和保障也是一种社会权利；最后，积极老化理论不仅拥有理论内容，而且拥有政策框架和行动计划，不仅是个体的老化计划，也是整个群体的老化策略。

（六）学习型社会理论

"学习型社会"一词最早于1968年被美国芝加哥大学校长哈钦斯（Hutchins，R. M.）在《学习型社会》一书中提出。从20世纪70年代开始，构建"学习型社会"逐渐在国际上成为主流教育思潮。自1990年以来，一些发达国家正逐步把学习型社会的理念转化为具体的实践工作，中国的一些学者也开始着手对"学习型社会"进行理论研究。国内外学者对其概念的理解存在差异。"学习型社会"可称为学习化社会或学习社会，它们是同一个概念。1972年，联合国教科文组织在《学会生存——教育世界的今天和明天》中强调："在学习化社会，教育不再是精英分子的特权，更不是某个特定年龄阶段的所属品，它是每个社会成员一生所应享有的基本权利。"[①] 1974年，美国学者贺金逊和班森在《实现学习社会》著作中提出："实现学习型社会的基本前提就是将教育机会能够扩大到每个人的身上，使每个年龄阶段的人都能拥有再深造的机会。"1995年欧盟发表的《教与学：迈向学习社会》白皮书中指出："迈向学习社会需要反对不平等的学习机会，促进社会的统合以及照顾弱势群体。可行性的途径包括规划第二次学习机会、给低教育者提供学习机会和建立欧洲志愿服务体系。"中国学者厉以贤提出"学习社会"，要以学习者为中心，基于终身教育体系、终身学习和学习型组织，以满足全民各种学习需求，进而使自己得到可持续发展。[②] 老年人离退休之后，生活范围主要以社区为中心，他们有继续深造的机会和权利，满足老年人多样化的学习需求，就需大力发展城市社区老年教育，从而实现全民学习、终身学习，提高国民的整体素质。

（七）社会福利理论

社会福利（social welfare）是指国家依法为所有公民普遍提供资金和

[①] 联合国教科文组织：《学会生存——教育世界的今天和明天》，教育科学出版社1996年版。
[②] 厉以贤：《学习社会的理念和建设》，四川教育出版社2004年版。

服务，旨在保证一定生活水平和尽可能提高生活质量的社会保险制度。社会福利有广义和狭义之分，广义的社会福利是指提高广大社会成员生活水平的各种政策和社会服务，旨在解决广大社会成员各个方面的福利待遇问题；狭义的社会福利是指对生活能力较弱的儿童、老人、残疾人、慢性精神病人等的社会照顾和社会服务。社会福利是一种服务政策和服务措施，其目的在于提高广大社会成员的物质和精神生活水平，使之得到更多的享受。同时，社会福利也是一种职责，是在社会保障的基础上，保护和延续有机体生命力的一种社会功能。①

目前，英国、美国、澳大利亚等大多数西方国家都把发展老年教育作为一项社会福利事业纳入社会经济发展战略当中，在政府社会政策和财力的支持下，各国开展了各种形式的老年教育活动，如美国相关教育法律规定了老年人进入老年大学之后的经费支持和减免政策，日本相关福利部门会委托有关部门开展老年教育并给予相应的福利待遇。在中国，各地创办的老年大学，并不断改善老年教育的基础设施和师资条件，同时也会有一定的财政拨款，实际上也是福利理论的具体体现。② 将来，为解决中国人口老龄化教育问题，我国也需向西方学习，将老年教育作为一项社会福利事业，推动其不断发展。

第二节 国际社区老年教育发展的历史逻辑

一 社区教育发展的历史演进

（一）国外社区教育的发展历程

1. 社区教育的兴起（1800 年至 20 世纪 50 年代）

19 世纪社区教育作为一种社会教育形态首先在欧美国家兴起。1844年，丹麦教育家柯隆威（Grundtvig）及其合作者科尔德（Kold）成立了第一所"民众中学"，面向社区民众开展教育活动。民众中学开启了现代

---

① 胡象明：《广义的社会福利理论及其对公共政策的意义》，《武汉大学学报》（哲学社会科学版）2002 年第 4 期。

② 黄燕东：《老年教育：福利、救济与投资》，博士学位论文，浙江大学，2013 年。

社区教育实践的先河。到1871年，民众中学已经发展成遍及整个北欧地区的民众中学运动。20世纪初，北欧民众中学已取得较稳固的地位，各种各样的组织纷纷为其所属团体成员提供民众教育，并建立了以教学为目的的独立的民众教育组织。

1915年美国教育家、哲学家约翰·杜威（John Dewey）提出"学校是社会的基础"的思想，成为社区教育概念的最早起源。随后，曼雷（Frank J. Manley）和莫托（Charles Stewart Mott）在美国的密执安州践行了杜威的教育思想，建立了一系列实验性的学校，这些学校成为社区的一种资源，被社区利用，为社区服务。随着生产力的快速发展，整个教育领域经历着变革，社区教育也逐渐从星星之火呈现燎原之势。①

进入20世纪以来，社区教育获得了前所未有的发展，其推动力主要来自：①适应移民运动和城市化进程的要求。随着工业生产的集中和扩大，农村人口大批向城市转移，美国等国家形成城市化运动，城市开始支配工业国家人们的生活，教育在帮助人们如何适应现代城市社区生活方面显得越来越重要。②教育机会均等、教育民主化的口号得到普遍认同，教育对象扩大化。随着社会发展，民主、自由、平等观念逐步为社会成员所推崇，并体现在了教育领域。③传统学校理念被打破。人们逐步认识到知识中心、书本中心、课堂中心的传统学校教学理念，造成了学校关起门来传授知识，不重视社会生活，与社区完全隔绝等弊端。因此，学校开始运用宣传媒介，使社区居民了解学校的工作，学校与社区的沟通逐渐加强。

总体来看，这一时期是社区教育的兴起阶段，其突出特点在于：以民众中学和实验性学校为载体，适应生产力的发展和城市化的要求，通过运用社区组织方法，借助民间资源，改革社会福利制度和社会救济制度，保障教育机会均等和社会安定，促进社会发展。

2. 社区教育的推广（20世纪50年代至20世纪70年代）

第二次世界大战以后，"社区发展"成为联合国倡导的一项世界性运动，借以推动经济发展与社会进步，解决工业化、城市化、现代化进程

---

① 王英：《中国社区老年教育研究》，博士学位论文，南开大学，2009年。

中产生的一系列社会问题。1952年,联合国正式成立了"社区组织与社区发展小组"来具体负责推广世界各地的社区发展运动。1955年联合国发表题为《通过社区发展促进社会进步》的文件,指出,"虽然社区局部的改进可由某一部门着手进行,但全面的社区发展,则必须建立多目标的计划,并组织各方面各部门的联合行动",从而明确了社区教育在社区发展中的作用和地位,并强调了协调社区教育内部及与其他社区行动的关系。在社区发展计划的推行过程中,社区教育的实践和内涵不断丰富并完善,社区教育越来越为世界各国所接受,并呈多元化发展态势。与此同时,人们也逐步认识到社区发展实际上是一种教育与组织行动的过程,是以提高社区居民的素质和生活质量,促进社区经济、文化和社会进步为目的的。因此,社区发展的重点是人的培养、发展和教育,由此也引发了人们对社区教育的再认识,开始了对社区、社区发展与社区教育关系的自觉探索。社区教育的"社区性"得以凸显,人们开始有意识地规划社区教育的实施和发展,注意整合社区内外的各种资源,以提高社区居民的素质和生活质量。[①]

总体来看,这一时期是社区教育的推广时期,社区教育以"社区发展"为核心理念,关注解决工业化、城市化、现代化发展引发的一系列社会问题,强调将教育作为促进社区发展的重要手段,有计划、有目标地推进社区教育。同时,社区教育实践也逐步开始关注提高社区居民素质和生活质量对于社区发展和社会进步的促进作用。

3. 社区教育的全面发展(20世纪70年代至今)

自21世纪70年代以来,生产力发展迅速,信息技术日新月异,社区教育也步入全面发展阶段。联合国教科文组织于1976年11月召开第十九次全体会议,在通过的《关于成人教育发展的报告》中,明确把终身教育作为社区教育的发展理念。各国政府也相继把"时时可学、处处能学"作为构建终身教育体系的理想目标,把社区作为实现这一目标的载体,大力支持社区教育发展。与此同时,社区教育对象也向全员化方向扩展,一些发达国家依托大学和学院,通过开办成人教育和社区教育,以及人

---

① 王英:《中国社区老年教育研究》,博士学位论文,南开大学,2009年。

力资源开发等专业课程来培养社区教育所需的专业人才,社区教育工作呈现专业化的发展态势。

总体来看,20 世纪 70 年代至今是社区教育的全面发展阶段,社区教育成为许多国家构建终身教育体系的重要基地,社区教育的目标从单一走向多元,社区教育的对象逐渐扩大,走向全员化,社区教育的发展逐步趋向专业化、综合化和层次化。

(二)我国社区教育的发展历程

中国社区教育的出现,并不仅仅是学习西方的经验,也是结合自身的实践需要。20 世纪初,晏阳初的平民教育运动和梁漱溟的乡村建设就是典范。但这一时期教育运动还没有和学校教育充分协调,其对象也主要是成年人。新中国成立初期,社区发展并未进入人们的视野,社区教育停滞不前。改革开放后,社区教育逐步得以复苏和发展。20 世纪 80 年代以来中国社区教育的发展,大致分为三个阶段。

1. 社区教育的兴起(20 世纪 80 年代初至 1993 年)

20 世纪 80 年代初,中国社区教育开始兴起,其直接原因是中小学教育,需要社会和学生所在社区的支持。其原因主要可以概括为:一是学校教育经费短缺,需要社会各界的支持。二是学校的德育需要动员校外力量,通过社区和社会共同关心学生的德育,优化学生的健康成长环境。

国家通过一系列的政策文件,不断加强社区教育的发展。早在 1988 年 12 月发布的《中共中央关于改革和加强中小学德育工作的通知》规定:"城市的区街道可以通过试点,逐步建立社区教育委员会一类的社会组织,以组织、协调社会各界支持、关心学校工作,优化社会教育环境。"为推进工作的进展,1993 年 2 月《中国教育改革和发展纲要》规定:"支持和鼓励中小学同附近的企事业单位、街道或村民委员会建立社区教育组织,吸引社会各界支持学校建设,参与学校管理,优化育人环境,探索出符合中小学特点的教育与社会结合的形式"。实践中,教育工作者采用学校、家庭和社会"三结合"的教育模式,形成了以学校教育为主导,家庭教育为基础,社区教育为依托的中小学学生德育体系。"三结合"教育模式的主导角色是学校,一方面,社区教育委员会由学校来牵头运作;另一方面,许多中小学校与企业、部队等社会部门或单位开展"共建精神文明活动",在社区范围内开展针对中小学生的德育活动。①

总体来看,中国社区教育的兴起主要是为促进中小学生的思想道德教育,加强"三结合"教育模式和"共建"活动的发展,这也标志着学校教育开始由原本封闭的教育模式走向开放多元的模式,显示中国社会性的社区教育逐渐开始兴起。

2. 社区教育的试验（1993 年至 1999 年）

20 世纪 90 年代以来,构建学习型社会和完善终身教育体系开始成为中国社区教育领域的重大课题。1993 年在北京召开的中国社区教育研讨会,成为中国社区教育的一个转折点,大会提出"把社区教育和社区发展结合起来,把社区教育与教育管理体制改革结合起来,把学校教育与社区参与结合起来"。1995 年,全国人大通过并颁布了《中华人民共和国教育法》,提出"建立和完善终身教育体系",确立了终身教育在中国教育事业和改革发展中的法律地位,意味着社区教育的概念、对象、目的和内容,以及学校与社区的发展关系等都有了质的变化与拓展。1993 年国家教育部确定上海、北京、江苏等省市作为全国构建终身教育体系的实验区。1994 年,上海创办了第一所经市政府批准试办的社区学院——上海市金山社区学院；1996 年,上海市社区教育研究中心成立。随后,北京、天津等地也都开始试办社区学院,推行社区教育,并开始探索一些专门面向老年人的社区教育活动。②

这一时期是中国社区教育的试验推广阶段,以北京、上海等为首的第一批社区教育试验区获得了空前的发展。为促进人们更多的接受教育,社区教育成了当时人们开展终身教育的发展基地。其中接受教育的对象主要来源于各社区的居民,社区教育的发展为他们获得教育成长提供了更多的机会与途径,这也为日后发展老年社区教育奠定了实践基础。

3. 社区教育的发展壮大（1999 年至今）

1999 年国务院批转教育部《面向 21 世纪教育振兴行动计划》提出,"开展社区教育的实验工作,逐步建立和完善终身教育体系,努力提高全

---

① 王英：《中国社区老年教育研究》,博士学位论文,南开大学,2009 年。
② 王英：《中国社区老年教育研究》,博士学位论文,南开大学,2009 年。

民素质",这个计划为中国社区教育战略绘制了跨世纪蓝图,确立了中国21世纪社区教育的发展目标。2000年教育部职业教育与成人教育司(以下简称职成司)发布《关于在部分地区开展社区教育实验工作的通知》指出,"社区教育是在一定区域内利用各类教育资源开展的旨在提高社区全体成员整体素质和生活质量,服务区域经济建设和社会发展的教育活动","社区教育是实现终身教育的重要形式和建立学习化社会的基础,它具备'全员、全面、全程'的基本特征"。同年,教育部部署社区教育实验工作,确定了8个全国性社区教育实验区,社区教育的日常工作由职成司负责,建立了教育部社区教育工作联席会议制度,就社区教育实验工作的重大问题进行统筹和协调。2001年11月教育部在北京召开了全国社区教育实验工作经验交流会议,明确了中国社区教育实验工作的目标、任务和政策措施,又确定了28个全国性的社区教育试验区。会议要求加强学习、更新观念、开拓创新,提高社区教育水平,发展社区教育规模,在建立终身教育体系和学习型社会方面取得重大发展。据不完全统计,截至2001年年底,中国半数以上省、市建立了约110个社区教育实验区,其中北京、上海、天津、江苏、浙江等地区已在全省市范围内开展了社区教育工作。2003年,教育部职成司开展的社区教育试点工作进一步扩大,基本覆盖了各省、自治区、直辖市和计划单列市。2004年12月,中国教育部发布《教育部关于推进社区教育工作的若干意见》,将社区教育作为构建终身教育体系和建设学习型社会的重要战略举措,决定在全国范围内广泛开展社区教育,并明确将"开展老年人群社会文化活动"作为社区教育培训活动的一项重要内容。[①]

显然,这一时期是中国社区教育的发展壮大期。在发展终身教育和创建学习型社区的推动下,社区教育开始从实验区逐步向全国范围拓展,各地社区教育网络逐步形成。社区教育的硬件设施、师资条件和考核评估体系不断完善和规范,社区教育内容不断拓展,志愿者组织、社会工作者队伍等各种社会力量开始参与社区教育的发展。

通过对中外社区教育的发展历史轨迹的探析可知,不同国家社区教

---

① 王英:《中国社区老年教育研究》,博士学位论文,南开大学,2009年。

育的发展主要经历了从向社区内的工人传授工艺,加强人们应用科学知识以改造当地社会环境,提高社区居民德育素质,到帮助居民适应职业生涯培训,发展社区建设推进终身教育的历程。基于此,可以看出社区教育的出现与发展是顺应人的需求和社会的发展。教育只有与社会发展紧密结合,才能获得强大的生命力,而以教育为手段促进社区发展的基础是人的发展;保障社区人的受教育权利,提升他们的生存发展能力,推进人的全面发展是社区发展的根本。

二 老年教育的发展历程

(一)国外老年教育的发展历程

随着人口老龄化的加剧,终身教育思想逐渐为人们所接受,为终身教育所设的学校逐渐发展起来。[①] 在这种情况下,全球第一所"第三年龄大学"在法国应运而生。[②] 1973 年由皮埃尔·维勒斯教授在法国图卢兹大学创办的世界上第一所第三年龄大学是西方现代老年教育兴起的标志。第三年龄大学创办的初衷是:①开放大学,让那些退休人员在自己安排学习计划的基础上学习自己感兴趣的知识和技能;②鼓励老年人参与有利于身心健康的活动,以提高他们的健康状况;③鼓励老龄化研究;④鼓励退休人员积极地参与各种政治团体之中。[③]

继法国老年大学开办之后,1975 年,美国长者游学营(Elderhostel)开办,其形式是通过旅游来提高老年人各方面知识和学习机会。同年,第一个老年人寄宿学校在新罕布什尔州(New Hampshier)五个学院中成立。老人寄宿学校设立的基本理念是退休并不是从世界退缩,而是要找寻参与和追求满足的新途径。这一活动规定满 55 岁以上的老人就可参加且无学历限制。通常于暑期在大学院校举行,活动时间为一周,寄宿于组织机构或学校宿舍,每周活动有三门课,两门课为学术课程,一门为课外活动,教学方式多为小团体讨论或分组座谈,经费由参加者缴交。

---

① 岳瑛:《外国老年教育发展现状及趋势》,《外国教育研究》2003 年第 10 期。
② 岳瑛:《外国老年教育发展现状及趋势》,《外国教育研究》2003 年第 10 期。
③ 迟宝策:《第三年龄教育及其根模式发展探究》,《辽宁师专学报》(社会科学版)2019 年第 4 期。

这项活动使老年人们朝夕相处，培养了友谊，增进了交流。①

1981年英国牛津成立了第一所英语国家的第三年龄大学。英国的第三年龄大学课程以小组团体方式实施，内容丰富，只要有人教、有人学，新课程就开设，范围非常广泛，从语言、文学、摄影到数学均有所涉及。上课地点通常在交通方便的会员家中，人数在10人以下，或向当地学校、教会、民间组织租借，大多在白天上课。经费自给自足，不依赖政府，会员每年交少许费用，自2英镑到20英镑不等。教师由当地退休的人员担任，参与者以退休人员为主，不限年龄、性别、教育程度，也不颁发文凭或资格证书②。

进入20世纪90年代以来，各种形式的第三年龄大学、老年大学等在人口老龄化较早的欧洲、北美洲等发达地区蓬勃发展。各国各地社区老年教育学院纷纷建立，各种形式的非政府组织、公益机构也开始实施内容丰富的老年教育项目和计划。实际上，发达国家较早进入老龄化社会，老年教育起步较早，开展时间较长；其社会经济发展水平较高，社会福利制度和老年社会保障制度较为完善，老年教育的发展也就比发展中国家具备了更为坚实的制度和资金方面的基础；同时，发达国家老年人的受教育程度和文化素质整体较高，老年教育开展的起点较高。目前，发达国家的老年教育已经形成了政府与高等院校、正规教育与非正规教育、传统模式与信息技术相结合的全方位和立体化的教学模式，开放、专业和多元化的老年教育已具相当规模。

具体来看，根据老年群体的需求和老年教育的实践，西方国家老年教育可分为补偿教育、继续教育和闲暇教育三类。补偿教育主要是满足那些年轻时因各种原因没能接受过高等教育的老年人的需求，依托一些正规的高等院校，为他们提供进入大学学习和取得相应文凭的机会。继续教育主要是使那些到了退休年龄但体力、精力尚好的老年人继续学习，以便就业或开辟新的事业领域。闲暇教育是在人们闲暇时间内提供的一种不以升学、谋职为目的，完全个性化的、有充分自由度的教育类型，

---

① 王文超：《美国老年教育发展及启示》，硕士学位论文，河南师范大学，2011年。
② 迟宝策：《英国老年教育研究》，硕士学位论文，东北师范大学，2011年。

可以满足那些为了自身全面发展的老年人的需要，发展个人爱好、天赋和潜能，提高生存质量。①

总体来看，发达国家老年教育的发展历程是一个应对人口老龄化，满足老年人不断增长且日益多元化需求的过程，其突出特点为强调老年人的教育权利及其实现，鼓励老年人积极参与各种团体组织、参与社会发展和实现自我成长，注重在教育过程中增强老年人对于自身以及他们周围社会环境的参与意识和权利意识，促进他们重新获得控制生活的能力。

（二）国内老年教育的发展历程

1. 老年教育的兴起（1980年至1990年）

老龄化背景下，老年教育为老年人社会参与的机会，已成为实现积极老龄化的重要出路之一。② 为满足老年人日益增长的教育需求，1982年2月，中共中央发布的《关于建立老干部退休制度的决定》成为中国老年教育起步的直接动因。为丰富老干部的退休生活，一些省市的涉老部门开始成立老干部活动中心，组织离退休老干部参加以健身、书法、国画为主要内容的活动和讲座。1983年6月4日，山东省率先创立了中国第一所老年大学——山东省红十字会老年大学，标志着中国老年教育迈出了第一步；1984年3月1日，广东省建立了中国第一所民办老年大学——广东领海老年大学。随后一些经济发达地区和中心城市也相继成立了老年大学。③ 随着老年大学的逐步发展，中国老年教育的研究也开始兴起。1985年7月，中国组建了第一个老年教育学研究的群众性团体——哈尔滨老年教育学会。此后，各地的老年大学也相继开展了一些老年教育的相关研究活动。1985年12月，在北京召开的"全国老年大学经验交流会"，进一步推动了老年教育的发展。

这一时期是中国老年教育的兴起时期，老年教育开始受到国家和政府的重视，老年大学开始创办，老年教育研究也受到了学界的关注，尽

---

① 王英：《中外老年教育比较研究》，《学术论坛》2009年第1期。

② 李琦、王颖：《老年教育的供需矛盾及解决机制——国际经验与本土思考》，《云南民族大学学报》（哲学社会科学版）2019年第11期。

③ 叶忠海：《中国当代老年教育发展研究》，华东师范大学出版社2019年版。

管多数老年大学是在无教室、无教师、无教材的情况下创办的，教学内容和形式也缺乏规划，还不能称为真正意义上的老年大学，却是中国老年教育的起步和有益的探索。

2. 老年教育的推广（1990 年至 1999 年）

20 世纪 90 年代，中国老年人口的变化趋势受到了社会各界的关注。1994 年中国老龄委与民政部、国家计委联合下发《中国老龄事业发展纲要》（1994—2000 年），明确把老年教育作为中国老龄事业的发展目标之一。1996 年全国人大颁布的《中华人民共和国老年人权益保护法》明确指出，"国家和社会应当采取措施，健全对老年人的社会保障制度，逐步改善保障老年人生活、健康以及参与社会发展的条件，实现老有所养、老有所医、老有所学、老有所为、老有所乐"。在发展老年教育的法律和政策的指引下，20 世纪 90 年代，在社会经济条件较好的大中城市已建立起了近两万所质量较高、起着示范性带动作用的老年大学。与此同时，各级老年大学还纷纷与当地社区取得联系，派专人进行辅导，将老年教育带入社区，有效发掘并运用社区资源，推进社区老年教育的发展，使社区中的普通老年人能够就近参与研习。此外，还出现了运用印刷教材、视听教材、网络等多种媒体和方式进行远程教育的老年大学，即空中老年大学，越来越多的老年人通过广播电视的途径来接受老年教育，获取教育资讯和信息。

这一时期是老年教育的推广阶段，老年教育有了法律和政策的有力保障，其教育实践才能获得进一步的发展。同时，示范性老年大学的不断建立，也促进老年教育的不断丰富。随着信息化时代的发展，社区老年教育开始发展远程教育，广播电视业也日益成为老年人接受教育的重要途径。

3. 老年教育的多元化发展（1999 年至今）

1999 年中国 60 岁及以上老年人口占总人口的比重达到 10% 以上，按照国际通行的标准，中国开始进入老龄社会。在此形势下，国家和政府加强了老龄工作。1999 年 10 月经中共中央、国务院批准，由中央各部委组成的高层议事协调机构"全国老龄工作委员会"在北京成立。2000 年中共中央和国务院下发了《关于进一步加强老龄工作的决定》，同年 8 月国务院在北京召开了"第一次全国老龄工作会议"。2001年8月国务院印发《中国老龄事业发展"十五"计划纲要（2001—2005年）》，老龄工作正式纳入国民经济和社会发展计划。2001年10月"全国社区老年福利服务星光计划"开始实施，民政部在全国城乡社区新建和改建老年服务设施，为老年人提供文化娱乐、图书阅览、体育健身、医疗康复和老年课堂等基本服务。一些地方运用现代媒介的手段，开办面向老年人的网络学校，扩大了老年教育的覆盖面。2000年，上海创办了上海空中老年大学与上海网上老年大学，现代传媒手段与信息网络技术被运用到老年教育中。此外，老年人自发组织的各种学习活动也欣欣向荣，自主、自助、全程参与的老年教育不仅受到了老年人的青睐，成为老年人教育参与的重要形式，还充分开发了老年人的潜能，有力推进了老年人的全面发展。目前全国许多地方已初步建立了覆盖市、区（县）、街道（镇）、居委会（村）的老年教育四级办学网络。据民政部的统计，截至2006年年底，全国开办的各类老年教育学校已达到3.7万所左右，有383万名中老年人在这些场所接受了形式多样、内容丰富多彩的学习教育活动。[1]

可以看出，这一时期是中国老年教育的多元化发展时期，老年教育的发展也逐步由单一趋向全面、多元、专业化的发展，这有利于促进老年人及社会的发展。

第三节　国际社区老年教育的实践模式

一　"增权赋能"的国际社区老年教育实践模式

（一）"增权赋能"的相关概念

"增权"的概念最早是由1976年的所罗门（Solomon）在《黑人增权：受压迫社区中的社会工作》中提出的，增权取向的社会工作实践由此诞生。针对黑人少数民族的无权，所罗门认为社会工作应注重对黑人民族权力的介入，以消除社会中由于"制度性种族主义"所带来的压迫

---

[1] 叶忠海：《中国当代老年教育发展研究》，华东师范大学出版社2019年版。

与歧视，从而提高案主个人自我效能感，增强案主参与社会改革的能力。① 从此之后，增权的观念很快融入社会工作的理论与实践之中，并开始形成增权取向的社会工作实践模式。拉帕波特（Rappaport）认为，"增权"是个人、群体、组织及社区对其事务获得控制的机制，是一个过程。科福（Kieffer）认为，"增权"可以通过提升积极正面的自我概念和自我认知，增强自信心，从而争取到较多的政治与社会资源。托尔（Torre）指出人们在赋能的过程中可以变得更加强大，从而具有参与影响他们生活的事件与机构的能力，并在这些事件与机构的控制下进行分享，最后尽自己最大的努力去改变它们。② 国外关于增权层面的划分以三分法居多，一般都认为"赋能"包括个人、人际关系和政治三个层面，也有专家将赋能分为个人、组织、社区三个层面。除此之外国外对赋能的要素、模式以及赋能取向的社会工作等方面都有所研究，并将其广泛运用到实践中，促进了西方社会工作理论与实践的不断完善和发展。

关于"增权"的概念，西方学者的解释主要有：①Solomon（1976）：强调这是一个"减少无权感"（reduce the powerlessness）的过程，方法是通过发掘"无权的一群"的权力障碍（power blocks），协助他们消除非直接权力障碍（indirect power block）的效果与直接权力障碍（direct power block）的运作。②Rappaport（1981，1984，1987）：增权是一个过程，是一个人们、组织和社区对其事物获得控制的机制。③Kieffer（1984）：增权是指发展积极的自我能力意识，对周围的社会政治环境有一个批判性的、分析性的理解和认识，同时可以增强个人和集体的资源。④Torre（1985）：增权是一个过程，通过这个过程，人们变得强大而足以去参与影响他们生活的事件与机构，以及在这些事件与机构的控制下进行分享，并努力改变他们。⑤Swift & Levin（1987）：增权是一种精神状态、一种对权力的再分配、一个过程以及一个目标。⑥斯坦堡（1991）：增权指获得权力、发展权力、夺取权力，或者说是帮助使用权利或能够行使

---

① 郑玉清：《增权赋能视角下开展老年教育的策略》，《高等继续教育学报》2019 年第 4 期。

② 张吉东：《增权赋能：高校思想政治教育新理念》，《江苏高教》2010 年第 4 期。

权力的过程。⑦Uiterrez（1998）：增权是一个增加个人权利、人际权利或政治权利的过程，其最终目的是使个人能够采取行动来改善自己的生活状况。综上所述，增权既是一个过程，也是一个结果，其定义涵盖了三个层面：①个人层面的增权，发展一个更加积极的更有影响力的自我意识。②社区层面的增权，获得知识，提高能力，以便对个人周围的社会政治环境有一个更加具有批判性的理解。③社会层面的增权，获得更多的能力和资源，以实现个人和集体的目标。

国际上，关于"增权赋能"的观点可参阅《韦伯斯特新世界词典》的解释：赋予权利或权威；赋予能力；使能；允许。《韦氏大学字典》解释"增权赋能"是：授予权威或法律权利；使有能力；帮助自我实现或增强影响。《英汉妇女与法律词汇释义》阐释："增权赋能"是使有权利，指人们对自己的生活和社团重新获得权利的过程。这个过程是个人也是集体所经历的过程。1999年美国出版的《社会工作词典》对增权赋能的解释为：帮助个人、家庭、团体和社区提高个人的、人际的、社会经济的和政治的能力，从而达到改善自己状况的目的的过程。从这一界定看，增权赋能的核心在于强调"权力"或"控制力"（power）。但实际上，"增权赋能"一词从Empowerment翻译过来，有着非常复杂和丰富的内涵，如充权、增权、权能激发、居民授权、促能等。本书认为，依据目前中国老年人口的特点和教育需求以及社区老年教育的发展现状，Empowerment用中文解释实际上应包含两个层面的内容——增权和赋能。尽管Empowerment更强调"权力"（power）或"控制力"，但实际上对于老年人和准老年人而言，"权力"目标的实现必须基于"权利"（right）。权利是对预期利益的规定、确认和肯定，是权力实现的基础，权力是因权利真正实现而获得的利益，是个体或群体对自身生存发展的控制力。目前老年人和准老年人的教育权利无论是法律法规，还是政策制度并没有非常清晰、明确和完善的规定。在此情况下首先必须保障老年人和准老年人的教育权利，只有真正享有了教育权利才能谋求因教育而实现的"权力"。因此，教育权利是老年人和准老年人通过教育途径实现生存、发展与能力提升的基础，社区老年教育应是权利和权力的统一，是增权与赋能的统一。①

从本质上看,"增权赋能"是一个动态过程,是增加某一对象的权力,从而提升其内在能力和自由度。这个动态过程是个体不断地通过获取外部支持,主体上改善人际关系与自我效能感,改善个体的心理和情感感受,形成良好的自我认识,以满足个人的利益诉求和愿望达成;通过自主能动,增进尊严感和幸福感,推进老年人的继续社会化,提高社会参与能力,实现自我价值。而关于继续社会化的内涵,根据中国学者的研究,是指"以个体成年期社会角色的变化为中心,按照社会发展的要求,在原有的初级社会化水平基础上来继续发展成人的社会性,传授、更新、充实和提高成人的知识、技能和行为规范,使之不断适应社会生活,并创造社会生活,进而推动人类社会历史的延伸和发展"。

关于老年教育的"增权赋能",主要是指老年人继续社会化是个体社会化的最后阶段,是老年人随着社会环境和自身角色的变化,不断地学习和适应新的社会规范,掌握新技能,建立新的社会关系,承担新的社会责任和义务的过程。实现老年教育的"增权赋能",也是促进老年继续社会化的过程。

首先,最重要的是赋予老年人教育的权利,即肯定和确认老年人和准老年人应享有的教育资源和应实现的教育利益。教育是协助老年人和准老年人发挥其潜能、获得丰富和富有意义的生活途径,但是倘若没有或者缺乏教育资源的供给,老年人和准老年人就不可能对自己的生活施加影响。这些教育资源不仅包括保障老年教育的制度、机制等有形资源,也包括尊老的支持性社会网络、认同老年教育权利的意识等无形资源。总之,社区老年教育首先必须基于公平公正原则开展老年教育的增权行动,提供充分的教育资源,保障每一位老年人和准老年人的受教育权利,特别是保障弱势老年人和准老年人的受教育权利。

其次,增权能力,即通过社区老年教育的组织和实施,促进老年人和准老年人的教育参与,提升他们的生存发展能力。社区老年教育的单向运作和资源输送并不能最终实现老年人和准老年人因教育而获得的利

---

① 朱起民:《增权视角下的社区老年教育研究》,《黑龙江教育学院学报》2018年第3期。

益，权利存在于他们之中，而不是他们之外。因此，社区老年教育工作者应把老年人和准老年人作为有潜能的社会个体或群体，以自主、自助和潜能开发为原则，培养其科学的思维方式，唤醒其权利意识与主体意识，并为其提供生存发展的策略、理念和技巧，引导他们从自我处境出发，争取多元层面的介入和社会资源的协助，从而使老年人和准老年人逐步获得或增强对生命的控制能力，实现全面发展和生活质量的持续有效改善。[①]

总而言之，社区老年教育的增权和赋能是有机统一的，无论是增权，还是赋能都是面向老年人和准老年人的增权，增权的目的在于赋能，赋能的需求也为增权提出要求，彼此密切联系、统一于社区老年教育体系当中。

(二)"增权赋能"实践模式的理论基础

1. 社区老年教育的增权

增权赋能的社区老年教育的前提是增权。社区老年教育的增权是指在法律政策中明确规定老年人和准老年人的受教育权利，建立和完善权利运作的管理机制和教学机制，营造尊重老年教育权利的家庭、公众和社区社会环境，增强老年人和准老年人的教育权利意识和主体意识，提高他们参与社区老年教育的积极性和主动性，保障老年教育权利的真正实现。

(1) 有关制度增权。在现实社会生活中，个体的活动是"嵌入"社会整体之中的。同样，老年教育增权在社会层面首先要应对的是有差异甚至不公平的教育制度，促使老年人和准老年人的受教育权利获得社会层面的认同和肯定。因此，社区老年教育增权首先应增加老年教育制度资源供给，明确老年人和准老年人应当和必须拥有的教育权利，构建完善的社区老年教育法律制度和政策制度。

(2) 有关机制增权。制度增权还只是一种权利的规定，机制是实现老年教育可持续发展的保障。社区老年教育的机制增权是老年人和准老年人在社区生活中能够真正享有教育权利并发展这种权利，以及运用与

[①] 蔡玉军：《增权视角下的社区老年教育研究》，硕士学位论文，华中师范大学，2016年。

行使这种权利的过程。保证社区老年教育机制增权的实现，应构筑完善的社区老年教育管理机制和教学机制。

（3）有关环境增权。与增权相对应的"无权"往往被视为个人与环境之间持续互动的结果。在缺乏老年教育权利认同的社会氛围中，老年人和准老年人的教育权利无法运作和实施，而支持性的老年教育环境，则可使老年人和准老年人与他人良性互动并结成一定的教育关系网络，从而拥有更多且不断扩大的教育资源和资本。因此，环境增权应是老年教育增权的关键环节之一。增进社区老年教育的环境增权，协助老年人和准老年人获得来自家人、朋友、亲属、涉老组织或团体等的支持与协助是老年教育增权的重要内容。

（4）有关心理增权。老年教育领域的无权状态不仅体现为缺乏促进老年人和准老年人教育参与的制度、机制和环境，还体现为老年人和准老年人对教育资源缺乏状态的不断心理内化。他们往往会认为是由于生理衰老、智力现状、思想形式等自身的原因，而非社会教育资源的供给缺乏妨碍了老年教育权利的实现，形成"老年教育是不必要或不需要"的心理，从而导致真正的老年教育失权或无权状态。因此，社区老年教育增权必须注重心理增权，协助老年人和准老年人树立教育权利意识和主体意识。[1]

2. 社区老年教育的赋能

增权赋能的社区老年教育的最终目的是赋能。社区老年教育的赋能是指增强老年人和准老年人的生活掌控、变化适应以及社会参与能力，促使他们能够积极采取行动，持续改善自身的生活质量。

（1）提升生活掌控能力。生活掌控能力是老年人和准老年人对退出劳动工作领域之后的衣食住行的重新规划、安排和决策的能力。家庭生活和养老生活是目前中国老年人和准老年人生活的重心，因此，生活掌控能力提升应聚焦于老年人和准老年人的个人生活安排、婚姻家庭协调、代际关系互动三个层面的理性认知和科学安排，协助他们提高生理和心理健康水平，获得和谐融洽的个人生活、婚姻生活、代际生活，实现老

---

[1] 蔡玉军：《增权视角下的社区老年教育研究》，硕士学位论文，华中师范大学，2016年。

年生活质量的持续改善。

（2）增强变化适应能力。变化适应能力是应对变化和所出现问题的角色转化能力和处理决策能力。增强变化适应能力可以促进老年人和准老年人与环境的良好互动，从而持续性地改善生活质量。接纳自己的衰老和能力的衰减，处理家庭的变故，以及应对日新月异的社会发展变化是老年人和准老年人退出劳动工作领域之后必须面对的变化和需要适应的方面。社区老年教育工作者应协助老年人和准老年人具备良好的变化适应能力，对这些变化与问题形成理性认知，并及时调整应对策略。

（3）提高社会参与能力。适应是对个人、家庭和社会生活变化的一种妥协和消极应对，而参与则是积极的迎接与发展。社会参与是老年人和准老年人潜能充分开发和实现自我全面发展的最重要的路径。通过政治生活关注、社区生活融入、社会公益服务等形式的参与，老年人和准老年人可以用行动肯定自我、重塑自我、发展自我和实现自我，这不仅可以使整个社会重新认识老龄化与老年人和准老年人，改变对他们的刻板印象和负面评价，而且能使老年人和准老年人与其他社会成员建立平等的对话关系，获得更充裕的社会资源或社会资本，持续提升生活质量，促进代际良性互动和整个社会的和谐发展。因此，增权赋能的社区老年教育实践最终要落实到社会参与上。

新时期我们所要构筑的社区老年教育是以人为本，以老年人和准老年人为中心，尊重其受教育权利，适应其教育需求，提升其生存发展能力，即以增权赋能作为社区老年教育的理论，通过建立制度、完善机制、营造环境和增进心理，推进老年教育增权，保障老年人和准老年人的教育权利，通过培养和提升老年人和准老年人的生活掌控能力、变化适应能力和社会参与能力实现老年教育赋能，促进其全面发展和生活质量的不断改善，并最终实现老年人和准老年人与家庭、社区、社会的和谐融洽与持续发展。

（三）"增权赋能"实践模式的实施策略

1. 社区老年教育增权的实现策略

（1）健全社区老年教育的保障制度。分析法律法规所体现的有关老年教育的增权性规定，结合实践层面老年教育的保障现状，完善相关法律制度，需要制定更为具体、更加充实和更具操作性的法律条文。通过法律法规所具有的规范、标准、预示、强制等功能，以及导向、评价和保障作用，使社区老年教育在更加有力的法律支持系统中存在与运行。发达国家老年教育法制建设经验，是有关法制条文明确包括准老年人在内的老年教育对象增权赋能的发展理念，老年教育管理机制经费保障和学费减免，教育救助老年协会和组织，社区老年教育规划与执行，政府对社区老年教育发展的引导、支持、协调和监督，非政府组织和社会公益机构及个人对社区老年教育的参与，经济落后地区老年教育的发展，高龄老人等弱势老年人和准老年人的教育救助，和老年教育的成果评价等。[1]

（2）构建社区老年教育政策体系。完善的公共服务政策是组织机构正常运行的基础，构建社区老年教育政策体系是克服工作的随机性和任意性，保障社区老年教育健康、稳定发展的重要条件。如，中国现阶段《国家教育事业发展"十一五"规划纲要》《中国老龄事业发展"十一五"规划》等政策是社区老年教育发展的重要政策。

（3）建立社区老年教育的长效机制。

一是设立各级社区老年。[2]教育委员会。如，就目前中国社区老年教育的发展格局而言，在一定时期内，特别是社区老年教育的起始和发展阶段，不可能脱离一定的政府行为，而且为了促进社区老年教育的快速推进和全面发展，保障老年人和准老年人受教育权利的公平与平等，政府的作用在某种意义上还需要加强。

二是建立社区老年教育基地。社区老年教育委员会需要设立开展社区老年教育活动的基地。社区老年教育基地是老年人和准老年人的学习场所，通常称为老年教育中心、活动中心、文化站、培训中心或实践基地，一些地方也称为社区老年学校（学院）等，它是老年教育项目组织实施的基础和老年教育工作经常化、持续化开展的条件。社区老年教育

---

[1] 王英：《社区老年教育问题研究：社区社会工作视角的分析》，《成人教育》2009年第2期。

[2] 孙珍辉：《城市社区老年教育现状调查及对策研究》，硕士学位论文，广西师范大学，2018年。

基地应有固定的场所、设施、机构、人员、计划、工作目标、章程、制度等，具有实体性、网络性特点。

三是筹措运行资金，善用"为老"教育资源。社区老年教育作为一项公共服务，既不同于义务教育需要由国家来全部负担，也有别于其他非义务教育形式。鉴于老年人口较低的经济收入现状和社会弱势地位，社区老年教育的资金保障应建立以政府投资为主，并逐步形成行政拨款、基金会、社会企业、非政府组织等公共机构资金支持以及个人投入相结合的多渠道经费筹措体系。[1]

（4）创新多元化社区老年教育模式。以往社区老年教育的发展得益于政府自上而下强有力的推动，但是随着老年人和准老年人规模的扩大，教育需求的增加，完全依赖政府的行政力量或凭借老年人和准老年人自发组织学习活动，将局限社区老年教育的进一步发展。因此，创新社区老年教育模式，建立一个由政府、社会、市场、个人全面参与，多层次、多结构、多元化的社区老年教育模式已是必然。具体应包括：

一是福利型模式。福利型社区老年教育是老年社会福利的一个组成部分，是由政府投资、组织和运行的社区老年教育模式。其发展应定位在于实现社区老年教育均衡发展，保障每位老年人和准老年人的受教育权利，特别是要保障弱势老年人和准老年人的受教育权利。在构筑福利型社区老年教育的过程中，一方面，加强政府的介入力度，实施免费教育；另一方面，可以借助学校的正规教育资源促进福利型社区老年教育的发展。

二是公益型模式。公益型社区老年教育是指由非政府组织、志愿者团体、公共服务单位、商业组织等社会机构和个人赞助或直接管理的不以营利为目的的社区老年教育模式。其发展定位应在于充分发挥引导示范作用，促进社区老年教育的专业化发展，救助弱势老年人和准老年人，为他们提供专业、科学的为老服务，开展提升老年人和准老年人社会地位的为老教育，提高全社会对他们的关注度，改善社会成员对老年人和准老年人的刻板印象。在构建公益型社区老年教育的过程中，一方面，

---

[1] 蔡玉军：《增权视角下的社区老年教育研究》，硕士学位论文，华中师范大学，2016年。

要倡导各种学术机构、专业协会介入社区老年教育,鼓励基金会、慈善机构、志愿者组织、博物馆、图书馆等社会公益组织或机构开展各种涉老项目或计划。另一方面,社会公益组织在介入社区老年教育的过程中应充分发挥专业优势,全面拓展办学、助学领域,包括社区老年教育计划的制订、执行、控制、评价和总结,向政府提供政策咨询,对教学管理人员进行培训等,推进社区老年教育的专业化发展。

三是市场型模式。市场型社区老年教育是老年人和准老年人需要支付一定的教育费用才可享受教育产品的消费性社区老年教育模式。其发展定位在于促进社区老年教育多元化发展,满足老年人和准老年人多样性需求增加教育资源供给,优化他们的生存发展环境。在构建市场型社区老年教育的过程中,一方面,要大力发展为老年教育产业,特别是要促进其在健康保健、文娱、旅游、理财、就业、为老年服务教育与培训等领域的教育服务;另一方面,要加强法律监管,促进商业组织介入社区老年教育过程中的有序化和规范化发展。

四是自治型模式。自治型社区老年教育是老年人和准老年人根据自己的爱好、兴趣或特长,通过整合社区内外的人力、物力资源,引导、吸纳、集合老年人和准老年人共同参与的自我组织、自我管理、自我服务、自我教育的社区老年教育模式。自治型社区老年教育不仅对保障欠发达地区老年人和准老年人的受教育权利具有重要意义,也是发展中国家社区老年教育的未来发展方向和主导模式。在构建自治型社区老年教育的过程中,一方面,要发展老年人和准老年人自己的组织和协会培育和发展老年人和准老年人的学习圈或学习小组及读书会,借助图书馆等公共服务资源,促进自我引导学习;另一方面,要把老年教育与社会服务相结合,促进老年人和准老年人的社会参与与自我实现需求的满足。[1]

(5)开设更为专业的教学场所。

开设完善的教育场所设施和提高专业化设计与服务是社区老年教育机制增权的重要方面。

开设完善的社区老年教育场所和设施。首先,应充分利用现有社区

---

[1] 蔡玉军:《增权视角下的社区老年教育研究》,硕士学位论文,华中师范大学,2016年。

内的运动场地、公园和老年活动室等教学场所和设施,并在这些场所中尽可能地为老年人和准老年人开辟专门的教学活动场所和空间。其次,注重整合社区外可利用的教育场所和设施,如图书馆和博物馆、相关单位的活动场地等,这样不仅可以增加社区老年教育的教学场所,也可以减少人财物的投入。最后,增加社区老年教育场所和设施,包括教室、活动室、电脑设备等,改善社区老年教育自身的硬件环境。

提高教学场所设施的专业化设计与服务。根据老年人和准老年人的特点和需求,增加专业化的设计与服务,如座椅设计、灯光照明设备、无障碍空间等,提高社区老年教育场所和设施的便利性和适宜性。[①]

(6) 营造社区老年教育人文支持环境。

老年人和准老年人对社区老年教育的选择与参与与整个社区社会环境紧密相关。无论是家人、邻居和朋友,还是社区居民对老年人和准老年人教育的支持与参与,其核心与实质都与发展社区老年教育的意识密切相关。因此,树立发展社区老年教育意识,营造良好的人文支持环境应是社区老年教育环境增权战略的重要选择。

2. 社区老年教育赋能的实现策略

(1) 个人生活安排教育。

一是个人生活认知教育。个人生活安排能力实质上是一种生活的选择意识和实践能力,其中主动选择意识的培养是前提。如果老年人和准老年人没有自主意识,无意改变生活现状,任何帮助都是无能为力的。因此,个人生活安排教育首先应开展以生活自主选择为主题的个人生活认知教育,培养老年人和准老年人的自主意识,主动选择和安排生活的理念,激发他们建设生活的积极性,从而提升其个人生活安排能力。[②]

二是个人生活实践指导教育。个人生活实践指导教育是在更为具体的层面上协助老年人和准老年人学习生活指导方面的知识和技能,科学规划与合理安排好个人生活,主要涉及:①开展健康管理教育。首先,

---

① 蔡玉军:《增权视角下的社区老年教育研究》,硕士学位论文,华中师范大学,2016年。
② 黄思源、李景娟:《新时代社区老年教育高质量发展的难点与突破——以北京市朝阳区老年教育为例》,《中国成人教育》2019年第24期。

开展养生教育。饮食健康指导教育，包括科学饮食、食品搭配等；健身指导教育，除直接组织跳舞、剑术等增进老年人和准老年人体能的活动外，还应开设专业性较强的健身指导课程，协助老年人和准老年人科学规划健身活动；心理健康指导教育，包括人格与心理素质教育、心理调适与适应策略教育等。其次，开展疾病护理教育。如健康常识、卫生保健、疾病预防、用药知识、照料护理等。②开展休闲生活教育。老年人和准老年人休闲时间的充分安排，可以有效应对生活的孤寂和无聊，延迟老化程度。休闲生活教育应涵盖：首先，开展艺术生活教育。通过艺术学习与表达，提升老年人和准老年人的美学知识，并协助老年人和准老年人增进人际交往，参与社区生活，审视自身的生命历程。课程包括美术、音乐、戏剧、文艺欣赏、历史参观、旅游教育等。其次，开展情趣爱好教育。协助老年人和准老年人寻找符合兴趣与价值观并具满足感的活动，使他们充分理解和享受生活的意义，增进人生幸福体验。课程包括天文、历史、插花、烹饪、摄影设计、绘画书法、民俗技艺等。①

（2）婚姻家庭协调教育。

一是婚姻家庭认知教育。家庭关系的和谐与否是影响老年生活质量的重要因素，生活掌控"赋能"教育可开展以和谐为主题的教育，培养老年人和准老年人在婚姻家庭中的认知与协调能力。首先，引导老年人和准老年人定位自我与家庭成员的关系，让他们明白自身也有潜能和家庭价值，从而对老年婚姻生活有重新的理解。其次，协助老年人和准老年人重新定位、规划婚姻家庭生活，提升老年人和准老年人的婚姻家庭生活质量。

二是婚姻家庭协调指导教育。婚姻家庭指导教育是具体指导老年人和准老年人婚姻家庭生活的教育，应涵盖：开展夫妻关系协调教育。包括居住方式的选择、家务劳动分工的协商、退休后时间和生活内容的安排与规划及性生活等；开展家庭生活实用知识教育，包括家庭财务管理

---

① 蔡玉军：《增权视角下的社区老年教育研究》，硕士学位论文，华中师范大学，2016年。

教育、家庭照料与疾病护理教育、家务技能教育、财产分割与继承教育等。①

（3）代际关系互动教育。

一是代际关系认知教育。价值观、行为模式和情感取向的代际差异是老年人和准老年人改善代际生活质量的主要障碍。开展以角色定位为主题的代际关系认知教育，可以有效引导老年人和准老年人增进代际关系的处理能力。首先，协助老年人和准老年人科学认知自己的老年生活，对亲子关系中的子女角色、父母角色、祖辈关系角色等有客观的评价，对代际生活有重新的理解和定位。其次，分析目前代际生活中的角色扮演是否成功，能否满足他人及自我的期望，自己在这些关系中的位置和作用，与子女、父母、孙子女的关系有无冲突等，以促进科学调整、积极建设代际生活。②

二是代际互动指导教育。协助老年人和准老年人增进与家庭成员的交往与互动，在互动中逐渐使老年人和准老年人与父母、子女、孙子孙女相互了解、相互接纳，避免和削减因为不了解造成的隔阂和分化，满足老年人和准老年人对爱与归属的精神需求，提升他们的代际生活满意度，使家庭成员成为改善其生活质量的重要支持。③

（4）衰老与能力衰减教育。

一是衰老与能力衰减认知教育。衰老与能力衰减认知教育能够协助老年人和准老年人了解自我，认识自我，对自己做出比较客观的评价，为今后生活的规划、设计和定位提供良好的基础。具体来说：首先，理性审视衰老和能力的衰减。其次，重新认识自我。协助老年人和准老年人进行自我评价，通过老年人和准老年人彼此之间的他评、专家评价与自评的对比参照等方式进行，以促使老年人和准老年人从不同的角度来

---

① 郑玉清：《增权赋能视角下开展老年教育的策略》，《高等继续教育学报》2019年第4期。
② 黄思源、李景娟：《新时代社区老年教育高质量发展的难点与突破——以北京市朝阳区老年教育为例》，《中国成人教育》2019年第24期。
③ 郑玉清：《增权赋能视角下开展老年教育的策略》，《高等继续教育学报》2019年第4期。

审视自己，改变其对自身更多的刻板评价，削减内化的、对个人的偏狭定位，从而形成对自己新的认识和更正面、积极的自我再定义。①

二是生命超越教育。生命超越教育的重点在于协助老年人和准老年人应对生理的逐渐衰老和心理认知的偏差，形成对生命积极的认知，并开发生命的潜能，促进生命价值的提升，并使他们能够理性应对配偶的死亡以及其他亲友的离世造成的心理冲击。②

（5）家庭变故处理教育。

一是权益维护教育。针对老年人和准老年人退出职业生活后可能遭遇的养老资源获取、家庭经济纠纷解决等诸多问题，权益维护方面的教育应包括：首先，开展非诉权益维护教育。第一，掌握基本的生活应对技巧。第二，了解能寻求组织帮助的途径或渠道。其次，开展法律知识教育。③

二是迁移适应教育。迁移适应教育是协助老年人和准老年人有效应对人际交往环境变化，促进环境融入的教育。开展老年生活迁移应对教育应将课堂教育与社区参与教育相结合。首先，在社区老年教育开展过程中注重引导新入住社区的老年人和准老年人的充分参与，根据他们的兴趣和爱好，促进他们自主自愿的快乐学习。其次，对新入住社区的老年人和准老年人开展社区生活参与宣传，征询他们的生活需求和社区发展建议，鼓励他们对包括社区老年教育在内的社区生活的参与，以快速融入周围的环境。④

（6）社会发展应对教育。

老年教育的开展需从加强老年人应对社会发展的实际出发，不断加强老年人对社会变化更新的适应能力。老年人的社会应对教育主要包括

---

① 黄思源、李景娟：《新时代社区老年教育高质量发展的难点与突破——以北京市朝阳区老年教育为例》，《中国成人教育》2019年第24期。

② 蔡玉军：《增权视角下的社区老年教育研究》，硕士学位论文，华中师范大学，2016年。

③ 何阳：《重庆Y社区老年教育小组活动的社工介入研究》，硕士学位论文，重庆大学，2015年。

④ 陈淑梅：《天津市社会工作介入社区老年教育的可行性研究》，《知识经济》2016年第20期。

社会认知教育和社会发展应对指导教育。

一是开展老年人社会认知教育。社会发展应对的前提是认识、接纳社会生活日新月异的变化。为帮助老年人适应社会，需通过开展以开放为主题的教育，增强老年人和准老年人的社会发展应对意识。具体开展的教育内容可以包括：协助老年人和准老年人以开放的观念审视目前社会生活中涉及政治、经济、文化、科技等诸多方面的发展变化；协助老年人和准老年人以开放的观念对自身目前的社会生活做出比较客观的评价。

二是开展社会发展应对指导教育。社会发展应对指导包括信息获取和更新教育，其包括电脑操作、网络使用及信息资源搜索与运用等方面知识和技能的学习、科技资讯活动及展览等的参观学习；开展涉老公共服务资源的认识教育，协助老年人和准老年人认识为老年公共服务资源，扩充选择机会和权利实现渠道。如认识和了解老年人能够享受的优待，包括长寿老人的保健补助社会救助和医疗救助文化生活优待司法救助，免费法律咨询等维权优待城市公交、无障碍设施建设等生活服务优待等。①

二 "养教结合"的国际社区老年教育实践模式

（一）"养教结合"的相关概念

"养教结合"的老年教育模式是针对过去或是教育，或是养老，只养不教、只教不养的单一模式而言的，旨在将教育与养老二者相结合，整合好各自的养老和教育资源优势，发展成"养老＋教育"的新型模式。②基于社会快速发展、人们精神文化生活需求日益提高的同时，老龄化问题愈加严重，"养老"成为重点关注的民生问题的大背景，养老已不同于以前的简单生活照料，而要融入老年教育，让老年人享受丰富的精神文化生活，使他们愉悦、舒适、康乐、进取，有质有量地度过晚年生活。

---

① 鞠明欣：《养老保障之扩展：社会增权下的老年人力资本开发研究》，硕士学位论文，吉林大学，2014年。

② 鞠明欣：《养老保障之扩展：社会增权下的老年人力资本开发研究》，硕士学位论文，吉林大学，2014年。

老年人落实终身学习理念，再创自我价值，是构建终身学习型社会，发展老年教育的迫切需求。"养教结合"理念兼具健康养老和文化学习双目标，以健康养老为基本保障，以文化学习为根本追求，结合社区，为老年人打造一所独立自主、健康快乐的在地化的养老学习型社区。所谓"养"除了被动提供老年人健康服务之外，也要求老年人主动负担起维护个人健康的责任；所谓"教"则是希望通过文化学习、教育传播，老年人可以投入社区甚至社会活动中来，实现老年人的自我价值。[1]

养教结合的老年教育模式有三种类型：一是居家养教结合的养老模式。这是原来居家养老的主流养老模式，老人生活在家庭中感到"熟悉"和"自由"，社会注入教育、学习内容，提供网络老年教育、学习课程，使其或参与社区教育活动，或自主学习。二是社区养教结合的养老模式，即在城市各个社区建立养老护理服务中心，老人仍然居住在自己的家里，享受服务中心提供的生活和医疗护理以及心理咨询，并参与社区教育活动中心安排的教育和学习，有的直接参加社区创办的老年学校，接受老年教育。三是养老机构养教结合的养老模式，指由养老机构（包括养老院、养老社区、老年公寓、福利院等），将老人集中起来，按照服务标准进行专业的、全方位的照顾。机构养老对象一般年龄偏大，大多是80岁以上的高龄老人和需要看护和半看护的老人，少部分是70岁上下的老年人。许多养老机构都创办了老年大学，老年人各取所需选择学习方法和学习内容。[2]

作为一种外延扩展的老年教育模式，"养教结合"主要有以下四个方面的特征：一是养教结合是老年教育供给主体的扩展。养教结合的老年教育模式，教育的供给主体除老年大学、社区学院、老年学校等传统的老年教育机构外，还将各社区居家养老中心、社会养老服务机构纳入老年教育的服务主体，将有助于扩大老年教育的供给。二是养教结合是老年教育服务对象的扩展。传统的老年教育模式，主要服务年龄在75岁以

---

[1] 徐凡弟：《养教结合的老年教育模式新探——以瑞安市为例》，《广西广播电视大学学报》2019年第5期。

[2] 刘璟：《养教结合新型养老模式与发展老年教育》，《老年教育》（老年大学）2019年第5期。

下、身心健康的"年轻态"老人;而养教结合的老年教育模式,关注老年人从退休到死亡各个年龄层级的教育需求,从而将部分高龄老人、行动不便的孤寡老人也纳入老年教育的服务对象中,使教育发展成果惠及更多老年人。三是养教结合是老年教育内容的扩展。传统的老年教育模式,由于服务对象以低龄的健康老年人为主,其课程内容主要以休闲娱乐型为主;而养教结合的老年教育模式,关注不同年龄层次、不同身心健康状况的老年教育需求,除传统的休闲娱乐类课程外,还包括社会参与教育、准备教育、死亡教育等课程,促进养老服务和老年教育事业共同发展。四是养教结合是老年学习方式的扩展。传统的老年教育模式,大多以班级授课式、讲座式的老年学习方式为主;而养教结合的老年教育模式,除关注一般老年学员的学习需求外,更关注老年人的学习体验,强调在养老中学习,在学习中养老。①

(二)"养教结合"实践模式的模式架构

1. 引入市场化管理机制

(1)建立政府主导,民间资本参与的组织体系。通过政府的购买服务、协调指导、评估认证,以承包、联营、合资、合作等方式,鼓励民间资本参与社区教育与养老服务,跨区联合、资源共享,实现社区老年教育规模化、连锁化的经营,形成一批具有较强竞争力的社区老年教育机构,实现运行机制的市场化。具体来说,是指由当地政府牵头,提供场所,并补助部分经费,机构的实际运作则委托其他教育机构办理,或是政府委托民间教育基金会等社会团体经营,并给予部分经费补贴。②

贯彻落实社区老年教育相关政策法规,建立公开、透明、规范的养教结合的社区老年教育的准入、退出、监管制度,营造平等参与、公平竞争的市场环境。加快制定和完善社区老年教育相关标准,建立健全社区老年教育、养老服务标准体系,不断提升老年教育、养老服务的规范化和标准化水平。加强对民间资本进入养老服务业的跟踪监测和服务。

---

① 张红卫、刘红燕:《系统论视域下推进养教结合老年教育的路径与对策》,《职业教育》(中旬刊)2018年第4期。

② 何阳:《重庆Y社区老年教育小组活动的社工介入研究》,硕士学位论文,重庆大学,2015年。

(2) 形成政府、社会组织、社区老年教育机构三者相结合的管理体系。支持政府将社区教育养老服务制度、场所、经费、人员纳入工作盘子统一考虑，协调各方机构，加大政策支持，定期分析相关问题。培育规范化的老年协会等社会组织，发挥其在行业自律、监督评估和沟通协调等方面的作用。把老年协会建设纳入社区组织建设，支持开展一系列的养老服务和社会服务活动，鼓励专业机构对社区教育与养老服务组织进行业务指导和人员培训，扩大社区教育、养老服务网点，为社区老年人提供助学、助教、助养、助医等服务，引导有条件的社区养老教育企业实行规模化、网络化、品牌化经营。鼓励社区老年教育机构建立老年档案制度，对60周岁以上社区老人的家庭生活、经济条件、身心健康等情况进行调查摸底，并根据年龄、学习爱好、家庭情况和身体健康状况等进行分类，建立社区老人教育学习与养老档案，实现动态化管理。[1]

(3) 实行社区主体，多元开拓的办学体系。社区老年教育的教学，不仅要扎根社区，更要向外拓展。扎根社区，让社区成为老年教育的主体学习据点，同时积极向外部拓展学习据点，到老年人口聚集的地方授课。一方面调动老年人学习的积极性，另一方面顾及散落居住社区各个地方的老年人，方便其就近参与学习。开拓学习据点主要有三种模式：模式一，主办模式。其主要是由社区的老年教育机构主导，规划系列课程，借用适当场地，并组织主导老年学习活动；模式二，合办模式。社区老年教育机构寻找适当机会，与其他组织合作，开展多元化的教育活动，并合作协商分工完成教育事项与活动。模式三，委办模式。社区老年教育机构与其他机构沟通协商，并委托他们办理活动，将学习活动委托给相关机构或团体全权负责的模式。对应三种模式可采取三类活动方式。第一类是短期讲座，通过以演讲方式，为老年人讲解健康、理财、家庭、人际关系等课程；第二类是长期开班，以开班方式，开设系列课程，在当地招收老年学员就近上课，请教师授课，志愿者协助；第三类

---

[1] 许丽英、汪娟、吴卫炜：《养教结合的城市社区老年教育模式研究》，《当代继续教育》2018年第3期。

是融入课程。所谓融入课程是指结合当地或机构原有活动,融入社区老年教育的学习课程。①

2. 构建社区养老保障体系

(1) 健康保障。落实社区老年人初级预防卫生服务,形成以健康为导向,从社区、家庭到个人,普及医疗、卫生、健康常识,培养老年人生理、心理、社会健康行为,形成良好的运动习惯,保持良好的个人卫生、预防疫病,提高老年人的身体素质,确保老年人健康,减少社区失能人口。具体方向为:一是强化老年人关于健康知识与行为的内容。以强化老年人健康常识为基础,提升社区老年人的生理、心理及社会健康知识与自我保健的观念。整合资源推动个人健康促进计划,通过营养补充、戒烟戒酒、用药咨询、规律运动及减少风险行为,提升老年人身体素质,延长其寿命。二是构建有助于减少老年人危险的环境。全面检视危险因子,提高老年人的个体适应能力,建立支持性环境,减少伤害发生,形成危险情况预案,保障老年人活动安全。办理社区老人心理健康倡导、忧郁症筛检、日间照顾服务等活动,构建积极健康、安全舒适的养老与受教育环境。

(2) 医疗保障。提供老年人友善医疗服务,强化连续性照护,促进医疗资源有效运用,减缓老年人的患病情况,确保老年人健康生活。具体方向为:一是整合医疗服务与智慧科技,有效运用医疗资源。结合大数据及云计算,建立并完善社区老年人健康档案。既可以让老年人及时了解自身健康状况,做好自我健康管理,也可以在就医时提供医师参考,提升医疗安全与效益。② 二是推广居家医疗服务。推广居家医疗等相关服务,组成居家照顾团队,建构一套完整的、便民的连续性照顾系统,提供整合性、社区化的医疗服务,协助患病老年人回归社区生活。③

---

① 许丽英、汪娟、吴卫炜:《养教结合的城市社区老年教育模式研究》,《当代继续教育》2018 年第 3 期。

② 杨初楠:《数字化社区老年教育模式的实践及发展思路》,《内蒙古电大学刊》2018 年第 1 期。

③ 王浩:《基于养教结合的老年教育策略研究》,《中国成人教育》2014 年第 21 期。

3. 根据需求设置地方特色课程

养教结合的社区老年教育课程依据社区特色、社区条件、老年学员的学习需求，尝试与地方传统文化、地方特色企业及生态农业的发展相结合，逐步发展出各社区老年教育特色。其课程规划重视在地文史、生态以及艺术文化等传统文化相结合，充分调动老年人学习的积极性。

养教结合的课程内容包括：第一，思想政治课程。宣传社区老年教育的相关政策，反对黄、赌、毒以及艾滋病等的防治宣传教育等课程。第二，基本生活课程。如，家庭关系、生活科技、财务管理、法律知识、生命教育等。第三，休闲兴趣课程。如，休闲旅游、阅读经典、戏剧表演、历史文化传承、花草栽培、宠物饲养等。第四，贡献服务课程。社区老年志愿者培养、老年社团方案规划指导、服务学习、技艺传授、中老龄人力资源运用、自主学习团体经营等。第五，社区特色课程。各社区可融合在地文化、产业文化、艺术文化及自然景观等多元文化，积极开展社区特色课程。[1]

4. 开展多种的教学形式

（1）知识大讲堂式。联系社区居委会、社区下属医疗单位以及公安局、消防队等警政人员开展知识大讲堂，通过跨域合作、公私协力及全民参与，对老年学员进行教育引导，形成科学养老意识和养老方式。

（2）社区教学式。采取班级授课、代际教育以及混龄式教学，以社区教学为常态，以地方中小学、图书馆、博物馆为辅助教学点，注重老年人的身心变化及健康管理，家庭生活经营以及生命后期的心灵调适。

（3）服务学习式。组办老年志愿者服务活动，鼓励老年人担任社区志愿者，参与社区服务与管理。推动老年人退休准备教育与服务，帮助长辈积极规划退休生活，以初老服务老老，参与志愿服务反馈社会，充实老年人的服务学习经验。[2]

（4）自主学习式。根据社区特性和在地老年人的需求，发展老年人

---

[1] 原艳：《养教结合的城市社区老年教育模式构建研究》，硕士学位论文，福建农林大学，2018年。

[2] 何阳：《重庆Y社区老年教育小组活动的社工介入研究》，硕士学位论文，重庆大学，2015年。

自主学习团体，鼓励老年人自主开展各类艺术休闲、生活养老类课程与活动，转变学习理念，创新学习模式。如读书会、论坛、小剧场、手工体验等，开展问题学习、实践学习、经验交流、智慧分享，还有时下的网络学习、移动学习、微信微课、网上讨论区、QQ 聊天群等，也成为自主学习团体的学习时尚。①

5. 组建老年教育专业师资队伍

支持大专院校设立老年教育、养老相关专业点，扩大人才培养规模；加快发展老年教育、养老专科本科教育，积极发展老年教育与养老研究生教育，培养终身教育、老年教育、家庭老年教育、老年医学、康复、护理、营养、心理和社会工作等方面的专门人才。拓展人才培养渠道，打通技术技能人才的培养发展通道，推进老年教育专业与医护专业的"3+2"、五年一贯制等中高职一体化人才培养。② 充分发挥开放大学作用，开展继续教育和远程教育，进一步提升社区教育、养老服务人员整体素质。依托师范院校和养老机构等，加强人员培训，对符合条件参加教育、养老职业培训和职业技能鉴定的从业人员给予补贴。

（三）"养教结合"实践模式的实施策略

（1）更新观念统筹规划。发展老年教育，实行养教结合，解决的不仅是老年人受教育的问题，而是通过老年教育这一平台，在社会转型过程中实现"积极老龄化"，充分保障老年人有尊严养老的权利。同时，要紧密结合实际，加强组织领导，成立养教结合管理机构，引进专业人才，实施专门管理，逐步形成一个由政府统筹规划，由民政、老龄、教育、文化等行政部门负责业务指导的齐心协力、共谋发展的格局。③

（2）坚持量的普及和质的提高相统一。养教结合的社区老年教育中心的发展，在量的扩充的同时，应考虑社区老年教育品质提升，在设立要求标准和相关条件方面，要制定一套行之有效的系统化的准则。在设置养教结合的社区老年教育中心时，应充分从老年人口比例，以及交通、

---

① 陈春勉：《老龄化背景下社区老年教育课程建设研究》，《成人教育》2016 年第 9 期。
② 李振兴：《社区老年教育教师队伍建设研究》，硕士学位论文，上海师范大学，2017 年。
③ 刘璟：《养教结合新型养老模式与发展老年教育》，《老年教育》（老年大学）2019 年第 5 期。

医疗条件等方面加以考量，不能单纯地以地域划分，使社区老年教育的规划充分满足各地区老年人口的均衡需求。①

（3）弹性调整课程设计。课程设计需为老年人量身打造，以实用性为目标，结合老年人的生活经验，以满足老年人学习取向动机。根据中国台湾学者魏惠娟的观点，老年教育的方案规划必须着重目标市场的界定，并且依据对象的需求设计适合的学习活动。社区老年教育服务的对象是老年人。在设计学习活动时，不仅需要考虑不同机构的特质，也要考虑老年人的自身需求、学习期望以及合适的教学方式及设备资源。养教结合的社区老年教育的课程主要可分为思想政治课程、基本生活课程、贡献服务课程、休闲兴趣课程、社区特色课程五大类，课程的分类不是绝对的，课程分配比例也并非均等。因此，在课程的规划与实施上，应本着因地制宜、因需设课、因人施教的指导思想，合理调整课程设置和教学内容，除力所能及地选学传统的文、史、政、经、法律、艺术等门类课程外，要增设老年人更直接适用的现代科技、家庭日常实用技艺（电脑、家用电器维修、家政）、老年身心保健（老年心理、营养，中、西医老年常见病及多发病预防、保健）等多种门类课程；应紧密联系社区老年人的实际需求，谨慎考量各课程的分配比例，弹性调整课程设计、调整课程实施的方式以增强老年人的学习动机。②

（4）充分开发和整合社区教育资源。教学设施及场地是社区老年教育课程与活动开展的基本条件。大部分社区教育教学设施设备不足、空间资源有限，借助中小学现成的教学条件或者社区企业闲置空间资源，有利于社区老年教育的发展。各中小学校始终还是以正规教育为主，争取中小学的闲置教室，并加以规划与利用，对社区老年人的教育教学的发展有其必要性。社区老年教育的场地使用，应该通过有效的制度保障，避免以推动终身学习为宗旨的社区老年教育无规定教学点，形成"流浪式教学"。因此，需要政府或社区出面协调，或者以制度保障老年人受教

---

① 陈淑梅：《天津市社会工作介入社区老年教育的可行性研究》，《知识经济》2016年第20期。

② 陈春勉：《老龄化背景下社区老年教育课程建设研究》，《成人教育》2016年第9期。

育的权益。社区老年教育的诸多场地必须考虑到安全、方便，可以让行动不便的老年人放心使用。随着年龄增长，老年人身体机能下降，老年人腿脚多有不便，或者在行动上存在障碍。因此，养教结合的社区老年教育的空间设计应考虑老年人的身体状况，符合无障碍空间使用标准，让老年人享有温馨、舒适的学习空间设施。①

(5) 设置差异化评估考核。养教结合的社区老年教育的经营与管理需要给予更多的指导与鼓励，单一的等级评价指标难以对社区老年人的"养"与"教"形成全面的评估。需要有现场调研、定期审查、老年人自主评估回馈等方式评估社区老年教育的发展。社区老年教育结构由于区域设置、人口密度、建立年限不同，其实际发展状况也存在差异。事实上经济欠发达地区社区老年教育是相当单薄的，特别是在行政管理和课程规划方面，需要更多的人力协调与安排。新设立的社区老年教育机构所面临的问题和已经成长两三年以上的社区老年教育机构有不一样的经验与问题，可另立指标，分别评估，调研指导，加速新老、城乡社区老年教育机构的成长。同时，社区老年教育机构要逐步建立自己的特色并成立自我评估体系，老年人不仅是社区教育的管理者、学习者，亦是社区老年教育发展的督察者。根据老年学员的自身学习感悟与体验，有效评估社区老年教育的发展与不足，为社区老年教育的发展建言献策。②

三 "以人为本"的国际社区老年教育实践模式

(一) "以人为本"的相关概念

"以人为本"观念的实质是人本观念（The Concept of Human），这种观念要求在观察任何事物，处理任何事情，解决任何问题时，都把人的因素看成首要因素、关键因素、决定性因素。③

---

① 原艳:《养教结合的城市社区老年教育模式构建研究》，硕士学位论文，福建农林大学，2018年。
② 王浩:《基于养教结合的老年教育策略研究》，《中国成人教育》2014年第21期。
③ 储呈梅:《基于"以人为本"的老年大学管理探索与实践》，《江苏科技信息》2016年第11期。

在老年教育实践模式中,"以人为本"的内涵可以解释为:"人"是指广大的老年人群体,"本"则是指广大的老年人群体的根本利益,意指改革要以人为本,学校要以学生为本、办学要以教师为本。"以人为本"在老年人教育工作中,既是一种价值判断,也是一种方法论。具体地,可以体现出以下几种价值观:

首先,教育发展不仅是社会发展的需要,也是人自身发展的需要,"社会"和"人"都是教育的主体;教育工作的最终目的是推动人类社会的不断延续和发展,但它是通过培养社会所要求的"人"来实现的,因此,培养社会所要求的"人",是一切教育活动的中心;学生是教育的主体。[1]"以人为本"的老年教育模式要坚持以老年人的需求和利益为本位,激发老年人学习的热情,坚持把老年人培养成老有所为、老有所乐、老有所学的"人"。要反对目中无"人"的思想,一切工作都是为老年人服务。把培养老年人、促进老年人最大限度的发展作为一切工作的出发点和最终归宿。

其次,教育的希望在教师,没有一流的教师,就难以培养出一流的学生。把教师的主体精神发挥出来,激发他们的积极性和创造性,依靠教师办学,办学要有大师,这是现代办学理念的重要特征。"以人为本"的老年教育模式在办学中应以教师为本,学校的办学主体不是校长,也不是管理层,而是教师。老年教育在保持原有优秀师资力量的同时,还有通过各种方式吸引大量优秀人才投入老年教育事业。

最后,"以人为本"的办学理念,实质是要在各项工作中重视人的因素,正确认识人的价值,发挥人的主观能动作用。当今世界知识经济的形成,使知识成为重要的生产要素,而知识的主要载体、传播者、创造者都是人。进行老年教育事业,固然需要资金的投入,有一流的物质条件,然而更重要的是要有一流的管理水平,充分调动全校师生员工的积极性,共同为实现建设优质老年教育而奋斗。

---

[1] 刘智运:《高等教育中"以人为本"的内涵》,《中国地质大学学报》(社会科学版) 2003 年第 2 期。

(二)"以人为本"实践模式的理论基础

1. 需求幅度理论

需求幅度理论（Theory of Demand Range）是由美国老年教育学之父、密歇根大学（University of Michigan）荣誉教授麦克拉斯基（Mc Clusky）在1971年白宫老年会议中，论述老年教育的意义与目标时提出的。根据该理论，老年教育课程的发展应该满足老人五个层次的学习需求：应付型需求、表现型需求、服务型需求、影响型需求与自我超越型需求。其具体内涵是：[1]

（1）应付型需求（coping needs）。应付型需求是指能够满足个体在日常生活应对基本的生活环境的需求，是个体需求中最基本的需求，内容主要包括生理、社会互动以及日常生活所必需的技能等。需求幅度理论认为，只有一个人的应付型需求得到满足，才能够促使个人为了追求更高层次的需求而不断参与学习。

（2）表现型需求（expressive needs）。表现型需求是指个体满足自己的兴趣爱好、为了从活动中获得内在满足感的需求。麦克拉斯基认为，老年教育的课程应该让表现型需求受到限制越少越好。在课程设计中，应尽量扩大表现型需求课程在课程体系中的比例。

（3）服务型需求（contributive needs）。麦克拉斯基认为，人们都有通过帮助他人来实现自我价值的倾向或欲望。这一需求的假设前提是老年人有想要服务他人、奉献社会，并希望自己的行为能够对社会有所贡献的倾向。通过帮助他人能够获得更多的与社会互动的机会，从而在这一过程中实现自我价值。服务型需求的老年教育课程多为志愿服务培训课程。

（4）影响型需求（influence needs）。麦克拉斯基认为，个体很多方面的机能、能力在老年阶段会逐步衰退，但在经验、智慧等方面会不断增长，老年人并非完全丧失能力的群体。甚至很多方面的衰退，可以通过教育，让老年人重新获得或恢复。因此，老年人也是能够影响他人的群

---

[1] 潘冬艳：《需求幅度理论视阈下老年教育课程体系的检视与构建——以国家开放大学老年开放大学为例》，《职教论坛》2017年第6期。

体。影响型需求是指个体通过自己的行为能够对自己周边的环境及世界产生影响，从而使社会发生有意义改变的需求。

（5）自我超越型需求（transcendent needs）。个体在老年期最高层次的发展任务是整合自我的价值感、超越身体与超越自我。这一发展任务是个体获得对生命意义更深层次了解的一种需求。但这一需求的实现往往难以通过自我完成，因此有必要通过课程学习来完成和实现。在实践中，关于自我超越的实现往往通过生命回顾的方式来反省或检视自己生命历程中的价值与意义。

2. 人本主义理论

人本主义理论是美国当代心理学主要流派之一，由美国心理学家亚伯拉罕·马斯洛（Abraham Maslow）创立。人本学派强调人的尊严、价值、创造力和自我实现，把人的本性的自我实现归结为潜能的发挥，而潜能是一种类似本能的性质。人本主义最大的贡献是看到了人的心理与人的本质的一致性，主张心理学必须从人的本性出发研究人的心理。该学派的主要代表人物是马斯洛和罗杰斯。马斯洛的主要观点：对人类的基本需求进行了研究和分类，将之与动物的本能加以区别，提出人的需要是分层次发展的；他按照追求目标和满足对象的不同，把人的各种需要从低到高依次分为生理需求、安全需求、社交需求、尊重需求和自我实现需求五类，最低级的需要是生理的需要，这是人所感到要优先满足的需要。罗杰斯的主要观点：在心理治疗实践和心理学理论研究中发展出人格的"自我理论"，并倡导了"患者中心疗法"的心理治疗方法。人类有一种天生的"自我实现"的动机，即一个人发展、扩充和成熟的趋力，它是一个人最大限度地实现自身各种潜能的趋向。[1] 该学派认为学生是教学的中心，教育目的是培养自我实现的人，教师要信任学生的潜能，愿意让学生自由学习，促进学生学习；学生是教学的主体，教师是学生学习的促进者。[2]

---

[1] 戴维·霍瑟萨尔：《心理学史》，人民邮电出版社2011年版，第46页。
[2] 李海峰、王炜：《基于人本主义理论的教育游戏设计研究——从EGL框架构建到"护林小熊"3D游戏开发概览》，《电化教育研究》2015年第2期。

3. 终身教育理论

早在 1965 年，法国教育家保罗·朗格朗，作了以"终身教育（lifelong education）"为主题的报告，提出应把教育和生活结合，学习和工作应是持续追求的。终身教育理论始于 20 世纪 60 年代，经过长久发展，形成系统的理论体系，成为引领各国完善教育体系的教育理念。终身教育理论强调教育应存在于一个人的终身，并且不必受正规教育体系的束缚，应在各种可以开展教育的场所中广泛进行，是个体一生所接受的各类教育的总和，旨在保障每一个公民，包括社会弱者，人人享有学习的权利。老年教育属于第三阶段的成人教育，与成人教育理论与实践存在共性之处，属于终身教育的范畴。老年教育作为终身教育的重要组成部分，终身教育理论的提出进一步明确了老年人的受教育权。

（三）"以人为本"实践模式的实施策略

1. 构建混合式的老年教育法规体系

在人口老龄化日益严峻的语境下，大力推进老年教育依法治理，加快老年教育法治化进程，完善老年教育制度保障等是确保满足老年教育需求的有效保障，是发展老年教育的有效措施。

首先，从健全和完善终身教育法律法规体制的角度看，应当为终身教育最后环节的老年教育，制定专门的法规，以保证社区老年教育的有序发展。其次，从满足社区老年人在养老、医疗、生活和照料服务、权益维护、精神文化生活等方面需求的角度看，加快老年教育单独立法的步伐，是促进社区老年教育发展的动力。最后，各家应该在现行法律制度的基础上进行创新与完善，制定更加翔实、更具操作性和更贴近社区老年教育本质的法律条文。通过法律法规所特有的功能和作用，帮助社区老年教育能在法律支持系统中运行得更加规范化和标准化。

老年教育法系的建立可以采用混合立法模式。所谓混合式立法模式，就是通过专门的法律法规来保护老年人的权益，又在其他相关法律法规中不遗余力地体现保障老年人这一特殊群体的权益，从而形成普通法和特殊法、一般法与特别法相互结合、相互渗透的一种立法模式。这种模式，可以最大限度地保障老年人这一特殊群体的合法权益，也可以从多角度引发人们对老年教育的重视。老年教育的法律体系应当包括以下几个方面的内容：保障老年人权益法、禁止歧视虐待老年人法、老年人终身教育法、老年人福利法、老年人养老保险法、老年人保健法、老年人弹性退休法等。①

2. 构建政府协调各方参与的老年教育运行机制

居住安全、医疗安全等是社区老年教育的基本需求，为推动社区老年教育由"补缺型"向"适度普惠型"发展，建立以"民意为根"的社区老年教育长期有效的运行机制势在必行。一是政府推动，构筑社区老年教育管理机制。为了促进社区老年教育的快速推进和全面发展，政府协调推动是构建社区老年教育管理机制中不可缺少的关键部分。一方面，在强调社会的广泛参与之外，要加强政府参与社区老年教育的协调和管理，由政府统筹规划，民主参与社区老年教育的管理；另一方面，根据各个地区的不同实际，逐级建立社区老年教育委员会，协调社区内的各种老年教育资源，发掘和发挥各机构的教育职能。二是培养专门人才，夯实社区老年教育人才保障机制。社区老年教育的发展，离不开思想进步、业务熟练的专业人才，社区老年教育工作者的质量是社区老年教育发展的前提保障。可以建立政府、学校和社区三方联动的体系保障，为社区老年教育的发展提供人才。政府与学校互动，由政府加强培训资源的供给，在有条件的院校设立相关专业，进行系统的学科建设和人才培养的工作；政府与社区互动，由政府制定人才专业标准和操作规范，抓好从业人员职业道德、专业知识和岗位技能的培训，逐步提高社区老年教育队伍的专业化水平。学校与社区互动，为社区老年教育在岗人员提供定期或不定期的培训活动，突出培训的针对性、实用性和专业性，不断优化社区老年教育服务人员队伍结构。②

3. 了解老年需求，推行"教"与"学"互动的教学模式

在老年教育实际工作中，要想有效地实施"以人为本"的教学管理模式，首先要了解老年学员群体的特点，了解学员基本情况和学习需求，

---

① 黄宗惠：《"以人为本"对老年教育发展的意义》，《老年大学》2009年第3期。
② 潘澜：《我国老年教育社区推动的理论与实践研究》，硕士学位论文，上海师范大学，2010年。

才能加强教学的针对性,提高老年教育教学的人情味。老年群体特点复杂,如年龄跨度大、学历层次不一、学习目的不同、学习需求多样等,在开展老年教育之前,我们应该采用随机问卷调查、访谈等多种方式,全面了解老年需求。在教学活动中,可以采取"互动式"教学模式。所谓"互动式"教学模式,就是把教育教学活动看作老师与学员之间进行的一种人与人的情感交流和有效沟通。师生、生生、个体与群体通过"教学互动"的方式,达到提高教学效果的目的。老年学员有不同的学习需求,但他们因为身体原因,接受新知识的能力减弱,学习信心不足。老年教育要突出老年学员的主体性,师生之间建立"知己式"教与学的关系,以"知己关系"推动"互动式"教学。①

4. 推行顾问式服务,让老年产生"归属感"

服务意识,实际上是对工作人员的职责、义务、规范、标准、要求的认识,它要求工作人员时刻保持在顾客心中的真诚感。而顾问式服务,就是将老年大学教学管理者定位在学员的朋友和顾问的双重角色上,学会换位思考,用真心实意去设身处地地为老年学员做好生活和学习的顾问。扮演好朋友和顾问这两种角色,是实现顾问式服务的关键所在。老年大学的教务管理人员要具备服务意识,不仅要让老年学员在学校获得优质教育、交友平台,更要让学员从顾问式服务中感受到"归属感"。归属感是指一个人对某种事物、组织的从属感觉,是指个体与所属群体间的一种内在联系,是某一个体对特殊群体及其从属关系的划定、认同和维系,归属感则是这种划定、认同和维系的心理表现,它是一种主观的个人感受。在服务日渐成为指导人们各项活动的理念之一的现代社会,服务意识的内涵早已超出了"微笑服务""关怀服务"的范畴。做好本职工作、合乎制度的要求,只能是合格的教职工;而能够真正站在学员立场为其着想,做到有求必应的顾问式服务,才是真正优秀的教务管理人员。服务学员,事无巨细,只有提高了教学管理工作人员的服务意识,才能提高学员的学习热情,最终形成凝聚教职工的整体向心力,方可激

---

① 储呈梅:《基于"以人为本"的老年大学管理探索与实践》,《江苏科技信息》2016年第11期。

发老年教育工作的双倍活力。①

第四节 国际社区老年教育的发展趋势

一 社区老年教育目的呈多元化发展格局

首先，社区老年教育的一个重要目的是使老年人能更好地社会化，更好地适应不断变化的社会生活，尽可能缩短老年人与年轻人之间的思想差距，消除由于思想观念不一致而产生的代沟所导致的家庭成员之间的矛盾冲突。目前的社区老年教育主要是闲暇教育和保健教育，目的是满足老年人的兴趣爱好，丰富老年人的生活，增加保健知识，提高身体素质。其次，社区老年教育的目的是要加强老年人与社会的联系，使老年人即使脱离了工作岗位也不至于脱离社会，老年人的思想观念随着社会的变化而不断更新。② 此外，面对人口迅速老龄化的挑战，我们对"人力资源"的概念要更新。人力资源不再仅是处在特定年龄阶段的劳动年龄人口，而是覆盖一切具有劳动能力因而具有劳动力和竞争力的人口，其中也包括越来越多的健康老年人。随着时代的发展，社区老年教育目的应该包含更广泛的内容，其中更好的社会化和再就业培训将成为不可缺少的两个重要目的。

二 社区老年教育呈多层次化发展形态

众所周知，不同老年人对教育需求不同，所以应该开展适应不同层次要求的社区老年教育形式。首先，老年大学是社区老年教育的最高层次。但由于老年大学开办的最初目的是为老年人提供一个学习、活动、娱乐的场所，在一定的社会历史条件下起到了很大的作用，但直到今天仍然沿用当时的教育内容、教育形式等，老年大学名不副实。事实上现

---

① 储呈梅：《基于"以人为本"的老年大学管理探索与实践》，《江苏科技信息》2016年第11期。

② 杨山杉：《终身教育视域下郑州市社区老年教育研究》，硕士学位论文，郑州大学，2016年。

在很多老年大学与老年学校之间并没有很大的区别。在中国，区县级以上开办的学校就叫老年大学，内部的层次按学习时间长短划分，短期的叫"初级班"，学习一年或一年以上的就叫"中级班"，再往上就叫"高级班""研修班"，老年大学缺少真正领头羊的作用。我们应该对主要面向知识水平比较高的老年大学进行改革，兴办几所具有示范性作用的真正意义上的老年大学。其次，社区学院的建立为老年教育的发展提供便利条件。美国的社区学院功能之一是实施老年教育。老年教育从规模上来讲应该走向社区，是一种小且多的格局，与老年人的生活空间很好地结合起来，以社区为依托，发展老年教育，这是由老年人的特点决定的。社区是处于一定区域内，有具有共同特征的人们组成的共同生活为基础的单元，是特定的地理空间和社会空间的结合，在社会生活，社会关系等方面具有独特性。为了扩大老年教育的覆盖面，为使更多的老年人享有受教育的权利，尤其是使年老多病、行动不便的老年人也有受教育的机会，需要有多种形式的老年教育，使老年教育在老年人身边开展。社区是老年人生活和活动最集中的地方，应该在社区开展老年教育活动。搞好社区老年文化设施建设，组织、动员老年人积极参加社区文化活动。

社区终身教育理论将终身学习与社区有机结合起来，为终身学习找到了良好的依存环境和最佳的组织形式，老年教育作为终身教育的最后环节，它的实施离不开社区。老年教育与社区结合可以发掘各种社会组织教育功能，充分利用教育资源，可以避免由于在专门学校而使老年人的活动范围仅限于老年群体的弊病，使老年人在不脱离社会的情况下继续接受教育。老年人通过在社区学院与年轻人一起学习，或者直接进入正规大学或者其他层次的学校机构进行学习，这样可以避免建设专门的老年教育学校而带来的浪费，也可以使老年人更好地与年轻人沟通。①

---

① 程雪英、杨春南：《开办社区老年学校是发展老年教育的重要途径》，《江苏老龄问题研究论文选集》（2000—2004）会议论文，2005 年。

三 社区老年教育手段呈多样化发展

为提高老年社区教育的质量,保证老年社区教育的有效开展,社区积极开展了多样化的教育手段。目前,老年社区教育的手段主要包括传统教育手段、电视广播以及信息技术手段等。

传统的教育手段一般是教师与学生之间面对面地传授新知识,它有自身的优点,例如,教师可以根据学生的反应及时调整教学进度,改变教学方法等,这确实是一种好的教育手段,但对于老年教育而言存在一定的局限性。因为不同的老年人有不同的生活作息时间,不同的身体健康状况。而传统的教育手段要求在同一时间,同一地点向所有来听课的人传授知识,这必然使一部分人无法参加到教育中来,所以应该采取一些其他措施作为补充的教育手段。

多媒体教育方式是老年教育应用的主要手段之一。现在电视广播已经深入到千家万户,通过开设专门的老年教育栏目或者老年教育频道的途径发展老年教育,可以使老年教育迅速遍及各地,成为经济实惠的教育手段。[1]

信息技术发展为满足教学方式的更多需求提供了可能,建立在互联网技术基础上的学习平台允许老年人访问、交互、研究和执行各种任务,打破了正式的师生情境学习或小组学习对时间和地点的固化,成为推广最快的新型教学方式。[2] 资源共享是互联网的一个很大的特点。利用互联网进行教学有两个重要特点,一个是教学过程互动性,另一个是时间上的自主性。这两个特点决定了网络教育将逐渐成为未来教育发展的主要趋势。[3]

总体而言,传统教学方式满足了老年人高效学习知识的追求,小组学习方式为老年人提供现实的自由互动交流空间,互联网等信息技术的

---

[1] 陈春勉:《老龄化背景下社区老年教育课程建设研究》,《成人教育》2016年第9期。

[2] Ng, W. (b2013). Conceptualising mLearning Literacy, International Journal of Mobile and Blended Learning, 5 (1): 1 - 20.

[3] 丁利娟:《"互联网+"背景下社区老年教育的推进策略——以浙江平湖为例》,《广州广播电视大学学报》2016年第5期。

使用为教学方式提供了更多便利，正在逐渐成为实践与研究的最大热点。① 但是，如何在新技术基础上开发适合老年人需求的教学方式，将新技术与新时代的内容相结合仍需进一步研究。②

四　社区老年教育课程与教学呈多样化的设计

社区老年教育的课程设置计划要紧密联系老年人的生活和社会实际制订。社区老年教育目的的多元化决定了社区老年教育内容的多样化。实际上，老年教育中对教学内容的需求受时代特征和群体特征的双重影响，呈现出丰富多样且持续变化的趋势，但这一变化具有内在一致的规律性。由于年龄增长为老年人带来了行为能力和认知能力的变化，使其面临生理、心理和社会等多方位的挑战，对教学内容的需求也愈加复杂，但老年人特殊的人生经历是显而易见的。将老年人的兴趣、需求、能力与他们丰富的生活阅历联系起来，开发出帮助他们克服年龄相关的障碍，可以有效学习的教学内容是满足广大老年群体教育内容需求的必然，对教学内容的这一指导原则也具备一定的普适性。③

目前的社区老年教育主要是闲暇教育和保健教育。但未来的课程还应该有另外两个取向，21 世纪是信息爆炸的时代，知识更新非常快，如果没有更好地适应社会的能力技巧很容易被社会淘汰。④ 所以社区老年教育内容的一个重要取向是开设增强老年人适应社会能力的课程。绝大部分老年人刚从工作岗位退休后，出现心理不适应现象，至少需要三四个月的时间才能习惯，有些人甚至会出现心理疾病。为了避免这种情况出现，应提高老年人退休后社会角色的心理适应能力。除此之外，根据教育目的，另一个重要教育内容取向是增加职业课程培训。随着老年

---

① 李琦、王颖：《老年教育的供需矛盾及解决机制——国际经验与本土思考》，《云南民族大学学报》（哲学社会科学版）2019 年第 6 期。

② 李琦、王颖：《老年教育的供需矛盾及解决机制——国际经验与本土思考》，《云南民族大学学报》（哲学社会科学版）2019 年第 6 期。

③ 李琦、王颖：《老年教育的供需矛盾及解决机制——国际经验与本土思考》，《云南民族大学学报》（哲学社会科学版）2019 年第 6 期。

④ 丁利娟：《"互联网＋"背景下社区老年教育的推进策略——以浙江平湖为例》，《广州广播电视大学学报》2016 年第 5 期。

人参与劳动人口数量的增多,老年职业培训课程的地位也将随着增加。同时老年人还可以参与其他类型的教育,例如到正规大学学习大学课程内容等。①

---

① 陈春勉:《老龄化背景下社区老年教育课程建设研究》,《成人教育》2016年第9期。

第 二 章

广东省社区老年教育研究

2016 年，国务院办公厅印发《老年教育发展规划（2016—2020 年）》（国办发〔2016〕74 号），提出老年人是国家和社会的宝贵财富。老年教育是我国教育事业和老龄事业的重要组成部分。发展老年教育，是积极应对人口老龄化、实现教育现代化、建设学习型社会的重要举措，是满足老年人多样化学习需求、提升老年人生活品质、促进社会和谐的必然要求。据此，2017 年广东省政府办公厅发布了《关于大力推动老年教育发展的实施意见》（粤府办〔2017〕41 号），意见提出到 2020 年，广东省基本形成布局合理、机会均等、内涵丰富、灵活多样、服务完善，覆盖省、市、县、乡、村 5 级的现代老年教育体系。全省建成 10 所省级示范性老年大学、19 所市级示范性老年大学、19 所以上县级示范性老年大学，培育 500 所老年示范校和示范站（点）。全省以各种形式经常性参与教育活动的老年人占老年人口总数的比例达到 25% 以上，其中珠三角地区达到 30% 以上。[1]

第一节　广东省社区老年教育概况

一　广东省社区老年教育发展历程

1. 初创阶段（1981—1989 年）

1981 年，广州成立了第一个从事老年事业的集团——由 17 位关心老

---

[1] 《广东省人民政府办公厅 广东省人民政府办公厅关于大力推动老年教育发展的实施意见》，http：//www.gd.gov.cn/gkmlpt/content/0/146/post_146125.html#7。

龄事业的老干部发起筹办的广州岭海颐老会。"地处五岭之南,珠海之滨",奉行维护老年人合法权益,以老有所养、老有所依、老有所学、老有所乐、老有所为为宗旨,让一些离退休老人愉快地学习与生活,安度晚年。为了发展老龄事业,从老年人的需求出发,1984年,广州岭海颐老会创建了广州地区的第一所老年大学——广州市岭海老年大学,也是继山东省红十字老年大学后的全国第二所老年大学,成为全国民办老年大学首创,被全国老龄委誉为全国民办老年大学的"播种机",招生400多名学员,岭海老年大学分校于1989年在海珠区创立,扩大了岭海老年大学办学规模。[1]

值得重视的是,广州军区政治部当时也发文要求各单位大力支持和帮助离退休干部建立和办好老干部大学。这是第一个以大军区名义下发的关于发展老年大学的文件,它不仅有力地推动了广州军区老年学校教育事业的发展,还在全军产生了一定的影响。1986年和1987年,依托驻穗部队,广州军区老干部大学和广东省军区老干部大学相继成立并延续至今。

1988年9月,广州市成人教育局备案,市委老干部局主办,提出"老干大学老人办",广州第二所老年大学——"广州市老干部大学"正式创办。1989年4月改为挂靠市老干部活动中心。此阶段的老年大学以自办居多,规模小,没有编制经费,运行艰难。

2. 探索拓展阶段(1990—2000年)

经过前期摸索积累的经验,从20世纪90年代开始,在老干部的支持以及社会上老同志的强烈需求的推动下,各区县依托老干部活动中心陆续创办老年大学,谋求发展。1990年9月老年大学(学校)向区、县(市)、局一级发展,开办广州市老年干部大学分教点,如海珠区、白云区、天河区老年大学等。1993年年初,海珠区老年大学正式挂牌成立。1989—1996年广州市老年大学先后在广州铁路局和市属单位建立过12所分校。从1996年开始不再发展分校,原办的分校、分教点逐步过渡到由各单位自行举办。此外,还有一些行政部门参与办学,如广州市文苑老

---

[1] 叶忠海:《中国当代老年教育发展研究》,华东师范大学出版社2019年版,第64页。

年大学。有条件的企业也开始自主办学,由企业内部的离退休管理职能部门主管具体工作,主要代表有广州铁路(集团)有限公司老年大学,但是由于专业设置有局限,办学规模不大。到 2000 年,老年大学(学校)在校学员约 8000 人。[①]

这个阶段的特点是老年大学覆盖面扩张,办学条件改善,建设规范化;相较于广州市所处的政治、经济、文化中心城市的地位而言,广州市老年教育的发展可谓"起步早、发展慢"。其实,早在 1991 年 11 月,广州市就成立了老年学校教育协调小组,制订了《广州市老年学校近期发展计划》,提出了广州市老年学校教育的发展目标和任务,争取入学率达 3%,入学人数达 2 万—3 万。但实际情况离目标相去甚远,这与当时的思想认识观念和地方行政管理体制密切相关。

3. 全面发展阶段(2001—2012 年)

2000 年,其他力量参与办学,广东省妇联主办的康怡老人大学以及南方医科大学老年大学涉老部门和其他高校主办的老年大学也相继创立。南方医科大学老年大学原为第一军医大学老年大学,创办于 2001 年 10 月,作为高等院校自主创办的老年大学,南方医科大学老年大学是广东省、广州市为数不多的老年大学。南方医科大学、华南理工大学、中山大学、暨南大学、华南师范大学等高校老年大学相继成立,形成百花齐放的局面,高校办老年大学,虽然起步晚,但发展势头相当迅猛,办学环境不断优化,领导班子、制度建设逐步完善,师资队伍素质和教学管理水平得到提升,老年教育理论研究和国际交流得到突破,办学规范化和现代化水平较高。

4. 纵深发展阶段(2013 年至今)

2013 年 1 月,广州地区老年大学协会成立,标志着广州地区老年教育事业进入了一个新的发展阶段。协会组织开展了大量的学术研究,承担老年教育课题,成为大专院校、科研机构与政府部门的连接平台,为老龄事业的发展提供了有力的支持,经过近 30 年的发展,广州市老年教育不仅在教育实践上有了规模扩展,而且在教育理论上也不断深化。

---

① 叶忠海:《中国当代老年教育发展研究》,华东师范大学出版社 2019 年版,第 65 页。

据不完全统计，截至 2016 年年底，全市共有老年大学、老年学校、老年教育点共 200 所（个），在读老年学员近 7 万人，在校学员约为广州地区老年人口总数的 4%，针对老年大学"夕阳学位"报名热导致的"一座难求"，广州市政府扩建广州市老年干部大学，成为目前广州地区办学规模最大的老年大学，于 2017 年秋季正式招生，学位扩大到 3 万个，逐步实现全纳教育，向社会老年人开放。2013 年 11 月，中国老年大学协会国际联络部设在广州市老干部大学，致力于广泛开展国际交流，特别是加强与国际老年大学协会（AUITA，即国际第三年龄大学协会）的合作，借鉴国外老年教育的先进理念和经验，推进老年教育与国际对接，扩大老年教育的国际影响力。[1]

发展老年教育，老年大学是主阵地，社区老年教育是老年教育的重要形式。在广州市民政部主导下，2008 年，广州试点推出政府购买项目和社工服务；2010 年部署 20 个街道家庭综合服务中心试点；2012 年全面铺开，老年服务是必选的服务内容。自 2011 年开始，各区设立长者综合服务中心，具体由各社区组织、养老院、福利院承接并开展服务。街道、居委会、家庭综合服务中心和长者综合服务中心针对社区老年教育综合开展工作。2017 年 6 月，广东省政府发布了《关于大力推动老年教育发展的实施意见》，指导广东省老年教育工作的发展，为广东省老年教育发展提供更好的发展机遇。

二　广东省老年教育的现状

（一）广东省社区老年人口数据

老年教育对于一个地区的老年群体质量发展具有重要的意义，能够缓解社会老龄化带来的一系列问题。广东省统计局的统计数据显示，2018 年年末，全省常住人口主要年龄段人数分别为：0—14 周岁 1949.24 万人、15—64 周岁 8418.73 万人、65 周岁及以上 978.03 万人，分别占常住人口总量的 17.18%、74.20% 和 8.62%。[2] 人口年龄结构继续呈现出

---

[1] 叶忠海：《中国当代老年教育发展研究》，华东师范大学出版社 2019 年版，第 66 页。
[2] 数据来源于广东省统计局，http://stats.gd.gov.cn/。

"两头低、中间高"的特征,即少年儿童人口(0—14周岁)和老年人口(65周岁及以上)占比相对较低,而成年人口(15—64周岁)的比例较高。按国际通用标准衡量,广东常住人口年龄结构属于"老年型"发展时期,因为人口出生率和人口迁移,特别是跨省流动人口规模大,所以广东人口老年化进程比其他省份有所减缓。尽管广东常住人口中60周岁及以上或65周岁以上人口占比低于全国平均水平,但老年人口的绝对数庞大。2018年年末,广东省60周岁及以上或65周岁以上的常住人口为1472.67万人和978.03万人,分别占同期全国相应年龄段人口的5.90%和8.62%。[①]

而广东省人口变动情况依据抽样调查结果显示,2018年,全省有65周岁及以上老年人的家庭户占家庭户总数的24.31%,即平均每5户的家庭就有1户有老年人生活。值得关注的是,农村有65周岁及以上老年人的家庭户中独居老人占25.83%,农村地区的老龄化现象更为严重。而依据广东省民政厅预计,到2020年,广东60岁及以上老年人口将达1518万,占比升至15.8%以上。[②] 根据各国对老龄化的界定来看,当某个区域60岁以上年长者的数量占总人口数的10%,或65岁以上年长者数量占总人口数的7%,说明这个区域处于老龄化社会。因此可以认为,广东省已经进入老龄化社会的阶段了。

(二) 2018—2019年广东省各市老年教育基本情况统计

2018—2019年广东省各市老年教育的基本情况,可以从老年教育的教学场地面积、专职教师人数、管理人员人数、开设课程数量、累计结业总数等方面来呈现。

在广东省各市用于老年教育的教学场地面积方面,广州市186180.38平方米,深圳市74132.51平方米,佛山市40878.85平方米,中山市37802平方米,东莞市37596平方米,汕头市31453平方米,茂名市26290平方米,珠海市23288平方米,江门市19000平方米,云浮市

[①] 数据来源于2018年广东人口状况分析,http://stats.gd.gov.cn/attachment/0/328/328650/2268233.pdf?ref=spec。

[②] 数据来源于2018年广东人口状况分析,http://stats.gd.gov.cn/attachment/0/328/328650/2268233.pdf?ref=spec。

14032 平方米，潮州市 11392 平方米，湛江市 10597.2 平方米，韶关市 10535 平方米，汕尾市 8700 平方米，惠州市 8313 平方米，梅州市 8080 平方米，清远市 6600 平方米，河源市 2300 平方米，揭阳市 1610 平方米，肇庆市 400 平方米，阳江市 300 平方米。

在广东省各市老年教育专职教师人数方面，广州市 425 人，中山市 25 人，佛山市 22 人，韶关市 18 人，梅州市 16 人，江门市 14 人，汕头市 12 人，清远市 12 人，河源市 4 人，深圳市 3 人，东莞市 3 人，揭阳市 2 人，茂名市 2 人，珠海市 1 人，湛江市 1 人，云浮市 1 人，惠州市 0 人，阳江市 0 人，汕尾市 0 人，潮州市 0 人，肇庆市 0 人。

在广东省各市老年教育管理人员人数方面，广州市 290 人，中山市 115 人，珠海市 79 人，深圳市 73 人，汕头市 63 人，佛山市 58 人，东莞市 37 人，韶关市 37 人，茂名市 34 人，江门市 30 人，湛江市 27 人，梅州市 24 人，惠州市 23 人，潮州市 22 人，清远市 22 人，云浮市 16 人，揭阳市 12 人，阳江市 5 人，汕尾市 3 人，河源市 2 人，肇庆市 2 人。

在广东省各市老年教育开设课程数量的具体情况方面，广州市 1344 门，珠海市 462 门，深圳市 278 门，佛山市 247 门，中山市 214 门，东莞市 181 门，汕头市 116 门，惠州市 98 门，江门市 77 门，茂名市 67 门，韶关市 62 门，梅州市 60 门，潮州市 36 门，云浮市 32 门，河源市 30 门，清远市 30 门，湛江市 24 门，揭阳市 15 门，阳江市 15 门，肇庆市 5 门，汕尾市 4 门。

在广东省各市老年教育在校学员人数的具体情况方面，广州市 85339 人，汕头市 15441 人，中山市 10260 人，深圳市 8669 人，珠海市 8202 人，佛山市 7813 人，茂名市 7540 人，江门市 5982 人，惠州市 5646 人，韶关市 5045 人，东莞市 3802 人，潮州市 3703 人，梅州市 3430 人，清远市 1274 人，云浮市 915 人，河源市 700 人，湛江市 680 人，阳江市 600 人，揭阳市 479 人，汕尾市 350 人，肇庆市 220 人。

在广东省各市老年教育累计结业总数的具体情况方面，广州市 344545 人，茂名市 144783 人，深圳市 118252 人，珠海市 114692 人，东莞市 63749 人，汕头市 62116 人，佛山市 42613 人，韶关市 38155 人，江门市 32000 人，中山市 31893 人，梅州市 26813 人，惠州市 18700 人，潮州市11298人，湛江市7478人，河源市6000人，阳江市3000人，清远市2616人，汕尾市1900人，揭阳市1103人，云浮市295人，肇庆市220人。

第二节　广东省社区老年教育的发展模式

一　"社工+义工"联动模式——以深圳市坪地社区九九学堂为例

"社工+义工"联动是指在社区服务中采用"社工引领义工，义工协助社工"的运行方式，整合社工和义工的资源，实现两者互补互惠，联动双赢。其运作模式是：坚持党委的统一领导，政府起主导作用，积极推进社会工作职业化建设，开发社工岗位，培育专业社工队伍，购买社工服务，改善社会服务；同时，支持义工组织，积极推动全民参与志愿服务，扩大社会参与。在社区服务中，社工和义工良性互动，社工负责服务项目的策划，引领义工开展服务；义工扮演参与和协助的角色，发动群众参与义工，协助配合社工，共同致力于解决社会问题，实现社会和谐，促进社会进步。

深圳是中国成立义工团体最早的城市。1990年，深圳市义务工作者联合会在深圳市民政局正式注册成立。截至2013年7月，全市共有注册义工84.6万人，占深圳常住人口8.02%，建成了市—区—街道—社区四级义工组织网络。2006年，深圳市开始社会工作，社工机构开始与义工组织合作，以其活力、效率和弹性，与政府、社区、居民合作互动，进一步开展和整合社区资源，在社区服务方面发挥重要作用。[①]

（一）九九学堂简介

坪地社区九九学堂于2010年12月成立，它是在街道党工委、办事处的领导下，在龙岗区民政局、龙岗区老年人协会的指导下，由坪地社区工作站主办、坪地社区老年人协会承办，以社区星光老年之家为平台，以五支长者志愿者服务队为骨干，以促进社区和谐建设为目标的非学历

---

① 郑政鑫：《深圳"社工+义工"社区服务模式研究》，硕士学位论文，南京大学，2014年。

性、非营利性的老年教育（培训）学校。学堂以本社区的老年人为对象，遵照寓教于乐，精讲多练和实用性、趣味性相结合的教学方式，不断为社区老年人提供文化学习、文体娱乐、养生保健、法律法规咨询等丰富多彩的活动，使社区的老年人可以根据自己的兴趣爱好，选择性地参与学习，不断提升自我服务意识，同时提高为社会服务的技能。

九九学堂位于坪地街道办下属的社区内，坪地社区的常住人口为95143人，其中65岁及以上老人占坪地社区总人口的1.66%，与2000年第五次全国人口普查相比，65岁及以上老人的比重上升了0.54个百分点。[①] 坪地社区有较多的外来人口，本地居民以客家人为主，其中老人所占比例较大，而且这些老人多数待在家里，要么照顾小孩，要么在家打麻将；组织层面，坪地社区设有一个社区工作站，社区工作站里包含各个基层的政府职能部门，其中包括老人协会、计生办等；设施层面，坪地社区近年来投资兴建了市级达标图书馆、标准篮球场和健身室等一批文体设施。[②]

（二）九九学堂模式简介

深圳市坪地社区九九学堂的主要成员是具有本地户籍的60—80岁老人。由于服务对象大多是退休的低龄老人，其身体素质比较好，需要较多的精神文化活动，来丰富自己的晚年生活。另外，还有一部分成员为具有外地户籍但在本地长期居住的老年人。这部分老人多数为外来人员，比较孤寂，需要倾诉和融入本地生活，希望通过一些社区活动来增进彼此的沟通。

为了满足社区老年教育活动的需求，坪地街道办开办九九学堂，本地的社工与义工相互合作，逐步形成具有地方特色的"社工+义工"联合服务模式。坪地街道义工服务中心于1993年成立，注册的义工在关爱孤独老人、青少年服务领域经验丰富。2010年坪地街道综合服务中心成立，在社区老年教育服务领域有3名专业的服务社工。社会工作者积极

---

① 王雯：《社会工作介入社区老年教育模式的实践与探析》，硕士学位论文，郑州大学，2012年。

② 王雯：《社会工作介入社区老年教育模式的实践与探析》，硕士学位论文，郑州大学，2012年。

走访，了解坪地街道办现有的政府组织的党员义工服务情况，同时通过社区老年教育活动，有计划地招募与培训自己的义工团队。在九九学堂的社区老年教育介入工作中，社会工作者通过专业的介入活动，有效联合本地义工，共同为坪地社区老年教育服务。

（三）"社工+义工"模式在九九学堂中的实施方式

1. 小组社会工作

小组社会工作是指以两人或两人以上为服务对象，运用专业的方法与技巧满足案主需求的社会工作实务方法。社区老年居民作为一个群体有着共同的需求，同时每一个老年居民在面对社区老年教育工作中，又有其个别化的需求，社会工作者针对两种不同需求的处理方式是不同的，社会工作的小组工作方法往往被社区社会工作者使用，用来满足社区老年居民对再教育的情感、心理、社交等方面的需求。在社区老年教育中社会工作者主要采用教育小组、兴趣小组、成长小组、社会化小组等达到预期目的。在实践过程中，社会工作者主要通过举办"快乐无止境，夕阳更迷人"沟通小组、"迎大运长者英语"兴趣小组、"快乐大合唱"老年康乐型小组等形式，促进社区老年人之间的沟通与交流，提升自身的素质与能力。[1]

2. 社区社会工作

社区社会工作是通过组织社区成员有计划地参与社区活动，从而解决社区问题、满足社区需要的一种社会工作方法。在参与过程中，增强社区居民对社区的归属感，培养彼此之间的自助、互助和自觉的精神。社区教育模式是相信每个人都有能力不断学习并改善自己的生活，对象是社区成员，目标在于塑造有知识、有能力的社区成员，加强他们对服务机构及内容的认可度，通过认清社区问题和满足社区需要促进社区发展。社会工作在介入社区老年教育时，会定期举办各种社区活动，鼓励社区九九学堂的老年成员参与其中。如"整洁有序迎大运"的坪地社区宣传活动、"整洁有序迎大运"论坛开幕活动、"欢歌颂党，红歌送暖"

---

[1] 《龙岗区坪地街道办事处 坪地街道社会事务办 2015 年工作总结及 2016 年工作计划》，http://www.lg.gov.cn/bmzz/pdjdb/xxgk/ghjh/ndgzjhjzj/201804/t20180412_11684938.htm。

活动等。①

（四）"社工+义工"模式的优势

1. 政府出资，保障物资

以深圳市坪地社区九九学堂为例，其运作资金是由政府直接拨款，每年约2万元，不够的部分由街道社区民政部门负责支出。而介入服务的社工也是由政府出资购买其服务，其人力资源费用与学堂运作费用有保障来源。政府购买公共服务，不仅有利于自身的改革和职能转变，也满足了社会对公共服务的需要，同时，保障了资金供给，有利于专业社会工作的介入为其提供更好的服务。②

2. 资源丰富，联系便捷

九九学堂位于深圳市龙岗区坪地街道社区内。社区由本地户籍与外地户籍人员构成。其中，本地户籍人员中以客家人为主。社区内交通便捷，设施完善。绿化面积较大，环境宜居，除交通、通信设施齐备外，其网络设施覆盖率高，政府及各个社工服务机构的网站连接紧密，其政府专门设置了龙岗政府在线直通车，服务各类人群。另外，坪地街道义工服务中心的注册义工人数和义工组织较多，服务社区老年教育的人力资源丰富。

3. 团队专业，外部指导

坪地社区九九学堂是由坪地街道办直接管理，聘请或邀约当地退休或在职的专业教师为社区老年人开展各种教育。为了满足其专业化及老年人需求，其工作大部分是与当地社工机构合作开展。社工机构拥有专业的服务人员，熟悉与了解本地老年人的身心特点与心理需求，结合实际环境，策划并开展各种小组工作与社区活动。社会工作者还会接受来自机构的督导建议与社区其他专业人员的监督与指导，完善工作内容，满足社区老年人教育的发展需求。

---

① 《龙岗区坪地街道办事处 坪地街道社会事务办2015年工作总结及2016年工作计划》，http://www.lg.gov.cn/bmzz/pdjdb/xxgk/ghjh/ndgzjhjzj/201804/t20180412_11684938.htm。

② 《龙岗区坪地街道办事处 坪地街道社会事务办2015年工作总结及2016年工作计划》，http://www.lg.gov.cn/bmzz/pdjdb/xxgk/ghjh/ndgzjhjzj/201804/t20180412_11684938.htm。

4. 义工参与，辅助工作

在深圳市坪地社区内有各种各样的义工团队。例如坪地政府的党员义工队、坪地中学的学生义工队、坪地工厂义工队等。这些义工服务团队大部分是由政府招募的，其人员分属社会各阶层，没有经过专业的培训与指导，但都有主动热情服务社区居民的意愿。在社会工作者介入社区老年教育的过程中，这些义工团队经过政府组织与号召积极投身其中，与社会工作者合作工作，满足社区老年教育发展的需求。

(五)"社工+义工"模式的缺点

1. 缺乏经验，难以介入

以深圳市坪地社区九九学堂的社会工作者介入为例，社会工作者开展社区老年教育工作，需要经过社工机构聘请的香港督导审核通过后才可实施。香港督导一般是一周指导一次，尽管香港督导有着丰富的社工经验，但其大部分是根据香港地区的发展经验，缺乏对深圳坪地社区本地市情的了解，由此发挥的作用并不明显。加之内地对于社工介入社区老年教育发展的经验较少，没有先进的榜样可以学习，属于探索性质。在实际工作开展中会遇到很多困难与阻力，影响工作的进行。[1]

2. 资金专有，金额有限

深圳市坪地社区九九学堂的社会工作者并非街道办聘请专属职工，而是以合作的性质介入工作的人员。社会工作者在介入社区老年教育过程中，遇到的一些文本费用、交通费用、活动费用等是由社工机构负责出资。政府的拨款，只限于用在社区老年教育的开展与运作方面。其金额本身都很难供给一年的运作，再额外补贴社工开展活动所需是有些困难的。而社工机构本身的资金也不充裕，在活动支出上给予的很少。所以社会工作者在介入社区老年教育中所能掌控的资金非常少，这势必影响介入的工作内容与质量。[2]

3. 缺乏培训，专业化程度不高

深圳市坪地社区九九学堂服务人员大部分为社区爱心人士、义工和

---

[1] 杨剑波：《社会工作视角下社区老年教育问题研究》，《中国校外教育》2020年第5期。
[2] 刘春雪：《社区老年教育的社会工作介入研究》，硕士学位论文，云南大学，2019年。

少量的社会工作者。由于社区老年教育的服务对象特殊，开展难度大，这就在客观上要求服务团队具有一定的专业水平和科学的操作方法、专业的服务技巧。对社区老年教育的服务人员进行专业培训是非常必要的。但以坪地社区九九学堂为例，工作人员缺乏必要的培训，大多是凭借自身的热情参与社区老年教育工作的，而且很多工作人员都面临工作并非自己爱好与专业所长，其服务的效果往往就不尽如人意。[1]

4. 义工和社工融合性不佳

九九学堂所在的坪地街道社区的情况是，龙岗区团委主管龙岗区义工联，龙岗区义工联管理各个社区的正式义工。而龙岗区民政局主管区内的各个社工机构，社工机构管理各自的社工。坪地街道综合服务中心在介入坪地社区老年教育工作中，自主招募和培训的义工数量有限，在开展工作中所需的义工仍需供给坪地街道的义工联。由于坪地社区的义工与社工分属不同的组织管理，两者之间常常由于缺乏有效的沟通而出现不同的问题，使服务效果不佳。另外，坪地街道综合服务中心的社工在介入坪地社区老年教育过程中，缺乏可以借鉴的实地工作经验，坪地社区的义工虽然有丰富的服务经验，但是流动性大、缺乏培训、专业性不强，这都使两者难以进行有效合作。

我国推行社工义工联动服务的模式较早，特别是在帮助外来务工人员以及社区矫治方面的经验丰富。通过这种社工引领义工服务、义工协助社工服务的模式，建立社工与义工的联动服务机制，有针对性地开展工作，可以更好地满足社会需求，解决社会问题。另外，随着我国对民办社会工作组织的重视与支持，以及政府职能的不断下放与转化，民办社工机构将承担提供社会服务的主要职责。服务内容的创新与扩展将成为其生存与发展的决定性因素。随着老龄化社会的到来，以及人民群众物质生活水平的不断提高，老年人将不再以满足生存为主要目标，而是更加关注自身的精神文化与心理健康发展。同时，随着社会结构的变迁，社区将作为社会不同阶层发展的主要聚集场所，注重与当地义工的有效

---

[1] 廖敏：《社会工作视角下社区老年教育问题研究》，《长沙民政职业技术学院学报》2018年第3期。

联合，发展社工义工的联动服务模式，可以有效地为社区老年教育的发展服务。①

二　政府主导模式——以广州市黄埔区夏港街社区长者学苑为例

位于广州开发区创业路 92 号普晖社区综合服务中心的广州市夏港街社区教育学校长者学苑成立于 2006 年。这所广州市黄埔区长者学苑主要是为社区居民、企业员工、部队官兵等老年退休群体提供免费的老年教育，在长期的发展运作过程中它逐步形成了"五化"教育机制，即体现机制运作常态化、服务民众公益化、服务格局多元化、服务内容大众化、服务方式个性化的具有公益性的社会组织。在教育局与夏港街的双重指导下，由社会事务科直接管理。长者学苑面向街道辖区老年人免费开放，着眼于老年人的特征和兴趣爱好，大力构建"康、乐、为、养"融为一体的特色教育体系，主要开设书画、舞蹈、摄影、电脑、养生、花艺等课程。

在 10 年的发展过程中，长者学苑成为老年群体的重要的社区交流平台，为老年人获取知识，润泽晚年，获取健康生活提供了重要的帮助，也取得了一系列成绩，得到了政府的认可和支持，也得到了广泛的社会关注。夏港街社区长者学苑在当前的老年社区学苑中发展历史较早，形成了一定的规模，在教育机构、社区发展、教育体制等方面比较完善，为社会老年群体发展带来一定的社会效益，因而可以成为一个具有代表性和说服力的研究个案。② 截至 2016 年，黄埔区管辖 14 个社区、1 个镇，户籍总人口 20.9297 万人。

（一）夏港街长者学苑简介

长者学苑主要是为社区居民、企业员工、部队官兵等老年退休群体提供免费的老年教育，具有公益性的社会组织。长者学苑面向街道辖区老年人免费开放，着眼于老年人的特征和兴趣爱好，大力构建"康、乐、

---

① 辜阳波：《老龄化趋势下发展社区老年教育的实践与探索》，《闽西职业技术学院学报》2019 年第 1 期。

② 陈芸：《社会治理视角下广州市老年教育发展研究》，硕士学位论文，华南理工大学，2018 年。

为、养"融为一体的特色教育体系，主要开设书画、舞蹈、摄影、电脑、养生、花艺等课程。其理念可以分为以下四个特征：第一，公益性。长者学苑面向任何学员都是免费的，不收取任何学费资金，具有非营利性；第二，开放性或包容性，即长者学苑接受来自不同地区、不同职业的老年群体。例如，一些外地迁入的老年群体、任何职业的老年群体都可以进入长者学苑进行学习；第三，多元性，即将不同的课程内容和课程形式都融入教学，为不同老年群体提供丰富的教学内容和形式，满足老年人的多元化需求；第四，适用性，长者学苑掌握老年人的基本特征，在此基础上，无论是在上课时间安排上还是在上课内容安排上都能够根据老年人特点进行调整。同时对不同年龄阶段、不同性别的老年群体设置个性化、差异化教学内容，以提升长者学苑服务的适切性。总而言之，长者学苑是面向社区居民、企业员工、部队官兵等老年退休群体的一种免费的公益性教育平台，它是创立和谐社区、文明社区的一个部分。[①]。

(二)"长者学苑"模式的实施

1. 师资队伍

目前长者学苑的教师队伍主要由兼职教师构成，没有专职或全职教师。这些兼职教师主要来源于广东岭南职业技术学院的大学教师或来自各个行业的教师（医院、警察局、政府部门等）。这些教师的数量达到了一百多名，因此成立了一个"百人讲师团"，负责整个社区教育的教学课程。教师的工资是按照课时费支付的，充分体现了兼职教师的特色。价格是按照当前社区教育兼职教师整体工资水平来划定的，参考了广州其他社区学院的教师工资，因此各个社区学院的工资水平差距不大。在课程时间安排上，兼职教师的课程时间安排比较灵活，长者学苑在教师队伍的协调性方面较大，能够有效地开展各项教学活动。总的来说，长者学苑的师资能够满足基本需求，教师对于教师工资处于相对满意的状态。

---

① 郑洁：《广州市基层社区老年教育服务问题研究——以夏港街社区为例》，硕士学位论文，华南理工大学，2018年。

2. 资金投入

长者学苑是在民政部门独立注册的一个办学单位，属于民政福利项目，有专项资金可申请。2017年老年教育有21万元来自民政部门，2016年老年教育有30万元来自街道的活动经费，广州市教育局的70万元资金用于各社区学院老年教育的普及性教育。长者学苑属于社区教育试点，是夏港街打造的品牌特色，街道投资大，主要用于出资建楼及购买设备，有独立的学习场所及固定的上课时间。当前长者学苑经费主要涉及三个部分：一是由广州市教育局每年提供一定的教育经费；二是由夏港街社区提供经费；三是由社区民政局提供经费。经费主要用于兼职教师聘用、基础设备投入、活动开展经费等方面。①

3. 监督考核

监督考核涉及的主体有长者学苑管理人员、教师团队及老年学员。首先长者学苑的管理工作人员主要是对夏港街社区负责，因此他们主要接受夏港街社区居委会及社区居民的监督。对教师的教学效果进行评估及考察老年学员对教师满意度的调查，是提高老年教育教学水平的关键路径。但目前教师团队的监督考核机制不完善，成为影响教师队伍稳定的一个重要因素。由于老年人教育强调的不是分数水平，而是老年群体自身的知识学习水平和幸福感获得，因此对于老年教育机构的教师团队的考核难以进行，具有很大的考核难度；同时，由于老年教育与基础教育、高等教育不同，没有严格的学期绩效考察，因此，容易在教学过程中懈怠。另外，对于老年学员的监督考核方面，在日常的课堂上，部分课程具有签到制度，对学员的参课程度进行一定的考核与监督。但在成绩测评考核方面，由于老年教育强调的是对老年群体的老年健康生活的引导，对老年人格魅力的塑造，对老年人社会价值和自我实现的提升，因此难以通过客观的绩效进行考核与评价。因此长者学苑目前主要采用的是老师评价及学员自我评价的模式对老年教育学员进行监督与考核。

---

① 郑洁：《广州市基层社区老年教育服务问题研究——以夏港街社区为例》，硕士学位论文，华南理工大学，2018年。

(三)"长者学苑"模式的不足

1. 国家政策落实有待地方细则出台

各个地方及基层组织或具体到教育机构来说，没有根据宏观政策进行政策实施细化，切实落实老年教育政策，通常的工作是以工作惯例和工作经验进行的，而脱离了实际的政策文本。同时，管理人员认为有关老年教育的法律法规比较缺乏，且与实际的工作经验相脱离，难以真正发挥老年教育法律的作用。同时，老年人自身也缺乏对法律法规的学习，自我权益的维护，因此，从法律的缺失到法律的作用实效等不同的方面来看，加强相关法律法规的制定是目前我国老年教育继续努力的方向。[1]

2. 多头管理，效率低下

根据我国目前老年教育发展阶段的实际情况来看，老年教育服务由政府主导的特征是符合当前的老年教育发展，但是在这个过程中存在的服务体制不顺畅也体现了对老年教育体制改革的必要性和重要性。当前，长者学苑所面临的多重领导体制，对它提高工作效率、服务质量等都造成一定的制约。如果负责监督管理老年工作的各个部门，互相不交换信息、通报情况，让问题产生，那么会大大地影响活动的开展，即牵制着老年教育的发展。这样权利分散到各部门的特点最终往往会引发老年教育活动开展没人管或过头管理的情况出现。[2]

3. 资金难以持续保障

虽然广州市教育局每年为建设社区教育投入70万元经费，但其远远不能满足老年教育现状。夏港街社区和民政局每年资助长者学苑的经费有限，入不敷出的现状成为目前长者学苑的一大难题。长者学苑除平日购买书籍或学习工具需要老年人自己付费外，其他一切服务都是免费且开放的，因此若要促使长者学苑能够正常运转，必须具备充足的经费保障。但是目前教育经费不足，一部分课程的教学工具难以购买，导致这些课程的教学效果不能够充分实现；同时场地的扩张和基础设施的更新

---

[1] 陈乃林：《社区老年教育探索》，《中国成人教育》2015年第22期。
[2] 程仙平、杨淑珺：《社区老年教育治理的路径选择》，《教育探索》2016年第8期。

与完善也由于经费的限制而难以实现。①

4. 师资队伍流动性较大

当前,长者学苑已经逐渐形成了"百人讲师团",师资力量充足,能够满足长者学苑教育教学工作。但是,由于聘任全职教师的成本较大,所以当下的师资队伍主要是由兼职教师组成。从教师流动性来看,兼职教师的流动性较大,长者学苑中有57.8%的老年人认为目前教师流动性较大,队伍建设不稳定。

5. 课程体系有待延伸拓展

长者学苑的课程虽然获得了大部分老年学员的认可,但是其教学内容过于偏向于娱乐性教育内容,容易使老年教育服务只是单纯成为老年活动中心,忽视了"老有所为"。长者学苑目前所具备的教育内容倾向传统的老年娱乐活动,很难使老年群体通过接受老年教育促进老年人力资本的发展,提升老年人的社会价值和社会地位,也很难解决老年人在生活中遇到的一些根本性问题,即年长者身份的社会边缘化及消极地自我否定等。②

三 地方开放大学参与模式——以茂名开放大学为例

(一) 茂名市社区老年教育现状

茂名市社区老年教育服务主要由老年大学提供。从供给情况来看,茂名市老年教育服务存在供给不足和区域分布不均衡的问题。供给不足主要表现在总量上的不足,以老年教育最发达的茂南区为例,该区能提供的老年教育学位数与该区的老年人口的比值偏低,以老年教育服务的主要提供者——油城老年大学为例,该大学2018年所能提供学位数为6000个,加上其他老年教育机构能提供的学位数,按最乐观的估计茂南区所能提供的学位数为7800个,而茂南区60周岁及以上的老龄人口数13万,学位数与老年人之比仅为6%。③《国家中长期教育改革和发展规

---

① 董新稳、周赞:《社区老年教育的问题及对策》,《职教通讯》2016年第11期。
② 陈乃林:《社区老年教育探索》,《中国成人教育》2015年第22期。
③ 《关于茂名市2017年常住人口的公报》,http://www.maoming.gov.cn/zwgk/sjfb/tjgb/content/post_759708.html。

划纲要（2010—2020年）》要求2020年以各种形式经常性参与教育活动的老年人占老年人口总数的比例达到20%以上，广东省人民政府办公厅关于大力推动老年教育发展的实施意见中提出该比例要达到25%，且粤东西北地区50%的县（市、区）可通过远程教育开展老年教育工作。可见茂名市老年教育服务与国家和广东省要求的目标还有很大的差距。茂名市老年教育服务供给区域分布不均衡。茂南区内的油城老年大学是茂名市最大的老年教育服务提供机构，其服务目标群体主要是茂南区市区的老人，油城老年大学在茂南区市区有春苑、明苑、河东、桥南、河西、官渡六个校区，河西只有一个校区，而河东校区主要集中于旧城区，距离每个街道（镇）、居委会（村）都有老年教育学校或室还有很大的差距。至于地理位置比较偏远或资源条件受限的高州、信宜、电白区的老年大学，其服务区域主要集中在城区，招生对象局限于市内或区内居住的离退休干部、职工，老年人占多数的广大村镇里老年人难以享受到老年教育服务。从供给结构看，茂名市老年教育服务结构不合理。油城老年大学开设有社科、外语、文学、书法、美术、计算机、摄影、养生保健、体育健身、声乐、曲艺、舞蹈12个专业，主要以娱乐休闲为主，而与老年人生活密切相关的社会适应教育、心理疏导教育、社会技能教育、育儿教育、死亡教育、投资理财等方面的教育基本是空白。茂名市辖区的高州市、化州市、信宜市及电白区也存在类似的问题。[①]

（二）开放大学参与社区老年教育的优势

随着高等教育的普及以及成人学历教育的逐渐萎缩，尤其是互联网教育的盛行，以及职业技术学院的迅速兴起，包括开放大学在内的成人学历教育受到了巨大的冲击，并面临招生人数逐渐滑坡的趋势。在此形势下，开放大学在学历教育上的竞争力不容乐观，其生存模式和发展面临巨大的挑战。因此，目前开放大学的一个主要发展趋势就是转向非学历教育，如老年教育是社区教育中相对稳定的市场，在人口老龄化程度

---

① 董艳清、龙世发、骆革新：《地方性开放大学参与社区老年教育服务的模式与策略研究——以茂名开放大学为例》，《传播力研究》2018年第36期。

不断提高的形势下，生源稳定，再加上政府高度重视终身教育的发展，如果开放大学利用其资源优势，进入日益增长的社区老年教育服务领域，将为开放大学的发展带来全新的局面。① 开放大学参与社区老年教育有天然的优势，因为开放大学拥有覆盖城乡的立体办学网络、比较充实的师资队伍、长期的办学经验、丰富的远程教育资源，在基层乃至偏远地区，能发挥普通老年教育机构无法企及的办学功能。因此开放大学还具有解决乡村老年教育欠公平、干群老年教育欠公平、区域老年教育欠公平问题的优势。

（三）开放大学参与社区老年教育的方式

1. 与老年大学联合办学

地方性开放大学与老年大学联合办学是解决社区老年教育服务的重要途径，也是地方性开放大学发展的重要方向之一。与老年大学合作，充分发挥双方在资源、办学经验方面的优势，可缓解当前老年大学学位紧缺、师资不足等方面的问题。联合办学模式可灵活多样，开放大学可在老年大学设立教育基地或教学点，也可在开放大学内设立老年教育基地或教学点。办学层次可以是学历教育，也可以是非学历教育。在学历教育方面，开放大学与老年大学共同制订培养方案和教学计划，开设符合老年人需求的特色课程，让老年大学的学员可以在开放大学拿到文凭，扩大开放大学学历教育的范围。培养模式可选择以开放大学为主、老年大学为辅的共同办学模式，开放大学可在老年大学设点招生，在老年大学内设立教学点，实行弹性学分制，学员通过专业课程考试，则可取得学分。开放大学也可在其校内设立老年大学校区，发挥开放大学在场地和师资方面的优势，开设老年大学学员喜爱的"热门"专业。② 开放大学还可充分利用其在远程网络教育方面的优势，连通开放大学与老年大学的网站，让老年大学学员共享开放大学的网络资源，为老年大学学员开设远程教育专业，开办老年大学网络教育班，让老年学员选择自己喜爱

---

① 陈丽、林世员、郑勤华：《互联网＋时代中国远程教育的机遇和挑战》，《现代远程教育研究》2016年第1期。

② 刘宁、陆静：《社会心理学视角下电大参与社区老年教育的路径》，《继续教育研究》2015年第12期。

的专业课程，帮助老年学员获取国家开放大学的本科、专科毕业证书。在非学历教育方面，开放大学与老年大学可共享资源，充分发挥各自的优势，共同开发符合老年人需求的教育课程，通过"学分银行"，引导老年人参加课程学习。

2. 与社区整合：以社区为载体进社区，提供老年教育服务

除与老年大学联合开展社区老年教育外，地方性开放大学还可以进入社区主动提供老年教育服务，以弥补社区老年教育服务需求与供给之间的缺口。开放大学进入社区办学可以采取以下两种方式，其一是通过建立开放大学社区分院提供长期的老年教育服务，其二是通过与社区组织合作提供不定期的老年教育服务。为提高办学效率，宜选择交通便利、人口比较密集的社区建立开放大学老年教育社区分院，茂名开放大学可优先选择在茂南区建立老年教育社区分院作为试点，积累经验后，再推广至高州、化州、信宜和滨海新区。茂名开放大学可与街道办、老龄委、村委会等社区组织合作，成立社区老年教育指导中心，使该中心成为联系开放大学与社区老年人的纽带，该中心负责收集社区老年人的教育需求信息，并协助开放大学不定期组织举办专题讲座或社区老年教育体验活动。

3. 互联网＋社区老年教育

与传统的在线教育不同，"互联网＋教育"是教育思路的变革，它以互联网为基础，创新教育的组织模式、教学模式，进而构建互联网时代的新型教育生态体系。互联网＋社区老年教育的第一步是建立社区老年远程学习网，它是满足那些行动不便或不宜去老年大学就学的老年人教育需求的重要途径，也是解决社区老年教育资源分布欠均衡的重要措施。对于茂名市来说，高州、化州、信宜和电白的部分地区交通不便，老年教育基础设施落后，远程教育是满足老年人教育服务需要比较合适的选择。由于受经费及场地的限制，开放大学不可能在社区大量建设老年教育实体基地，为开展社区老年教育服务，开放大学应充分发挥其传统的信息技术优势，打造社区老年教育远程学习网络服务平台。地方性开放大学建立老年远程学习网时，首先要突出地方特色，要结合当地老年人的教育需求，设置远程学习网的内容，这样才能在有限的资源条件下，

实现最理想的效果。① 以茂名市为例，茂名开放大学的老年远程学习网在文化传播方面，可突出冼太文化、石油文化、荔枝文化、民俗文化等。在健康养生方面，可突出茂名地方多发性疾病如甲亢、鼻炎癌等疾病预防及保健知识。

（四）开放大学参与社区老年教育的实施策略

1. 开放大学要转变观念，将老年教育纳入发展规划

对开放大学，特别是地方性开放大学来说，参与社区老年教育工作不仅是积极响应国家老龄化的重要举措，也是拓宽办学渠道、拓展办学功能，应对生源减少压力的重要途径。通过参与社区老年教育，服务当地社会，地方性开放大学将获得重要的发展机遇。为此，地方性开放大学的教职工及领导应转变观念，要理解地方性开放大学参与社区老年教育不是权宜之计，而是于开放大学发展有重大关系的战略举措。② 要理解社区老年教育与开放大学传统教育的区别，理解老年教育不仅是向老年人传授知识和技能，还应注重教育的参与性、体验性。

2. 提升教师专业技能，适应社区老年教育需要

与青少年相比，老年人的学习方法及学习诉求有根本性差别。这就要求开放大学针对老年人的学习特点和学习诉求，设计教学大纲，组织教学活动。开放大学要鼓励教师参与社区老年教育，向有志于参与社区老年教育的教师提供进修、培训支持，将教师的个人发展与社区老年教育事业结合起来。在短期，为弥补师资力量的短缺，开放大学可与当地的高校合作，聘请当地高校的专业教师参与社区老年教育。如茂名开放大学可与当地的广东石油化工学院合作，聘请该学院心理学、营养学、艺术等专业的教师定期或不定期为社区老年提供教育服务。③

3. 积极争取政府支持，拓宽经费渠道

社区老年教育属于非营利的公益性事业，其教育经费应由公共财政负担，且应建立社区老年教育投入的保障机制，社区老年教育经费的投

---

① 丁利娟：《"互联网+"背景下社区老年教育的推进策略——以浙江平湖为例》，《广州广播电视大学学报》2016年第5期。
② 陈玉明、吴遵民：《电大开拓社区教育何以推进》，《开放学习研究》2016年第6期。
③ 李振兴：《社区老年教育教师队伍建设研究》，硕士学位论文，上海师范大学，2017年。

入应与地方政府财政收入增长保持适当的比例。① 但由于国家尚未出台相关政策，当前地方开放性大学参与社区老年教育的经费支出尚未纳入地方财政预算体系，为发展社区老年教育，地方性开放大学应主动争取政府财政支持，而在政府政策尚未出台之前，应积极探索争取社会力量的支持，成立社区老年教育发展基金。②

4. 创建教育示范中心，树立老年教育品牌

地方性开放大学开拓社区老年教育的初期，获得政府大力扶持的可能性不大，可能会面临经费不足的问题，这对开放大学的发展是一大考验。因此，宜先小范围搞项目试点，获得良好的社会口碑，创造看得见的社会价值，引起政府的重视，才有可能受到政府的重视并获得财政支持。具体来说，可选择一个人口密集、老龄人口比重高、交通便利的社区，将其确立为创建社区老年教育的示范基地，在该社区实施具有特色的老年教育项目或服务项目，精心打造品牌，创出品牌效应，将基地的影响辐射至整个社区，以点带面从而推动整个社区老年教育的发展。

四 多主体参与模式——以广州市番禺区为例

广州市番禺区作为"全国社区教育示范区"和"全国数字化学习先行区"，为推动社区老年教育良性发展做出了有益探索。行政部门作为社区老年教育的官方组织者，教育系统的社区学校、老干局的老干大学以及民政系统的老年之家，仍是老年公民参与教育的主要途径。

（一）番禺区社区老年教育的现状

根据广州市老龄工作委员会办公室发布的 2015 年及 2016 年广州市老年人口数据摘要，番禺区老年人数增长迅猛。从全市老年人口数量增长的情况计算，广州市老年人口 2016 年比 2015 年增长了 4.80%。单从番禺区老年人口数量增长的情况计算，一年时间内番禺区老年人口就增长了 5.26%，比全市的增长速度快。2015 年全市老年人口数量达到 147.53

---

① 邢贞良：《转型与融合：职业院校发展老年教育策略研究》，《中国职业技术教育》2015 年第 9 期。

② 杨剑波：《社会工作视角下社区老年教育问题研究》，《中国校外教育》2020 年第 5 期。

万人，而截至 2015 年年底，广州市完善老年教育的市、区、街（镇）、村（社区）四级网络，老年大学、老年学校、老年教学点分别有 19 所、70 所和 208 个，在校学员只有 6.4 万人。① 显然，较少的教育规模以及有限的教育资源只能为少数老年居民服务，远远满足不了广大老年居民"老有所学"的迫切愿望。

在广州，各社区的老人活动中心只能满足日常普及性的娱乐活动，社区学校的老年教育教学内容基本上以书法、绘画、摄影、戏曲、烹饪等兴趣班为主，没有制订符合老年人身心健康发展的系统性教学计划，没有形成专业的师资队伍和专业教材读本，不能满足老人更高品质的学习需要。社区老年教育模式大多以单一讲授为主，对于空中讲堂、多媒体、网络、智能设备等现代教育手段的应用不够。②

根据广州日报大洋网公布的老龄问题调查结果发现，虽然近年广州养老服务得到较大提升，但与市民期待仍有差距：民意调查中多达 58% 的市民认为养老服务"不足够"，远多于认为"足够"的 25%。在广州各项公共服务中，多至 39% 的市民认为养老服务是最需要改善的，比例仅次于医疗服务。③ 对最需要加强的养老服务，市民期待集中在"推进政府的社区居家养老服务"，比例高达 76%。而社区养老服务中，重要的一项内容应该定位在完善老人教育服务工作上。

（二）多主体参与模式的实施策略

针对广州市番禺区老年教育现存的问题，结合广州市教育局印发的《广州市推进老年教育发展实施方案（2018—2020 年）》的要求，番禺区力求通过"行政部门统筹""办学机构参与"和"学习者自发组织"的发展策略，探索推广普及老年教育的新路径。

---

① 广州市老龄工作委员会办公室：《2015 年及 2016 年广州市老年人口数据摘要》，http://gzll.gzmz.gov.cn/gzsllgzwyhbgs/gzslnrkxz/201702/72b9bdX61e2324912b0281100a90cd3b4.shtml。

② 原艳、许丽英：《我国社区老年教育研究综述》，《高等继续教育学报》2016 年第 4 期。

③ 《广州 75%受访者认为社区养老比去养老院好》，《广州日报》, http://news.dayoo.com/guangzhou/201705/04/139995_51202204.htm。

1. 行政部门统筹，民间机构参与

行政部门作为社区老年教育的官方组织者，教育系统的社区学校、老干局的老干大学以及民政系统的老年之家是老年公民参与教育的主要途径，这是由社区老年教育的公益属性决定的。但由于隶属不同，场地、课程、师资、经费等资源相互割裂，没有实现共享，而对民办老年学校及各类教育场所的建设听之任之，缺乏相应的政策扶持及制度管理，造成社区老年教育资源在总量不多的情况下还存在利用率不高的问题。对照上级的文件要求和番禺区实际，行政部门应明确教育部门代表政府主管和统筹全区的社区老年教育的开展，制定社区老年教育发展规划，对于人员编制、经费投入、师资队伍和场地建设等有明确的计划，同时鼓励民办机构和社会团体参与社区老年教育。①

2. 政府购买服务，善用办学主体

社区老年教育既需要强有力的政府保障，也需要广泛的社会共识与合作，形成跨部门合作网络，整合社会各方面的资源，增强教育资源的整合度和各类教育的互相融合。当前我国逐步形成了政府主导、社会参与、公办民办并举的公共服务供给模式，并采用公开招标、邀请招标、竞争性谈判、单一来源、询价等方式确定承接主体，由政府付费，委托社会力量提供公共服务。社区老年教育本质上也是一种公共服务，通过政府购买服务的形式，有助于提高资金使用的效率，促使更多的办学主体参与社区老年教育。番禺区社区老年教育培训经费通过政府购买服务的形式使用，鼓励多种办学主体参与项目实施，对于特色项目和品牌有专门的扶持和奖励。②

3. 自发组织学习团体，场地经费政府支持

老年居民散居在各个社区（村），他们对于学习有着个性化的需求，同时他们也积累了丰富的社会经验和专业知识，具备成为知识传授者的能力。基于共同的兴趣爱好和学习需求，在平等、互助的原则下，许多

---

① 孙珍辉：《城市社区老年教育现状调查及对策研究》，硕士学位论文，广西师范大学，2018年。

② 丁洁：《社区老年教育的创新发展研究》，《课程教育研究》2018年第22期。

老年居民自发组成各种各样的学习团体，例如，合唱队、舞蹈队、曲艺社等。这些学习团体有一定的组织，成员能为团体带来场地、设施、设备和师资等资源，可以持续地开展学习活动。番禺区鼓励各类老年学习团队的运作，通过组织比赛、评比和展示等方式开展老年教育，在活动场地和经费等方面给予扶持和奖励。

（三）多主体参与模式的实践

下面以"带好孙，教好孙——隔代教育的好方法"项目的实施为例进行阐述。①

1. 需求导向，资源配套

结合番禺区老年学习者的需求，针对较为普遍的隔代教育现象，确定开展"带好孙，教好孙——隔代教育的好方法"项目，旨在通过系列教学活动，向老年人介绍先进的育儿理念和方法，提高育儿水平，促进和谐家庭的建设。区教育局委托属下的番禺区广播电视大学统筹项目的实施，配套的项目启动经费10万元，用于课程建设与教学实施。

2. 多方合作，共同推进

"带好孙，教好孙——隔代教育的好方法"由番禺区广播电视大学统筹，番禺区民政局、老干大学、广州市广播电视大学、广东省人民出版社和镇街社区学校等单位积极配合，在需求分析、课程开发、教材出版、课程实施、推广宣传等工作中发挥各自优势，形成合力，保证了培训项目的顺利开展。

3. 特色鲜明，成效突出

《"带好孙，教好孙"——隔代教育的好方法》教材由广州大学黄芳副教授和番禺电大副校长张国杰联合编写，黄芳副教授长期从事家庭教育和老年教育的研究和教学工作，张国杰老师具有丰富的数字化资源建设经验。《"带好孙，教好孙"——隔代教育的好方法》教材理论深入浅出，共有30个小节的内容，每个小节都由一些短小精悍的故事情境展开，案例取自现实生活，让学习者在阅读的过程中发现问题并引发思考，然后直指问题所在，给出解决方法，并且配了大量的插图；以教材为基

---

① 程仙平、杨淑珺：《社区老年教育治理的路径选择》，《教育探索》2016年第8期。

础，选取了重点章节，组织摄制了 4K 超高清格式的微视频课程，视频具有较强的故事性，深受老年学员欢迎。为了提升学员的积极性，创新性地实现了课程建设的全媒体化（纸质读本＋数字化学习资源）和课程推广的立体化（面授讲座＋线上互动）。以黄芳副教授为首的讲师团队采取送教上门的方式，在老年干部大学、家庭综合服务中心、社区教育学校等开展教学工作，让更多的老年人可以就近学习。利用微信平台建立的课程互动交流群，让老年学员除可以在课堂上学习外，平时也可以随时随地参与讨论咨询，发表学习心得。① 2017 年 10 月，《"带好孙，教好孙"——隔代教育的好方法》教材入选国家新闻出版广电总局和全国老龄委办公室联合向全国老年人推荐的优秀读物。2018 年，《"带好孙，教好孙"——隔代教育的好方法》课程成为广州市社区老年教育热门课程，教材被广州图书馆等多家机构收录。② "带好孙，教好孙——隔代教育的好方法"项目发挥了积极的示范引领作用，带动了番禺区社区老年教育的新发展。

第三节 广东省社区老年教育的课程与教学

一 广东省社区老年教育的科类与课程设置

从广州市各个社区老年教育机构的招生简章中可见，社区老年教育机构供给的课程大概分为：书画类、声乐类、器乐类、舞蹈类、电脑类、烹饪类、保健类、时尚类、摄影类、国学类、手工类和外语类等。总体而言，社区老年教育内容主要涵盖了居家生活、信息技术、陶冶情操、医疗保健、强身健体等方面。各类社区老年教育机构开设的课程种类繁多，分门别类。一些学校有自己的特色课程，如岭海老年大学以中医、食疗、经络等特色课程闻名；康怡老年大学以保健、国画、书法等课程著称；广州文苑老年大学擅长传授《易经》等课程；荔湾区老年大学则是以舞蹈和音

---

① 丁利娟：《"互联网＋"背景下社区老年教育的推进策略——以浙江平湖为例》，《广州广播电视大学学报》2016 年第 5 期。

② 《〈带好孙，教好孙——隔代教育的好方法〉（教材）入选 2017 年向全国老年人推荐优出版物》，http：//demo2. ltpower. net/web/hhxx - 9bd082c11bd36560c51fa637802e9ca7/news/show - 4493. html。

乐作为吸引学员报名的特色课程。课程虽然多种多样，但是报名情况也存在不同程度的差异性。据统计，广东省老干部大学2015年最热门的专业是中国民族民间舞和钢琴，前者提供403个学位，后者提供961个学位。而该校这两门专业仅前两轮的报名人数就分别达到750人次和1327人次，明显供不应求。华南理工大学老年大学也存在此种情况，热门课程吸引力大，而有些冷门课程报名人数少，甚至面临停课危机。[1]

（一）课程设置

老年人的教育需求是课程设置的主要导向，随着科技网络的兴起，多元化的老年教育需求对传统的教育模式和课程内容形成了一定的挑战。当前，社区老年教育越来越倾向于自由化、个性化、多元化、主动性的学习模式，强调学习者学习内容和学习手段的多选择性，学习的连续性和多样性相结合。广东省社区老年教育课程设置遵循一套完整的流程。首先，开课前期调查摸底。教育工作者会在开课前期进行深入调查，走访各个社区，了解老年人对教学内容的需求情况以及上课模式偏好。将收集到的信息归类，根据归类划分课程类型；其次，汇总资料，上报长者学苑相关领导；再次，根据上课类型，与相关老师进行联系，确定上课内容、时间、形式等；复次，对于课程开始进行线上线下宣传工作，吸引更多的老年群体加入课程学习当中；最后，每门课程结束后社区老年教育机构会对参与学习的老年人进行满意度调查，收集他们上课时对课程内容的满意度及对上课老师的满意度，同时还会收集相关建议和意见。以茂名开放大学为例，该校于2017年9月与茂名市油城老年大学合作，在开放大学内开设"旅游文化"和"舞蹈研修班"两个专业，深受老年大学学员的称赞。[2]

（二）课程类型

社区老年教育课程内容的开发基于社区老年教育目标。目前，随着老龄化进程不断加快，社区老年人口不断增长以及老龄化对社会发展、

---

[1] 陈芸：《社会治理视角下广州市老年教育发展研究》，硕士学位论文，华南理工大学，2018年。

[2] 董艳清、龙世发、骆革新：《地方性开放大学参与社区老年教育服务的模式与策略研究——以茂名开放大学为例》，《传播力研究》2018年第36期。

社会治理带来重大影响，老年教育目标不仅要满足日益增长的"老有所学、老有所乐"的需要，更应满足体现"老有所为""社会和谐"的需求。社区老年教育课程不需要知识体系的严密性与知识的全面性，但必须适应社会发展及老年人的学习需求。为了满足"老有所为""社会和谐"的需求，广东省社区老年教育的课程主要包括以下类型：一是生活休闲型。体现老年人求乐、求健、求知的需求，力求课程内容的兴趣性与实用性。二是知识更新与能力提升型。满足老年人提升个人素养的要求，力求内容的科学性与前沿性。三是生活与职业技能型。满足老年人生活能力提升及服务社会的价值再现需求，力求实践性与价值性。四是价值引导型。满足和谐家庭、和谐社区、和谐社会建设的要求，力求内容的时代性与教育性。以上四类课程并不是孤立的，而是有机统一的。将社会主义的核心价值观贯穿于整个社区老年教育课程建设中，力求能够培养快乐健康、知识时尚、服务奉献、道德理想的新时代老人。①

（三）课程设置的原则

1. 指导性原则

与其他领域的课程以及课程体系的构建方法不同，老年教育教学的课程设置应当具有一定的指导性，而不应当是强制性的。国家教育部门以及其他专业机构可以根据目前我国老年课程的设置要求设计出一个特有的体系，提供给各个地方的老年教育机构进行参照使用，有效地起到引领作用。指导性所带来的最大好处就是灵活性，其能够适应各个不同老年群体的精神以及文化需求，对负面情绪起到较为良好的抑制作用。②

2. 实用和易学原则

在对老年教育课程进行设计的过程中，要认真地贯彻实用以及易学的原则，设置的课程要与老年人的实际生活存在一定的关联性，要从老年人的根本需求出发来提供他们想学的知识。要实行分层次的教学方式，

---

① 陈春勉：《老龄化背景下社区老年教育课程建设研究》，《成人教育》2016年第9期。
② 吴进：《农村老年教育教学设计的构想》，《成人教育》2018年第11期。

可以适当地设置一些高层次的课程，也要相对地设置一些中低层次的老年教育课程。例如，可以教会老年人如何去辨别诈骗电话，如何根据自身的需求去获得法律援助，在面对一些危险情况的时候要如何进行自救等。尤其是目前我国老龄化的问题日趋严重，在独居老人以及孤寡老人数量明显增长的现实环境中，通过老年教育可以让更多的老年人进行有效沟通，帮助他们去适应现实生活。①

3. "一听、一学、一练"原则

老年人群体普遍存在理解性较强，但是记忆性较差的特点。因此，在课程设置方面要对每堂课的内容进行精心的设置，还注意授课时间，讲完课之后要马上进行练习。例如，一节课的时间为 45 分钟，可以将其划分为 3 个部分，讲课 15 分钟，消化吸收所讲的内容 15 分钟，学员之间的交流使用 15 分钟，这种方法能够帮助他们更好地对知识进行理解。②

二 广东省社区老年教育的教学工作

（一）教学内容

在教育内容上，近年来社区老年教育根据老年学员的学习需求增设了一些教学科目，务求使社区老年教育的内容能贴近老人们的生活实际，并获得多数老人的认可和喜爱。近几年老年大学在教育内容上有明显的扩充和调整，主要增设了英语班、电脑班、电子琴班、舞蹈班和太极拳班等，有的热门专业（如英语班、电子琴班等）还开办了五六个班。老年大学的教育内容已由初建时的养生类教育和思想政治教育为主，扩展为文史、歌舞、信息、保健、书画五大类，每个类别的内容又可划分为多个子类别，个别专业（如电子琴班等）还设有初、中、高级班，以便进行分层次教学。一些老年大学还单独增设了特色专业，以更好地满足老人的教育需求。例如，一些社区老年教育机构开设了老龄化健康研习

---

① 李婷、李文：《新媒体时代老年教育的变革与发展路径》，《成人教育》2018 年第 11 期。
② 陈可：《终身教育理念指导下老年教育课程建设研究——以常州开放大学为例》，《烟台职业学院学报》2018 年第 3 期。

班，以对老人进行心理卫生方面的教育，并帮助他们树立科学的人生观、健康观和养老观等；还有某些老年大学将时事政治、社会科学、老年保健等内容"打包"为本校的必修课，并使之成为本校宣传政治教育的舞台等，均受到了老人的普遍欢迎。对此，很多老年学员纷纷表示，学校所开设的这些教育内容贴近他们的生活现实，能满足他们强健骨骼、增长知识、与人交往等多种学习需求，故一些老人能在这里坚持学习长达10余年之久。①

（二）教学方式

社区与老人的实际生活联系最为紧密，且具有老年大学无可比拟的地理优势，可为所有的社区老人开展各种教育活动；而老年大学多"接收"身体较好或对某专业有兴趣的低龄老人，很多老人由于身体差、家事缠身等原因"闲置"在社区，迫切需要社区为他们提供一些教育活动。社区老年教育机构开展教学的方式多样，如深圳市坪地社区的九九学堂，在社区老年教育中，社会工作者主要采用教育小组、兴趣小组、成长小组、社会化小组等进行教学。社会工作者主要通过举办"快乐无止境，夕阳更迷人"沟通小组、"迎大运长者英语"兴趣小组、"快乐大合唱"老年康乐型小组等形式，促进社区老年人之间的沟通与交流，提升自身的素质与能力。② 而茂名市开放大学则根据"互联网＋"的思想，将互联网与教育结合起来，以互联网为基础，创新教育的组织模式、教学模式，进而构建互联网时代的新型教育生态体系，开放大学充分发挥其传统的信息技术优势，打造社区老年教育远程学习网络服务平台。

三 广东省社区老年教育的师资队伍

（一）社区老年教育教师队伍建设的标准

1. 崇高的职业道德和敬业精神

敬业精神和职业道德体现教师完成教学任务的意志、信念和行为准

---

① 梅蕾：《我国城市社区老年教育研究》，硕士学位论文，四川师范大学，2010年。
② 王雯：《社会工作介入社区老年教育模式的实践与探析——对深圳市坪地社区九九学堂（社工义工）模式的再思考》，硕士学位论文，郑州大学，2012年。

则。在社区老年教育过程中,教师的职业道德和敬业精神主要体现在以下三个方面:一是要有高度的职业认同感。教师要对自己从事的社区老年教育教学工作有较高的职业认同和职业要求,不断提高自身职业素养,提高自己的业务水平,获得更大的职业成就和实现自身价值。二是要有强烈的事业心和责任感。教师能够积极投身于社区老年教育工作,将培养老年学员作为崇高的事业,完成基本的教育教学工作。三是要有科学严谨的工作作风、追求卓越的工作态度和勇攀高峰的敬业精神。教师对待社区老年教育工作要一丝不苟,对老年学员要有足够的耐心,在实际的工作中要有一定的追求,把不断提高社区老年教育质量作为永无止境的目标。[1]

2. 广博的知识面与创新的讲授知识能力

现代教育发展对社区老年教育教师的知识面提出了更高的要求,要求社区老年教育教师具备扎实的获取、应用、创新和传授知识的能力,在知识不断发展的基础上,升级自己的知识结构,扩大自己的知识面,这样才能更好地适应老年教育工作。老年学员是带着自己的知识储备和问题走进课堂,他们希望教师能够具有更加丰富而广博的知识面,拓展他们的思维,更新他们的知识。教师不仅要掌握所教学科专业领域内专业知识,了解领域内的最新研究成果和动态,还要熟悉相关学科的知识体系和最基本的人文知识,提升自身的人文素养。这样才能更好地与老年学员进行交流。

社区老年教育教师目前承担的不仅有教学工作,还有相关领域和学科内的老年教育研究工作,研究工作对于社区老年教育教师来说,更加具有挑战性,只有在平时的工作和学习过程中,有意识地接触最新相关研究成果,有意识地拓展自己的知识面,这样面对老年教育研究工作时才不会觉得吃力。[2]

3. 把握老年教育的特殊性和教学组织形式的灵活性

作为教育形态的一种类型,社区老年教育具备其他教育过程和阶段

---

[1] 冯涛:《共享视野下促进老年教育的社会路径分析》,《新西部》2018 年第 36 期。
[2] 李振兴:《社区老年教育教师队伍建设研究》,硕士学位论文,上海师范大学,2017 年。

的一般特征，但作为特定人生阶段的老年教育，还具有自己的独特性，具体体现在教育对象、教育目标、教育内容、教育管理和教学组织形式等方面，作为社区老年教育教师，需要全面把握老年教育的特殊性，并和其他类型的教育形态区分开来，这样才能更好地从事老年教育。具体来说，在教育对象上，社区老年教育的对象是生活在社区当中的老年人群体，他们一般为退休职工、社会老年人等，一般年龄较大，工作阅历丰富，往往比一般教育对象更有思想，更有能力，且对所学内容更有兴趣，利用好他们的学习兴趣开展教学工作往往能得到事半功倍的效果；在教育目标上，当前我国社区老年教育的主要目标是按照政府"老有所学、老有所乐"的政策要求，提升社区居民的整体文化素质，提高老年群体的生活质量，推动学习型社会的建设，并且注意为个别需要特殊学习要求的老年人提供个性化的学习服务；在教育内容上，老年教育内容是老年学员所关注的内容，如传统文化知识、养生保健、舞蹈音乐、书法绘画等，主要面向老年学员的兴趣和爱好，教师所开课程要结合老年学员的兴趣爱好；从教育管理上看，老年教育不强调纪律的束缚性，没有外在的学习压力，所以教学管理更加强调人文关怀；从教学组织形式上看，老年教育兼有正规学习和非正规学习，教师在教学过程中，既有体系化、程序化的课堂活动，也有针对特定课程开设的日常生活学习，教师需要灵活把握教学组织形式。[①]

（二）社区老年教育教师队伍培养策略

1. 创新制度建设，为社区老年教育教师队伍的生涯发展提供保障

我国社区老年教育的需求量巨大，建立与之相匹配的高质量社区老年教育教师队伍是我们面临的紧迫任务。《国务院关于全面深化新时代教师队伍建设改革的意见》强调，要"深化教师管理综合改革，切实理顺体制机制"。社区老年教育教师队伍建设亟须引起重视，这不仅是单一的教师培训工作，更是一项系统的建设工程，包括教师聘用、专业发展、职称评定、评价激励等多个方面，需要完善社区老年教育教师队伍专业发展的制度环境，保障教师队伍高质量发展。要以社区老年教育目标和

---

① 李振兴：《社区老年教育教师队伍建设研究》，硕士学位论文，上海师范大学，2017年。

发展为依据,打通教师专业化发展渠道,构建完善的教师专业化发展制度,以教师专业化发展促进教师队伍可持续发展。一是构建教师聘用规范和标准,拓宽优质教师进入社区老年教育的渠道,完善促进具有专业能力和水平的优秀老年学员、自主学习组织团队骨干转化为教师的制度建设。二是高度关注教师个体职业生涯发展,建立以教师为中心的教学、科研管理制度,构建教师专业化发展制度环境。三是构建社区老年教育教师职称评定程序,打通职称评定的通道,为老年教育教师专业化发展提供晋升空间。①

2. 加强岗位培训,为社区老年教育教师队伍的教学转型提供训练

岗位培训是社区老年教育教师队伍专业化发展的起点和基础。中小学及高等教育教师上岗要求具备相应的教师资格证书。教育部规定,高校教师要取得教师资格证书的条件之一是必须通过集中培训学习《高等教育法规》《高等教育学》《高等教育心理学》等课程并考试合格。而我国社区老年教育教师以兼职为主,来源广泛多样,有超过80%的兼职教师此前没有老年教育教学经验,少数兼职教师甚至没有从事过教学工作,为保障社区老年教育教学质量,亟须建立健全我国老年教育教师队伍岗位培训工作。

3. 构筑专业素养框架,促进社区老年教育教师队伍的质素全面提升

20世纪70年代,联合国教科文组织在《学会生存——教育世界的今天和明天》中指出,加快教师专业化的进程是提高教师队伍质量的成功策略。要构建社区老年教育教师的专业化发展框架,根据社区老年教育教师核心素养要求,发展框架可由四个模块构成。一是专业精神培养发展模块,包括教师职业道德修养、老年教育教学修养等,发展方式包括自我学习、培训等。二是基本能力培养发展模块,包括了解老龄化社会现状、老年教育发展理论、老年教育教学特点,学习相应的教学策略、方法、技术并进行实践等,发展方式包括自我教学反思、观摩、教学改革研讨会、收集教学反馈信息等形式。三是专业能力培养发展模块,包

---

① 刘影:《上海市社区老年教育课程实施现状研究》,硕士学位论文,上海师范大学,2019年。

括专业学科能力、社区老年教育相关的综合知识能力、引导老年人社会参与的教学能力、服务社会的能力等,发展方式包括专业课程讲座、职中继续教育、教学研讨、选修等形式。四是科研能力培养发展模块,包括专业学科研究能力、社区老年教育教学研究能力等,发展方式包括教学研讨、科研立项培训、团队科研项目实施等形式。为确保教师队伍的专业化发展,在构建教师专业化发展框架的基础上要构建相应的实施平台。①

第四节 广东省社区老年教育的主要成效和问题

一 广东省社区老年教育的主要成效

(一)社区老年教育供给增多,社区老年教育网络不断完善

老年大学是实施老年教育的主阵地,社区是实施老年教育的重要形式。各种老年协会、老年体育协会、老年科技协会、慈善会和红十字会等社会组织是老年人参与社会活动的主要渠道。广州市民政局发布的广州市老年人口和老龄事业统计数据显示,2016 年全市有老年活动室 2632 个,老年文艺团队 1815 个,老年体育团队 556 个,老年体协 347 个。全市有老年学术组织 2 个,老年协会 2527 个,老年基金会 1 个。2016 年全市共有老年大学 20 所,共有学员 3.42 万人;老年学校 70 所,学员 8681 人;老年教学点 213 个,学员 2.24 万人。截至 2016 年,全市建立基层老年协会有 2500 个,其中番禺、白云、花都、越秀、从化建立老年协会超过 200 个,创建示范性基层老年协会 20 个。②

(二)办学主体多元化,教育模式日益丰富

社区老年教育的有效实施,有赖于社区老年教育机构的成立。受政治、经济、文化等多方面因素的影响,社区老年教育机构类型出现多元化的特征。广州地区的老年大学以各级老干部主管部门主办为主,在此

---

① 谢宇:《教师专业化发展视阈下老年教育教师队伍建设策略研究——以广州老年开放大学为例》,《湖南广播电视大学学报》2020 年第 1 期。

② 叶忠海:《中国当代老年教育发展研究》,华东师范大学出版社 2019 年版,第 69 页。

基础上，逐渐形成了多渠道、多层级办学的格局。目前，广州地区现有35所老年大学，7种办学模式；各级组织和老干部部门办学、市老龄委和市民政局等涉老部门办学、文化广播新闻局等行政部门办学、企事业单位办学、高校办学、驻穗部队办学和私人投资办学等，可以说是各具特色，各有所长。其中，省会城市校2所、市级校25所（其中4所民办）、高校5所、军队校2所、非市属校1所，设置专业150多个，在校学员7.3万人次，占广州地区老年人口总数4%。[①]

在政府的大力支持下，广州市老年大学一直是开展社区老年教育的主体和重要形式；驻穗部队所办老年大学主要依托部队的干休所进行办学，实行"校所结合"的模式，在广州地区起步较早，发展比较稳定，长期注重特色教学，书画艺术和音乐舞蹈艺术水平较高；高校办学充分发挥高校的师资优势，整体水平高，专业化程度高；社会组织充分发挥其灵活性，利用多种形式，引入专业社会工作者，以社区为阵地，以社区老年教育需求评估为前提，针对性开展社区老年教育。

另外，民间其他力量参与社区老年教育工作有效地补充了社区老年教育的不同需求。如退休人员管理服务中心和私人投资办学。退休人员管理服务中心，包括市、区（县）、街道三级管理，由广州市及各区人力资源和社会保障局进行管理。在具体承担服务中，需组织全街道社会化管理退休人员，开展文化体育健身运动，指导和帮助退休人员参与社会公益活动，开展自我管理和互助服务等。[②] 私人投资办学始于20世纪90年代，香港商人曾元亨在广州南沙买房，将其改造为办学课室，不以营利为目的，追求造福老人的社会效益，招收老人学粤曲，学唱歌舞蹈，一度加入中国老年大学协会，虽然目前办学规模有所萎缩，但仍在运作。近年来私人投资的养老机构，也办起了老年大学以满足寄居养老老人的学习需求。多元主体参与办学，体现政府主导统筹，企事业单位、社会力量积极参与的办学格局。

---

① 叶忠海：《中国当代老年教育发展研究》，华东师范大学出版社2019年版，第70页。
② 刘明永：《学习型社会背景下社区老年教育探索》，《中国成人教育》2013年第9期。

(三) 老年大学发展迅速，课程内容形式多样

老年大学是开展社区老年教育的主体及重要形式。目前广州市老年（干部）大学是广州地区办学规模最大的老年大学，被评为"全国先进老年大学""全国示范老年大学"，是全国老年大学十大名校之一，共设6个系27个专业36门课程，目前开设272个班级，提供学位1.2万个。2017年随着新校区的投入使用，取消了户籍限制，开始面向全社会招生，可实现在校学员3万人的规模，成为真正实现全纳教育、体现教育公平的老年学府。番禺区老年干部大学共开设了17个专业、44个教学班，招收离退休人员1400多人次，大部分课程都已经达到了爆满的状态。海珠老年大学自1993年创办以来，办学规模不断扩大，教学设施不断完善，师资力量不断增强，办成了老年人求知求真的校园、求乐求健的乐园、文化养老的家园、老有所为的田园。2016年年底，海珠老年大学被中国老年大学协会授予"全国示范性老年大学"[1]。黄埔区老年大学办学规模逐年扩大，教学环境持续改善，为发挥老年大学的中心带动作用，满足高龄老人的就地、就近入学需要，在区居家养老示范中心和金峰园社区分别挂牌成立了区老年大学分教点，进一步探索办学模式，延伸学习阵地，让老年大学开在了家门口，推广社区老年教育，让黄埔区老年人能充分就近养老，享受幸福生活。[2]

课程体系建设方面，既要体现社区老年教育的本质，又要符合老年人的需求，同时结合地区文化特色和资源。岭海老年大学突出按需设课和社团活动的特色，按照老年人的需求设立课程，在条件允许的情况下尽可能地满足不同层次、不同爱好老年人的学习需求，课程涵盖传统文化、养生保健和文娱方面，凸显课程种类的丰富多样性。此外，将社团发展作为课堂教学的延伸和补充，拓宽和加深学员对课堂知识的理解。番禺区开发了具有地方特色的河区老年教育课程资源，建设6—8个月具有番禺特色的本土课程，实现课程设计与社区治理的有机融合。创建新的教育载体和学习形式，积极开展多种形式的社区教育活动，依托"番

---

[1] 叶忠海:《中国当代老年教育发展研究》，华东师范大学出版社2019年版，第71页。
[2] 叶忠海:《中国当代老年教育发展研究》，华东师范大学出版社2019年版，第71页。

禺终身学习地图""番禺终身学习网",为社区居民提供灵活自主的学习载体。推进社区教育数字化建设,利用"智慧番禺"的优势资源,依托"番禺终身学习云平台",继续推进社区教育数字化学习,完善"十分钟学习资源服务圈"。

(四)社区老年教育覆盖面不断扩大,惠及更多老年群体

社区学院助推社区老年教育。2006年,萝岗区与广东岭南职业技术学院共建社区学院,承担社区教育工作。其品牌项目"社区大讲堂",深入社区群体,提供符合老年人需求的优质服务。2009年,广州城市职业学院加挂"广州社区学院"牌子,先后拓展到白云、花都、黄埔等12个区、县和广州市团校,合作成立13个社区分院,并在此基础上设立分校、教学点。如广州社区学院白云分院已有景泰、金沙等10个分院,逐步落实广州市教育局制定的建成覆盖"区(县级市)—街道(镇)—社区(村)"的三级社区教育网络,逐步推进社区老年教育,发挥社区教育中政府和高校的资源优势互补作用。如棠景社区组织广州城市职业学院食品系教学团队策划组织的老年人健康知识综合系列活动,景泰社区组织信息系师生针对老年人"电脑知识培训",华康等街道社区引进旅游学院的师资,开展了"粤旧粤广州""长者出游必备锦囊"等社区老年人旅游知识系列教育服务。2009年,越秀区成立社区教育分院,分社一院、二院错位发展,其22条街道设立分院为社区居民提供继续教育、终身教育。[①] 此外,广州市共有"星光老人之家"1460所左右,覆盖全市。社区学院在创新老年教育形式的同时,也扩大了老年教育的覆盖面,惠及了更多的老年教育群体。

二 广东省社区老年教育中存在的问题

(一)广东省社区老年教育法律制度还需完善

老年教育政策是发展老年教育事业的原动力,相关的法律法规是推动老年教育发展的根本保障。有效的老年教育政策和科学的法律法规发

---

① 叶忠海:《中国当代老年教育发展研究》,上海华东师范大学出版社2019年版,第72页。

挥重要作用，才能保障老年教育相关措施的实施。老年教育政策是我国教育事业和老龄事业的主要构成部分。从国家层面来说，党和国家高度重视老龄工作，党的十八大指出要"积极应对人口老龄化，大力开展老龄服务事业和产业"。国家"十三五"规划明确要求开展应对人口老龄化行动。《老年人权益保障法》规定，"国家发展老年教育，把老年教育纳入终身教育体系，鼓励社会办好各类老年学校"。教育规划纲要也明确要求"要重视老年教育"。但是老年教育事业的发展实施是由基层组织来完成的，在国家的宏观政策的基础上，地方政府和各个基层组织应该配备相应的与地方实际情况相符合的政策和规章制度。[①] 但广东省有关社区老年教育的专项法规出台时间较晚，数量较少，还未形成一个完成的法规体系。目前广东省有关老年教育的专项法案仅有2017年发布的《关于大力推动老年教育发展的实施意见》，因此，广东省还需紧跟国家大政方针，结合本省具体情况，制定出符合省内实际情况相关老年教育法律，以完善社区老年教育法律制度建设，为社区老年教育的稳健发展提供有力支撑。

（二）社区老年教育管理体制有待进一步理顺

老年教育管理体制不顺，条块分割的传统管理体制，造成了老年教育特别是基层老年教育实践中的多方管理，却又无人管理的状况时有发生，这已成为制约老年教育社区化发展的一个非常重要的原因。整体而言，我国老年教育没有专门的管理机构。老年教育虽有专门的工作小组，但属于协调性机构，不属于常设机构，且缺乏专人落实老年教育的具体工作。长期以来，老年教育的管理体制一直不顺，条块分割现象严重。广东省的老年教育相关事务有的归民政部门管，有的归教育部门管，还有的归文化部门管。这样的管理体制导致了老年教育在向社区推进的过程中，多头管理却又无人管理的混乱现状，许多问题无法得以有效解决。由于没有清晰明确的权责分配，在管理基层老年教育的具体实践时问题突出，可以说"要钱没钱，要人没人"。而社区的老年教育在实际工作中又因多头管理而出现了效率低下的局面，这在很大程度上制

---

① 乔维德：《社区老年教育发展的瓶颈与对策》，《天津电大学报》2015年第1期。

约了基层老年教育的发展。有人戏称这样的老年教育管理体制为"一方不牵头,多方不配合"。① 因而,广东省亟须创新老年教育管理体制,设立专职部门,统筹管理社区老年教育事务,提高社区老年教育管理效率。

(三) 政府对社区老年教育的重视仍需加强

在我国,政府是购买老年教育服务的主体,也是推动老年教育发展的主体。政府对老年教育的注重力度于老年教育的发展具有直接性、根本性的影响。老年教育是构成终身教育系统的最关键因素。但是,在实践过程中仍存在着老年教育的政策法律和服务体制不完善等问题,其根本原因在于,政府对于老年教育、终身教育、社区教育等的重视力度不够:一是从政策法律上来看,政策法律的细化和可操作性不足,难以落实到位。虽然广东省政府近几年颁布了有关建设社区老年教育的政策法规,例如《广东省人民政府办公厅关于大力推动老年教育发展的实施意见》,从宏观上规定了建设老年教育的基本纲要,但是政策仍较为宽泛、宏大,不够具体,实施困难,仍需要细化政策,才能够执行到各个区域、各个社区。二是从服务体制上来看,社区老年教育经常被认为是一种"不正规的""可有可无"的教育形式,教学建设也相对于义务教育和高等教育有极大的区别。政府对于义务教育和高等教育的重视力度很大,但在终身教育和老年教育的重视力度远远不足,导致难以在长期实践过程中,形成科学的服务体制。因此,广东省政府有必要从完善政府政策法规和强化老年教育服务体制方面入手,逐步提高政府对老年教育的重视力度。②

(四) 社区对于老年教育的宣传和认识不足

研究发现,老年教育观念存在偏差的根源在于社会理解存在偏差。老年教育的社会关注度也不足,人们往往认为老年阶段就是年长者享受天伦之乐的阶段,对于年长者加入社会,提升年长者社会地位等意识缺

---

① 鲍忠良:《社区教育视野下的老年教育问题与策略探究》,《继续教育研究》2014 年第 9 期。

② 程仙平、杨淑珺:《社区老年教育治理的路径选择》,《教育探索》2016 年第 8 期。

失。同时，老年教育常常被社区老年群体认为只是"自娱自乐"，将社区老年教育与"唱唱跳跳"等同起来，缩小了社区老年教育的外延。为了转化整个宏观环境对老年教育的认识偏差，政府应该在发展老年教育的指导思想上进行调整和升级。目前，从宏观政策的指导思想上，"教、学、为、乐"（"老有所教、老有所学、老有所为、老有所乐"）成为政府在发展老年教育过程中重要的指导理论。但在调查过程中发现，老年教育指导思想难以转化为具有可操作性的执行方案，且在思想观念传播上存在误解和偏差，社区也没有形成科学的、准确的指导思想传播氛围，导致社区服务人员及老年人群体对社区老年教育存在认识误区，"教、学、为、乐"老年教育理念难以落实到各个社区。[①]

第五节 广东省社区老年教育发展的应对策略和未来趋势

一 广东省社区老年教育发展的应对策略

（一）健全基层老年教育政策细则及管理体制

1. 推进老年教育政策法律建设

根据 2017 年《国务院办公厅关于印发老年教育发展规划（2016—2020 年）的通知》表明，发展老年教育要坚持"党委领导、政府主导、社会参与、全民行动"的老龄工作目标，以增加老年教育投入为核心，以刷新老年教育体系为枢纽，以改善年长者的生命和赖以生存的生存质量为目的，统一社会资源、激发社会活力，改善老年教育现代化水平，让年长者一同分享改革发展收获，逐步实现老年群体的"教、学、为、乐"，努力形成具有中国特色的老年教育发展新格局。《中华人民共和国老年人权益保障法》规定："老年人有继续受教育的权利。国家发展老年教育，把老年教育纳入终身教育体系，鼓励社会办好各类老年学校。"广东省政府 2017 年也发布了《广东省人民政府办公厅关于大力推动老年教育发展的实施意见》，支持省内老年教育的发展。总的来看，广东省政府

---

① 陈乃林：《社区老年教育探索》，《中国成人教育》2015 年第 22 期。

对老年教育的重视力度逐渐加强,对于老年教育在解决老龄化问题等方面的意识也逐步加深。在国家宏观政策纲要的指导下,一些地方老年教育机构也开始慢慢受到地方政府和社区街道办的重视。通过制定政策细则,结合当地的实际情况,将宏观政策指导落实于实际的行动当中,发展具有广东特色的老年教育事业。从国家和广东省政府的层面来说,加强法律建设,完善法律法规是今后老年教育发展的重要工作任务。广东省政府和社区机构应认真履行法律法规所规定的相应的职责和任务,充分实现老年人受教育的权益。[①]

2. 健全老年教育服务管理体制

引入市场化机制是今后老年教育机构发展的一个重要方向,也是老年教育服务管理体制优化改革的一个关键路径。2016年10月5日国务院办公厅印发了《老年教育发展计划(2016—2020年)》的通知指出,要发挥政府在制定规划、营造环境、加大投入等方面的作用,通盘筹划并调解各部门的老年教育工作。完善社区老年教育教育服务体制,其主要的推动者应该是"自上而下"形式的推动模式,以市教育局为主导,以某一社区老年教育机构为试点,引入当前市场的相关企事业单位和第三方公益组织,加大资金投入,向市场购买老年教育服务。同时也应该制定一定的竞争机制,将老年教育服务作为一种市场"产品",谁的"产品"优良高效,就购买谁的"产品",如此一来,一方面,既可以提高社区的老年教育质量和服务水平,又能够有效地缓解政府部门的工作压力,促成老年教育高水平发展。另一方面,应在原有的服务体制上进行优化,改善多重服务体制,社区老年教育机构只对一个主要政府部门负责,从而提高工作效率,降低各方面成本,还可以解决因分权而引起的老年教育活动开展没有人管理或管理过多的问题。总体而言,改善多重服务体制,引入市场竞争机制,让政府与市场形成"买方—卖方"的关系,形成一定的竞争氛围,是今后老年教育机构发展的一项重要路径选择。[②]

[①] 陈乃林:《社区老年教育探索》,《中国成人教育》2015年第22期。
[②] 乔维德:《社区老年教育发展的瓶颈与对策》,《天津电大学报》2015年第1期。

(二) 加强社区老年教育价值与理念的宣传

社区老年教育理念的形成是一个长期性的过程，也是在潜移默化地发展中形成的。随着人们物质生活的满足与提升，社会已迎来了人们对精神文化生活的追求。在此背景下，老年人对于老年精神文化的追求和满足也会逐渐增强，因此，当前加强老年教育理念的传播工作应该顺应时代的背景环境，加强老年教育理念的传播应该从社区教育机构和政府两个主体出发，推动整个社区在老年教育理念方面的发展。一是社区老年教育机构要不断加强老年教育理念的传播，通过不断地调查工作，了解老年人群的思想动态，宣传老年教育、终身教育的意义和价值。完善社区教育平台，建立微信、微博平台，通过互联网的方式进行推广。二是广东省政府要在老年教育大众化推动工作中统筹推进。政府相关部门要明确发展老年教育的意义，作为教育思想上的领导者，积极推进先进的老年教育、终身教育理念的传播，通过政策手段，从实践上引导老年教育机构、社区街道办、社会公益组织等，合理开发和利用老年人资源，关注年长者精神文化需求，维护年长者受教育权。[①]

(三) 加大社区老年教育的经费投入力度

1. 健全经费投入管理机制，加大经费投入力度

我国的社区老年教育是以政府为核心，街道办社区负责的形式。因此，经费的投入渠道主要分为当地政府及社区街道办。但有学者认为，老年教育是一项服务于民、不以营利为目的的事业，这个群体中的大部分人都是为社会做出过贡献的人，尤其是 20 世纪 50—60 年代的老年人，他们为中国特色社会主义发展，全面建成小康社会做出巨大奉献，他们有权继续接受教育，而且应该获得政府财政的扶持，为他们争取一定的教育补偿，而不能武断地觉得对老年教育注资是属于资源耗损。国家与地方政府应积极重视老年教育在保障老年人精神文化需求，解决老龄化问题，建设文明和谐社区等方面的积极作用，加大经费上的支持与投入。除了应增进财政拨款和政府注资以外，还应建设社区财政支持。老年教育全部依托国家财政支持和政府拨款是不

[①] 丁洁：《社区老年教育的创新发展研究》，《课程教育研究》2018 年第 22 期。

切实际的。应该依靠社区组织及社区内的各类社会力量,确保老年教育经费的增长①。

2. 开发社会资源,多渠道筹集教育基金

关于《老年教育发展计划(2016—2020年)》中提出要完善经费投入机制。各个地方应采用各种各样的办法尽力增加对老年教育的投入,切实扩大经费投入途径,构建政府、市场、社会组织和进修学员等多方分摊与筹集的体制。老年教育经费应主要用于老年教育公共服务。鼓励和支持行业企业、社会组织和个人设立老年教育发展基金,企业和个人对老年教育的公益性捐赠支出按照税收法律法规规定享受所得税税前扣除政策。社区老年教育机构必须开辟多渠道经费来源,一方面,需要依赖国家和广东省政府层面长期的资金支持,以及社区和民政局的扶持;另一方面,为拓宽经费来源渠道,吸收社会资源,老年教育机构应该加强与市场、社会组织之间的合作与沟通,通过企业或社会组织建立以公益为主导的老年教育发展基金,获取广泛的社会资源和资金。②

(四)建设一支满足社区老年教育需求的稳定师资队伍

师资队伍是教育教学活动中的重要因素,建设一支稳定而优质的老年教育的师资队伍是当前社区老年教育机构提升教学质量的关键。建立良好的师资队伍维护体系是实现老年教育教师队伍稳固的条件。关于2016年10月5日国务院办公厅印发的《老年教育发展计划(2016—2020年)》中提出加强老年教育师资队伍建设,专职人员在工资待遇、业务深造、工作评审、工作能力审核等方面享受同一类学校职员的平等权利和条件。激励科班出身的社工等加入到老年教育行业工作。建立老年教育师资库。加紧培养一支组织合理、数量充沛、素养杰出,以专职教师为主体、与兼职教师和志愿者相联合的教学和管理队伍。因此,完善教师队伍的保障体系,建立稳定而优质的教师

---

① 辜阳波:《老龄化趋势下发展社区老年教育的实践与探索》,《闽西职业技术学院学报》2019年第1期。

② 董新稳、周赞:《社区老年教育的问题及对策》,《职教通讯》2016年第11期。

资源库,是保障老年教育的基础,具体来说:一是加强专职教师在老年教育当中的主体和主导力量。二是社区老年教育机构应聘请所在地高校科研单位的专家教授、企事业单位的管理人员、工程技术人员、各行各业的精英等,他们具有较强的专业能力和实践能力,能够拓宽老年教育范围,建立一支"综合型"的教师队伍。三是可以创立志愿者制度,招纳一批志愿者教师。社区志愿者中存在着一批热心于老年教育事业,乐于奉献与老年社区教育的人士,他们具有严格的工作作风、渊博的知识水平、高尚的人格修养以及负责任的工作态度,能够成为老年教育重要的后备力量。[①]

(五)借鉴有益经验创新社区老年教育发展载体

1. 多元供给,提升社区老年教育机构硬件实力

社区老年教育机构受限于教室场地、配套设施等因素,形成了老年学员进入社区学习需求不断增长与社区提供学习机会供给不足之间的矛盾,需要政府不断加大投入、社会力量大力支持来获取足够的资金保障社区的正常运转和发展扩建。同时,要鼓励各企业、社会组织、慈善机构及个人捐款来支持老年教育事业的发展。多元供给模式的顺利开展,给社区老年教育机构的发展注入发展动力,能更好地将机构优势发展扩大,让更多的社区老年居民享受到优质教育。目前,广东省政府增加老年教育的各项基础设施投入,不仅是稳定老年群体的重要工程,更是对曾经对这个社会做过贡献的老年人的回报。[②]

2. 加强协作配合,形成社区老年教育教学新载体

结合课程安排及老年人需求,与各部门加强协作,提供丰富的教学载体。例如,加强和卫生部门合作,普及养身保健、医疗急救等知识,把社区打造成老年人学员养身保健中心;加强与文化部门的合作,开办曲艺、乐器、戏曲等专业课程,把社区打造成文化中心;加强与各高等院校、图书馆、博物馆、纪念馆等部门合作,利用相关资料及场地,形

---

① 李振兴:《社区老年教育教师队伍建设研究》,硕士学位论文,上海师范大学,2017年。

② 刘明永:《学习型社会背景下社区老年教育探索》,《中国成人教育》2013年第9期。

成教学新载体。例如，美国在提高老年教育质量方面，采用了户内、户外和出游等多种形式的教学模式，创新了老年教育的载体，将课堂搬出教室，让年长者不仅老有所乐，同时还达到了老有所学的效果，年长者的参与积极性很高。① 因此，广东省也可以因地制宜地借鉴美国及其他地方的老年教育发展经验。

二 广东省社区老年教育未来的发展趋势

（一）参与主体将呈现社会化

社区老年教育的进一步发展离不开相关社会资源的整合，这就需要进一步推进社区老年教育参与主体的社会化。随着老年人口数量的增加，无疑会进一步加大对社区老年教育的需求。而目前广东省的社区老年教育主要依靠政府的投入，各级各类学校、组织、机构和个人的参与力度还不够，社区老年教育的人力、物力和财力保障程度还不够。从其他国家的社区老年教育实践来看，民间组织的支持和社团组织的管理力量无疑是社区老年教育资源的重要源泉。随着广东省的社区老年教育的不断发展，社会公益组织、非政府组织、志愿者组织、社会工作者也逐渐参与到社区老年教育中来，但是社会资源的投入在数量和范围上远远不够，仍有许多资源没有被充分利用和开发。所以，广东省社区老年教育在未来将进一步突破以往的政府单一运作模式，逐渐向多主体参与转化，② 逐渐实现参与主体多元化、社会化。

（二）社区老年教育趋向均衡发展

目前来看，社区老年教育还存在着较大的城乡差异和群体差异，主要表现在社区老年教育主要在城市发展，受教育程度高的老人更容易接受社区老年教育。目前，中国的城市老年教育网络已经基本建立，城市老人不仅可以从社区获得教育机会，还可以享受社区老年大学的教育服务。而农村老人，受到条件的限制，社区老年教育发展十分缓慢和滞后，部分农村地区的老年教育甚至是一片空白。这一点也在 2017 年 6 月 9 日

---

① 陈春勉：《老龄化背景下社区老年教育课程建设研究》，《成人教育》2016 年第 9 期。
② 刘春雪：《社区老年教育的社会工作介入研究》，硕士学位论文，云南大学，2019 年。

公布的《广东省人民政府办公厅关于大力推动老年教育发展的实施意见》（以下简称《意见》）中有所体现。《意见》规定："新建、改建、扩建一批老年教育学习场所。重点扶持原中央苏区县、少数民族县、经济欠发达县老年大学基础设施建设，鼓励和支持珠三角地区为粤东西北地区发展老年教育提供支援。支持各级广播电视大学和开放大学举办'老年开放大学'或'网上老年大学'。大力建设村（居委会）老年学习站（点）。到2020年，全省县级以上城市原则上至少应有1所老年大学，50%的乡镇（街道）建有老年学校，30%的村（居委会）建有老年学习站（点）。积极扶持社会力量发展养教结合产业，鼓励和支持城镇住宅小区配套建设老年养教结合基础设施，力争到2020年建成100个养教结合试点。"① 从目前的社区老年教育的发展状况来看，参与者主要是受教育程度较高的老人。一般来说，受教育程度较高的老人有比较强的受教育意识，而受教育程度低的老人接受教育的意识和能力不足。因此，从提高老年人的生活质量的角度来看，为了提高老年人的生活质量，需要把农村老人和受教育程度低的老人纳入社区老年教育中来，进一步缩小城乡老人和不同受教育程度的老人在受教育上的差距。

（三）社区老年教育资源与手段更为信息化

随着信息技术的普及，网络技术在教育中的应用日益受到关注，网民中出现了越来越多的老年人和准老年人，这也预示着老年网络教育强大的生命力和广阔的发展前景。社区教育与网络教育的结合无疑会在很大程度上弥补各自的不足，发挥各自的优点，进而推进老年教育的发展。现阶段社区老年教育资源还很有限，老年教育的发展受到程度不等的限制，间接影响了老年人参与老年教育的热情和积极性。社区老年教育的信息化的建设，可以保证不同社区不尽相同的各级老年教育组织和各种老年教育资源形成网络化的格局，不仅可以保持自己的特色，还可以实现资源共享。不同社区资源的共享，可以丰富社区老年教育的内容，弥补老年教育资源的不足。因此，广东省社区老年教育在未来发展中将更

---

① 广东省人民政府办公厅：《广东省人民政府办公厅关于大力推动老年教育发展的实施意见》，2017年6月9日。

需要利用网络化和信息化技术，充分挖掘社区老年教育的各种资源，建设信息化的社区老年教育，使社区老年教育更具开放性、交互性、共享性、虚拟性和多媒体化。[1]

---

[1] 丁利娟：《"互联网+"背景下社区老年教育的推进策略——以浙江平湖为例》，《广州广播电视大学学报》2016年第5期。

第三章

香港社区老年教育研究

第一节 香港社区老年教育概况

一 回归前后香港社区老年教育的情况

近代意义上的香港老年社会福利服务最早可以追溯到19世纪末，这一时期港英政府认为照顾长者是家庭的责任，社会在安老服务方面仅是一种慈善救济，主要向老年人提供医疗救助和经济救助，并没有针对长者这个群体的个别化的专业服务。20世纪60年代末，受西方社会服务发展的影响，香港开始引进国外的服务模式，由一些慈善团体出资创办老人院，将护理、康乐、院舍照顾引入安老服务中，出现了以慈善形式向长者提供的有限度的社会服务。20世纪70年代，世界经济危机让港英政府正视香港的社会问题，并于1972年针对老龄人口问题成立了工作小组，研究长者的需要。该工作小组在报告中提出了"社区照顾"的概念。20世纪80年代，随着老龄人口的不断增加，家庭照顾长者的能力大幅削弱。港英政府大力扩展社区支持服务，建立了长者社区服务中心、长者日间护理中心、长者活动中心、家务护理队等，为社区内长者提供支持服务。1994年，香港安老院条例获得通过，并于1996年正式执行，有效地提升香港安老院舍服务的质量。

1997年，香港特区政府成立后，将"照顾长者"作为政府三大施政方针之一，强调发展对长者的"持续照顾"和"社区照顾"，确保长者享有基本及有尊严的生活。同年，香港成立安老事务委员会，负责制定全面的安老政策，统筹各项安老服务策划和发展工作，以及监察有关政策和计划的落实执行。① 自此，香港特区政府形成了由社会福利署和安老事务委员会对安老服务进行管理和政策支持的行政架构。随着安老服务体系的成熟老年社区教育成为公共服务必不可少的一部分。

二 老龄化问题对香港社区老年教育发展提出迫切需求

安老事务委员会成立伊始，开始检讨安老服务存在的不足，尽管安老服务提供住屋、医疗、院舍护理、小区支持等各方面的照顾。但由于这些服务由不同的政府机构以及非政府机构提供，在落实执行上欠缺协调，而有些服务更未能追上年长人口急速增长的需要，老龄化的逐渐加深带来了一系列问题。

（一）人口老龄化速度加快

由于医学日益昌明，人均预期寿命延长，再加上出生率下降，香港特别行政区跟其他已发展国家一样逐步地面对人口老龄化的挑战。香港年满65岁人口的比例由1986年的7.6%升至2006年的12.4%。截至2006年，680万的香港人口中，85.3万人年满65岁。根据2011年人口普查的结果，长者的人数在过去50年（1961年至2011年）平均每年增长4.8%。同期，全港人口平均每年增长率只有1.6%。在长者人口中，高龄化趋势比较明显。2011年人口普查数据显示，65岁至69岁长者占24.9%，70岁至79岁占46.3%，80岁及以上占28.8%。在过去10年，年老长者（80岁及以上人士）所占的比例不断上升，在2001年的长者当中，80岁及以上的人士只占19.6%。预计到2030年，香港男性的平均预期寿命将达到82.5岁，女性的平均预期寿命则会上升到88岁。85岁或以上的老人将会是现在的3倍。根据《香港人口推算2015—2064》，香港人口预期会由2014年的724万上升至2043年顶峰的822万，并于2064年回落至781万。与此同时，长者人口（65岁及以上人士）将会以更快的速度上升，由2015年的112万（占总人口的15.3%）上升至2043年的251万（占总人口的30.6%），并进一步上升至2064年的258万（占

---

① 香港安老事务委员会：《安老事务委员会简介》，https：//www.elderlycommission.gov.hk/sc/About_Us/Introduction.html。

总人口的35.9%)。①

在长者人口中，接受教育程度比例逐步提高。长者中未受教育或只有学前教育程度所占比例由2001年的42.4%下降至2011年的31.7%，而有中学及以上教育程度的比例由2001年的18.4%上升至2011年的31.0%。男性长者的教育程度平均较女性长者为高。2011年，25.3%男性长者及13.1%女性长者曾接受高中或以上程度教育。

(二) 痴呆症患者人数上升

1995年年底，香港中文大学精神科学系进行了一项研究，对象是1034名70岁或以上在沙田区居住的长者。研究表示，香港65岁或以上的长者，有4%患有痴呆症，约25000人。此外，患上痴呆症的比率更随年龄上升，约每五岁递增一倍，直至90岁。在70—74岁的年龄组别，每100名长者中，患上痴呆症的不足两人；但在90岁或以上的组别，每4名长者便有超过一人患上痴呆症。② 研究亦发现，约有45%的痴呆症患者住在安老院舍；至于院舍长者患痴呆症的普遍程度，在安老院、护理安老院的比率估计为17%；在1998年年逾65岁的痴呆症长者约有27600人，到2016年增至43600人左右，增幅达60%，除了长者人口增加之外，人均寿命延长和患痴呆症的比率随年龄上升，都是痴呆症患者增加的原因，老人如果缺乏与外界的交流，导致情绪低落，甚至是悲观抑郁，长期如此精神状态越来越差，就会出现老年痴呆症。在生活中，勤于用脑，适当运动对于锻炼大脑有一定的帮助，使大脑更灵活，精力更充沛。③

(三) 长者自杀率提高

有研究就1981—1995年香港人口中不同年龄组别人士的自杀率做出分析，研究结果显示，平均每10万人中便有30名长者自杀身亡。在各组别中，女性长者的自杀率相对较低，而75岁或以上的男性长者自杀率则

---

① 香港劳工及福利局：《安老计划方案报告》，https://www.lwb.gov.hk/sc/highlights/elderlyservicesprogrammeplan/index.html。
② 香港安老事务委员会：《研究老人痴呆症工作小组报告》，https://www.elderlycommission.gov.hk/sc/download/library/c_ap5.doc。
③ 香港安老事务委员会：《研究老人痴呆症工作小组报告》，https://www.elderlycommission.gov.hk/sc/download/library/c_ap5.doc。

最高，平均每10万人中便有50人自杀身亡。报告亦指出，长者自杀率比年纪较轻者的自杀率高出12倍。[①] 衰老带来的问题不少，长者退休后会因为失去社会地位，收入下降而感到沮丧。当他们照顾自己的能力日减，越来越需要依赖别人，自尊心也会大受打击。中国社会的传统观念认为，长者大多数都不能再从事生产劳动，只能依靠别人，这会令社会对长者成见日深。随着社会经济的发展，出现多方面的变化。今日社会，核心家庭愈见普遍，年青一代受西方文化影响，注重追求自我，这对长者在家庭中的传统地位构成一定影响。以往，长者在家庭中备受尊重，家人事事都征询他们的意见，长者都希望得到年轻一代的敬重，但往往事与愿违，以致两代之间产生隔膜，要长者接受这个现实，可能不是易事。长期患病也是导致长者自杀的一个主要原因，身患恶疾的长者饱受痛苦煎熬。此外，经济困难不仅为长者增添烦恼，更可能令他们有轻生之念，可能视自杀为一种解脱途径，也希望不再连累家人。

综上所述，老龄化带来了一系列问题，丰富多彩的社区教育或能鼓励长者积极生活促进他们的精神健康。为了应对人口老龄化、长者高龄化带来的问题以及长者受教育程度的逐步提升，香港特区政府开始注重为长者提供更多的服务选择，谋求服务多元化。

第二节　香港社区老年教育的政策

一　香港社区老年教育的"老有所为"政策

（一）"老有所为"政策的推出

1997年，香港特别行政区行政长官将"照顾长者"作为香港特别行政区政府其中一项策略性政策目标，致力改善长者的生活素质，力求做到"老有所养、老有所属、老有所为"。为了落实特区政府"老有所为"的政策，社会福利署于1998—1999年度推行"老有所为活动计划"，并

[①] Paul S. F. Yip, Ph. D., Iris Chi, D. S. W., Helen Chiu, FRC Psych.《香港长者自杀成因的跨专业研究报告摘要》，https：//www.elderlycommission.gov.hk/sc/download/library/W_020513/annex_c.pdf。

于2003年4月起把计划纳入常设服务项目。① 一直以来，"老有所为活动计划"通过拨款资助社会服务机构、地区团体及教育团体等举办各式各样的活动，为长者提供多方面的参与机会，使长者发挥潜能，贡献社会和实践老有所为的精神。为加强活动的连贯性及深化计划成效，"老有所为活动计划"自2012年开始使用双年度主题，并继原有每年拨款的年度计划，推行横跨两个财政年度的活动计划。从1997年施行至今，"老有所为活动计划"发展越来越完善，内容丰富且多元化，成功发挥邻里、跨代及关爱的暖意，尽显老有所为的精神。

"老有所为"政策通过拨款资助社会服务机构、地区团体及教育团体等组织，举办不同形式的活动，养成推广老有所为精神及倡导关怀长者的风气。在个人层面，推动长者终身学习，并善用自己丰富的人生经验及专长，继续贡献社会，创造丰盛晚年；在家庭层面，鼓励长者与家人和谐共处，发挥自己在家庭中的角色及凝聚力；在邻舍层面，通过跨界别合作，推动长者参与建设长者友善小区及巩固邻里互助支持网络；在社会层面，目标是积极推动敬老爱老、跨代共融，并支援护老者和关怀体弱、独居及居于院舍的长者。②

（二）"老有所为"政策的主要内容

1."老有所为"活动的主题

2020—2022年度"老有所为"活动的主题是"松柏跃动添姿彩，爱暖人间传世代"，鼓励长者积极参与小区不同类型活动，发挥潜能，并把学到的新知识及技能服务社群、贡献社会，体现活到老、精彩到老的生活态度；并借此传承关爱互助的精神，缔造和谐社会，让长者安享晚年。团体可以参考建立及巩固邻里互助支持网络、建设长者友善小区、跨代共融及和谐家庭活动、小区教育活动、服务院舍长者活动、促进身心健康活动、鼓励持续学习及服务社群、保存及发扬传统文化等内容构思各

---

① 香港安老事务委员会：《安老事务委员会》，https：//www. elderlycommission. gov. hk/cn/About_Us/Introduction. html。
② 香港社会福利署：《2020—2022年度"老有所为活动计划"小册子》，https：//www. swd. gov. hk/storage/asset/section/622/OEP2020 - 22_booklet_w3. pdf。

类型项目，从而达成"老有所为活动计划"的目标。①

2. "老有所为活动计划"的推行

在活动的申请主体与申请要求方面，福利署下辖机构、接受社会福利署资助的机构、非谋利及非政府资助团体以及教育团体（包括大专、中学、小学及幼儿园）等单位可申请拨款资助，推行符合"老有所为活动计划"目标的活动。相关团体申请时需要提交相关申请材料，包括申请书以及收支预算正本，在填写申请书时，要在规定的申请日期内，按推行活动计划地区所属的社会福利署行政分区，邮寄或亲身递交至该分区的社会福利署策划及统筹小组。② 此外，相关团体须尽量列出计划内容详情及收支预算细项，让评选委员会有足够数据进行评选。

在活动计划的评选与监察方面，社会福利署各分区福利办事处会成立地区评选委员会，按申请资助简介内所列明的评选准则及地区需要选出可获拨款的活动计划，并在拨款金额上做出合适的建议，最终的申请结果，由老有所为活动计划推广办事处决定。③ 申请通过获拨款团体必须妥善保留获拨款活动的正式单据及付费证明文件的正本七年，有需要时供社会福利署查核，且需在互联网、年度报告或办公室公告公开其"老有所为活动计划"项目的财政报告。此外，团体在规定时间内提交所需资料后，社会福利署有权使用团体所提交的活动照片及有关数据，作审核、评选、检讨以及宣传和推广"老有所为活动计划"等用途。社会福利署职员亦可按需要，通过探访、收集参加者的意见及审视有关获拨款活动计划的文件等方法，监察活动计划的推行。

二 香港社区老年教育的"长者学苑"计划

（一）"长者学苑"计划的推出

香港特区政府依托社会福利性机构和相关学校积极为老年人提供服

---

① 香港社会福利署：《2020—2022年度"老有所为活动计划"小册子》，https://www.swd.gov.hk/storage/asset/section/622/OEP2020-22_booklet_w3.pdf。
② 香港社会福利署：《2020—2022年度"老有所为活动计划"小册子》，https://www.swd.gov.hk/storage/asset/section/622/OEP2020-22_booklet_w3.pdf。
③ 香港社会福利署：《2020—2022年度"老有所为活动计划"小册子》，https://www.swd.gov.hk/storage/asset/section/622/OEP2020-22_booklet_w3.pdf。

务。2007年年初，香港劳工福利局和安老事务委员会推行了"长者学苑"计划。该计划是一个具有香港特色、以学校为平台、以老年人为对象的计划，旨在推进终身学习，支持身心健康，实现老有所为，善用现有资源，促进长幼共融，加强公民教育，推动跨界共融等。[1] 在"终身学习、老有所为"的理念指导下，借助中学、小学以及民间机构的力量，为老年教育提供现有场地和资源，并安排学生作为义务导师提供"文化反哺"。社会福利署鼓励各院校、社会福利团体以及各界退休人士协助长者学苑招募义工、出任学苑的行政或教学工作以及制定教学的教师。

（二）"长者学苑"计划的实施

为了圆老年人"大学梦"，长者学苑与大专院校合作，举办切合长者兴趣的专题研习课程，允许长者以旁听生身份参与本科常规课程与专题讲座等教学活动。例如，香港岭南大学的长者学苑创立了一条龙模式，串联岭南小学、中学和大学课程，为老年人设计开发了互相衔接、分层递进的阶梯进修课程，并鼓励老年人参与长者学苑管理委员会的工作，活学活用，让青年学生了解积极老龄化和生产性老龄化内涵，增强老年学习者的满足感、归属感及自信心等高层次需求。[2] 除了与香港各区的中小学和专上院校合作以外，劳工及福利局以及安老事务委员会还成立长者学苑联网、统筹各区长者学院的发展和课程的实施。

第三节 香港社区老年教育的组织管理与运作模式

一 香港社区老年教育长者学苑的成立流程

在"长者学苑"计划下，符合资格的申请单位包括办学团体与社会福利机构可根据《税务条例》认可属公共性质、并具有最少两年举办与长者有关的活动经验的慈善机构、团体或已注册的家教会等。

首先，寻找合适的办学团体及社福机构、团体、家教会等成为伙伴。

---

[1] 张欣：《香港、澳门社区教育发展的新趋势》，《职教通讯》2016年第22期。
[2] 陈薇：《老有所为：日本和香港老年人力资源开发的经验和启示》，《天水行政学院学报》2018年第4期。

可考虑与邻近的办学团体、社福机构、团体、家教会等合作，让长者不用舟车劳顿及可步行去学校上课，也可考虑与区内的办学团体、社福机构、团体、家教会等联络，宣扬长者学苑的理念，一些学校除关注学生的校内成绩外，亦非常鼓励学生参与课外活动和社会服务，尤其是担任义工可以增加与长者接触的机会，建立良好的小区关系。①

其次，办学团体与社会福利机构、团体、家教会之间的协作。办学团体的负责老师或职员须与社会福利机构、团体、家教会等的职员有良好的沟通，探讨在整个长者学苑中所扮演的角色；社会福利机构、团体、家教会等可收集长者对课程内容的意见，或在单位内的有关委员会中讨论，按长者的兴趣或相关有趣、新鲜的主题选择相应的课程内容，并讨论场地安排、授课形式及分工。

最后，在开课前，办学团体负责老师须与社会福利机构、团体、家教会等的职员或员工商讨开课日期、时间及所需物资等，为学校能预先掌握长者学苑的需要，提供所需的场地及物资等支持。

二 香港社区老年教育长者学苑的具体运作

（一）长者学苑运行的注意事项

长者学苑在运行时需要注意一些事项。一方面，办学团体与社会福利机构、团体、家教会等应在每学年初举行会议，商讨整年合作的计划，包括课程、学生义工及器材等安排，亦可讨论分工，使计划推行时更有效率，且办学团体应与社会福利机构、团体、家教会等按编定的校历或行事历，共同商议长者学苑上课时间表。另一方面，办学团体与社会福利机构、团体、家教会等须作定期的沟通，以了解校方的各项安排和需要，并可汇报长者上课的情况，互相交流。② 当每学年课程完结时，社福机构、团体、家教会等可向每位参与长者学苑的长者了解其学习需要，以制订来年的课程计划。

---

① 香港安老事务委员会：《成立长者学苑流程指引》，https：//www.elderacademy.org.hk/sc/pr/Protocol%20on%20setting%20up%20an%20Elder%20Academy%20Web.pdf。
② 香港安老事务委员会：《成立长者学苑流程指引》，https：//www.elderacademy.org.hk/sc/pr/Protocol%20on%20setting%20up%20an%20Elder%20Academy%20Web.pdf。

(二) 长者学苑行政运行的注意事项

长者学苑运行时的行政事务上,要注意长者教育的时长以及生源方面的问题。在时长上,按照长者学苑发展基金委员会的要求,学苑每周须开放不少于6小时予以长者使用。在保障上,由于大部分学苑均设于学校内,长者将会有第三者责任保险的保障,如参加者在校内因学校疏忽而受伤,学校将通过保险进行赔偿。如有需要,长者学苑可考虑为参加者购买额外的保险。[①] 在生源上,每个课程应设立收生上限,适当的人数以便让导师能更好地照顾学生,且学苑在接受报名前,需要制定统一及清晰的收生机制来处理长者报名,并于宣传刊物及报名表格上列明设定的收生机制和查询方法,避免造成混乱。此外,办学团体与社会福利机构、团体、家教会等须按相关规定和指引,注意招标、报价以及采购物料和服务的程序,并以公平、公开及公正原则处理。

三 香港社区老年教育长者学苑的运行保障

风险为不确定会否发生的事件,而事件一旦发生可能会产生负面的冲击。风险管理是预先辨识有可能出现的风险,并预测各种风险出现后所造成的影响,以便在危机事故发生前采取防范措施,避免或降低事件所带来的冲击,危机事件处理指在事故发生后的应变措施。

(一) 长者学苑预防危机事件的行政措施

为预防危机发生,建议长者学苑增设一些行政措施。第一,学校须采取合适措施,以确保长者、活动参加者身处安全环境学习,如建议每年至少举行一次长者学苑走火演习。第二,长者、活动参加者须于职员陪同下才可使用特别课室如家政室、实验室等,以确保正确使用有关设施。凡举办长者学苑活动的教室,应张贴走火通道指示图,详列走火路线、灭火筒、急救箱及心脏起搏器的位置。第三,学校须检视现时校内设施是否适合长者使用,并做出相关改善措施,社会福利机构亦应提供专业意见。学校与合作单位应事先界定长者学员可进出的校园范围,并

---

① 香港安老事务委员会:《成立长者学苑流程指引》, https://www.elderacademy.org.hk/sc/pr/Protocol%20on%20setting%20up%20an%20Elder%20Academy%20Web.pdf。

通知学员有关安排。此外，凡进入学校的长者须先登记及挂上名牌，在离校时交回，以便有关人士掌握进出学校的人数及情况。[①]而长者参与课程或活动前，须自行申报其健康状况是否适合参与，同时，学校须采取合适措施，确保长者和活动参加者免受侵犯。

（二）长者学苑运行常见危机及处理方法

第一类常见危机为跌倒、跌伤。长者跌倒、损伤的处理程序为"检视伤势，按情况启动已制定的机制——视乎伤势，若有需要，送医院诊治——通知受伤长者的紧急联络人"。长者学苑在运行过程中，应定期举行会议，检视学校环境及设施，尽量安排于低层课室上课，或鼓励长者使用升降机，降低因上落楼梯跌倒之风险，学员在报名时也应提供紧急联系人资料，方便联络。

第二类常见危机为身体不适。当出现身体不适时，可按情况启动已制定的危机处理机制，若情况严重，应送医院诊治，并通知受伤长者的紧急联络人。学苑应定期举行会议，洽商需要启动学校、机构危机应变机制的安排，并派发学员须知，提醒学员若感到不适，应留在家中休息，并在学苑内张贴卫生署、社会福利署有关公共及个人卫生的指引、海报等。学员报名时应该填写健康申报表，在确保自己的健康及体能良好的情况下参加学苑活动。

第三类常见危机为争执、打斗、暴力行为。类似争执、打斗与暴力行为应由负责的专门职员进行处理，由负责的职员分开、隔离当事人，并按照情况启动已制定的危机处理机制，了解行为背后的原因；按需要重新编排座位、调班；按需要安排注册社工跟进。如涉及严重伤人事故，应立即报警处理。

第四类常见危机为精神或行为异常。出现该类危机，首先应对危机进行评估，再按照情况启动已制定的危机处理机制，若情况严重，请社工跟进个案，最后做出合适转介。具体可尝试了解行为背后的原因，并约见长者家人、亲属，商议如何提供协助等。

---

① 香港安老事务委员会：《成立长者学苑流程指引》，https：//www.elderacademy.org.hk/sc/pr/Protocol%20on%20setting%20up%20an%20Elder%20Academy%20Web.pdf。

(三) 危机基本处理原则

在处理危机事故时,应注意遵循一般的处理原则。这些处理原则涉及危机事故爆发前、事发时以及事发后三个阶段。在危机事故的预防阶段,负责职员须于平日阅读及熟悉有关指引,以便在发生危机事故时进行指引;长者学苑应制定危机管理机制,如危机管理人员的联络方法和分工,以确保危机发生时,有专责人员立即处理。[1] 在事发时,尽量保持冷静,客观评估现场情况,做出适当行动,考虑并顾及在场人士及职员的人身安全。事发后,应尽快向校长、负责老师、所属机构、团体、家教会等主管报告,以便尽早界定风险程度及做出适当应变措施,根据情况作恰当的人手及资源调配,务求妥善处理事件。如有需要,转介当事人接受其他支持服务,提供合适的协助或安排,并妥善及早处理危机和适当地应对传媒的查询,以降低负面影响。在事后,亦需跟进一些事项,一是向校长、负责老师、所属机构、团体、家教会等主管报告有关事件的进展;二是清楚记录事件发生的经过及处理方法;三是学校、机构须举行内部会议,收集有关资料,检讨处理方法及订立日后对策。具体包括协助警方调查事件起因,处理传媒的查询,跟进保险赔偿事宜,到法庭作证,安排有关同事或学员、参与活动人士接受辅导服务或会面,向学员、参与活动人士及其家人做出交代等。

四 香港社区老年教育长者学苑的运作模式

长者学苑计划是一个全港性、以跨代共融及跨界别合作模式运作的长者学习计划。随着人口结构的转变,人均年龄较以往长,长幼共融成为联合国的一个重要的发展指标。学校不再是一个单一学习的平台,除专业知识的传授外,学校亦需要跨界别、跨专业,甚至利用跨代教育的模式来培育年轻人的品德和价值观同时解决养老问题。每间学校的长者学苑应该有其特色,长者学苑既可以是纯活动取向的,亦可以是侧重学

---

[1] 香港安老事务委员会:《成立长者学苑流程指引》,https://www.elderacademy.org.hk/sc/pr/Protocol%20on%20setting%20up%20an%20Elder%20Academy%20Web.pdf。

术的,可为较具文化特色的,亦可以是较重视长者的人生经验传承的。①学校应与协作机构商讨,按教学课程的需要以及所属小区长者的背景、兴趣和能力为长者学苑及其所办的课程与活动进行定位。

(一)长者学苑在中小学的情况

长者学苑本着以地区为本、学校为本、跨界别合作的原则,以学校为平台进行教学。安老事务委员会希望每区能成立多间长者学苑,以便长者能在其居住地区内参加课程,避免长者舟车劳顿。第一类学校平台是中小学,中小学校一般已具备开办学习计划的资源和基本设施,例如,学生、教师、校友、退休教师、家长会、礼堂及特别设施,如电脑室和图书馆等。如果学校通过课余时间或周末借出校舍开办长者学苑课程,可有助减少开办长者学习计划的行政费用。香港社会福利署亦协调地区的长者服务单位,协助有兴趣成立长者学苑的学校招生。此外,根据《税务条例》获认可属公共性质并具有两年以上举办与长者有关的活动经验的慈善机构、团体或已注册的家教会也可以与学校合作开办长者学苑,协助学苑招收长者学员。专上院校、社会福利机构团体以及各界退休人士可协助长者学苑招募义工出任学苑的行政或教学工作以及制定教学内容。有志促进长者学习的各界团体及企业人士可向长者学苑提供合适的赞助,例如,提供奖学金等。安老事务委员会在这方面担当统筹角色。

在课程上,安老事务委员会已为长者学苑预备一套由香港电台、卫生署及岭南大学编制的课程为教学内容。课程内容分为必修和选修两类,新开办的长者学苑必须在申请获批准后半年内开办必修健康课程和选修课程各一科,而前者必须为卫生署专为长者学院计划而编制的健康课程之一;选修课程则可由各长者学苑按其位处的社区的需求、长者的兴趣,以及个别学校所能提供的设施,并参考选修课程纲要而自行设计。② 长者学苑的课程涵盖多方面,既有着重实用价值,提高长者自我照顾能力和适应老年生活的技巧,亦有学术、艺术、工艺及体育活动等课程。此外,

---

① 香港安老事务委员会:《长者学苑课程设计及运作模式》,https://www.elderacademy.org.hk/sc/pr/EAManualCHT2013.pdf。
② 香港安老事务委员会:《拨款须知:在中小学成立的长者学苑》,https://www.elderacademy.org.hk/tc/eadf/EA_funding_notice_a_2020c.pdf。

课程不应设学术资格要求，要提供长者更多社交及丰盛人生的机会。新成立的长者学苑必须在计划批准后的指定日期起的三年内，最少开办12个课程，当中亦须最少开办两个健康课程，而每个课程最少有8名长者报读。至于已成立的长者学苑提出的"两年计划"，必须在计划批准后的指定日期起的两年内，最少开办8个课程，当中亦须最少开办1个健康课程，而每个课程最少有8名长者报读。

在管理方面，鼓励并会提供拨款支持长者学苑成立一个由长者组成的管理委员会（以下简称管委会），旨在让长者参与长者学苑的行政工作及筹划长者学苑的课程及活动，发挥"积极乐颐年"的精神。在成立初期，长者学苑应为管委会的长者成员提供适当培训，使他们可以为长者学苑的运作做出贡献。

此外，为加强推广长者学苑及方便长者获得各长者学苑提供的课程的信息，长者学院发展基金委员会鼓励合办长者学苑的学校和社会福利机构、团体、家教会在其网页内设立长者学苑网页，简介其长者学苑的现况及课程数据，以方便长者查阅。安老事务委员会亦会安排各长者学苑网页，与安老事务委员会设立的长者学苑网站做超链接。除向长者提供学习机会外，长者学苑更可发展成为一个社区支援平台。比如参加长者学苑的长者及学生在学习过程中建立友谊，可互相支持，或一起参加课外活动及地区义务工作，既可跟小区保持紧密的接触，亦可帮助弱势社群。成功修毕特定时数的长者学苑课程的长者，可获安老事务委员会颁发的奖状。

（二）长者学苑在专上院校

长者学苑在专上院校的运作采取多种混合模式，包括举办长者专题研习课程、旁听常规课程、开设专题讲座以及向长者提供学费优惠等多种方式混合的模式。

一是举办切合长者兴趣的专题研习课程，专上院校可以在合适的时段为长者设计一些切合他们兴趣和能力的短期专题研习课程。专上院校可邀请教职员担任导师，亦可以邀请学生担任部分课程的导师或协助教学。这些课程也可供有兴趣的年轻学生报读，使长者和年轻人多一个互相沟通的平台，以达致跨代共融的目的。如情况许可，专上院校可考虑安排长者学员在课程举办期间入住学生宿舍,让长者对大学生活有更深刻的体会。

二是让长者以旁听生的身份参与个别本科或常规课程。如获得相关教职员的同意及支持,专上院校可以考虑安排让长者以旁听生身份参与个别本科或常规课程。专上院校可以考虑选择一些长者较有兴趣及较有能力掌握的科目、长者参与可有效提高课堂互动性的科目或有剩余学额的科目。专上院校亦可设立长者旁听生的限额,并经考虑相关教职员的意愿和其他因素后,决定是否要求长者旁听生交功课及参与测验或考试。由于长者是以旁听生身份参与课程,安委会建议专上院校无须为完成课程的长者颁发学分,不过亦建议专上院校考虑为他们签发有关的出席证书以作鼓励。[①] 长者修读正规课程,是满足他们对正规学习的需求。因为是自我控制和选择下的学习,整个学习过程和架构,都是按照自己的兴趣、需要和愿望而规划,投入一个终身学习的过程。长者修读正规大学课程,是一种生活的学习,而非为追求分数、文凭的学习;长者可以作为旁听生与大学生一起上课,是一种在轻松、愉快情况下的学习。

三是让长者参与部分专题讲座。专上院校可以考虑把个别专题讲座的部分名额预留给长者。这项安排对专上院校的教学和行政带来的额外负担非常有限,但可以让长者有机会在专上院校参与深入的学习。为了吸引及鼓励更多长者有系统地进修,专上院校可以自行考虑选择一些长者较有兴趣及较有能力掌握的科目。

此外,香港部分地区成立了长者学苑联网,旨在推动各区的长者学苑交流与合作,包括课程发展,导师经验交流及培训,划分晋阶课程的种类、程度与晋升安排,建立学分互认机制让长者更有系统地修读不同程度的课程,以鼓励他们积极参与区内的长者学苑活动,以及统一学员、导师及学科成绩记录。

(三)长者学苑的经费支持

为了确保长者学院计划的可持续发展,安老事务委员会于 2009 年成

[①] 香港安老事务委员会:《拨款须知:在中小学成立的长者学苑》,https://www.elderacademy.org.hk/tc/eadf/EA_funding_notice_a_2020c.pdf。

立长者学苑发展基金委员会,并获拨款1000万元成立长者学苑发展基金,相关经费由政府和社会各界共同赞助,让长者学苑计划得到更大发展。长者学苑发展基金委员会除负责管理基金及审议拨款申请外,也会就长者学苑的课程发展、学制、课外活动及成立新学苑等方面制定长远的策略和措施,带领"长者学苑计划"踏入新里程;就长者学苑的成立、课程设计、课外活动和发展等事宜,订定策略及措施,以及考虑及审批基金款项的申请。[1]

1. 长者学苑发展基金委员会资助类型及资助现状

基金主要资助在中、小学成立的长者学苑,在专上院校成立长者学苑,鼓励长者学习及促进长幼共融的活动三类性质的申请。基金委员会全年接受成立拨款申请,并分两批于每年的年中及年底审批。[2] 两轮申请共收到70份申请书,基金委员会批核的项目共有65个,所涉及的拨款开支约为874万元。在两轮拨款申请中,共有14间中小学与社会福利机构成功获批拨款推行"三年计划",以成立长者学苑。另外,有43间于中、小学成立的长者学苑获批拨款推行"两年计划",以作持续营运。目前,在中小学及专上院校成立的长者学苑约有170间。

在安老事务委员会及基金委员会的大力推广下,长者学苑计划亦获得更多专上院校的支持和参与。2019年,香港大学专业进修学院以及香港中文大学已申请并获批拨款设立长者学苑,为长者提供更多机会修读由专上院校举办的课程。此外,香港科技大学亦开放部分本科课程,让长者作为旁听生,使他们有机会与科大学生一起修读具学术性和有深度的专上院校课程,以达到持续学习、跨代共融的目标。目前共有8所专上院校参与"长者学苑计划"。截至2019年3月,除新界西长者学苑联网、九龙西长者学苑联网以及港岛区长者学苑联网继续获得发展基金拨款资助作持续营运外,新界东长者学苑联网以及九龙东长者学苑联网亦已正式成立。通过五区长者学苑联网的协作,发挥更高层次的协同效应,

---

[1] 安老事务委员会:《长者学苑发展基金》,https://www.elderacademy.org.hk/sc/eadf/index.html。

[2] 安老事务委员会:《长者学苑发展基金申请指引》,https://www.elderacademy.org.hk/tc/eadf/application_guide_2018c.pdf。

为全港各长者学苑提供更广阔的交流平台。

2. 长者学苑发展基金委员会各方面工作安排

在投资方面,基金委员会于2014年5月一致通过长者学苑发展基金的投资策略,同意将发展基金作下列投资安排:一是以不多于三成的资金投放于股票,并用以购买盈富基金;二是用不多于三成的资金投放于债券、存款证;三是其余为现金。截至2019年3月31日,发展基金的结余约3395万元。根据基金委员会的投资策略,发展基金投放于盈富基金的金额约为1498万元。至于基金的余款,约500万港元投放于人民币定期存款及500万港元投放于美元定期款,而其余的资金主要为港元定期存款约897万元。[1]

在宣传方面,基金委员会于2019年通过各区长者学苑联网向各区学校、公众及不同持股份者,以不同方式推广"长者学苑计划"。第一类是传媒、电子、通信媒体、联网,比如通过在长青网、长者学苑、学校及有关长者的网页内推广"长者学苑计划",并提供课程数据,分别通过劳工及福利局网页和长者学苑网页发布新闻稿;或者于各地区区报或其他报章刊登广告。此外,电视台及电台是理想的宣传平台,除有广泛的观众及听众外,还可让长者学苑的学员与小区人士分享学习成果,建立长者学苑形象,也可考虑专门为长者而设的节目安排访问。第二类是通过刊物进行宣传。通过定期制作课程小册子,派发区内服务单位,广泛向小区人士介绍长者学苑、提供课程数据及进行招募;与区内的屋苑及物业管理公司合作,在大厦及会所内张贴宣传海报及派发宣传单;在办学团体及社会福利机构、团体、家教会等的通讯刊物中介绍长者学苑;在区内、长者单位及学校悬挂横额,宣传长者学苑。第三类是开展宣传活动。可在长者学苑附近的屋邨或学校内设置街站,派发宣传纪念品,进行实时登记,主动于地区层面宣传;在学校界别举行的教育展览推广长者学苑;善用各主题现有的网络、活动为长者学苑进行推广;长者学苑亦可通过其举办的活动,例如,开放日及毕业典礼,向各方人士进行推

---

[1] 安老事务委员会:《长者学苑发展基金委员会2018—2019年度工作报告》,https://www.elderacademy.org.hk/sc/eadf/EADF_Committee_Work_Report_2018-2019.pdf。

广；学员对长者学苑的口碑可达到宣传的效果，由参加者向家人及朋友宣传，还可扩展参加者的来源。

在财务管理方面，获得拨款的单位必须细阅及遵从《拨款条件及推行计划须知》条款。长者学苑的拨款应直接用于与长者学苑有关的活动开支，长者学苑应根据《拨款条件及推行计划须知》内列明适用于开办课程、举办长幼共融课外活动及提供长者学苑管理委员会长者成员培训的拨款金额，并依据"专款专用"的原则使用拨款。负责人应留意运用款项的指引，并保留清晰的账目记录及所有活动开支的收据，以便日后撰写计划检讨报告及核数之用。[①] 在账目上，长者学苑应使用独立的记账模式，与学校或机构其他账目分开处理，以免造成财政混乱。协办长者学苑的办学团体与社会福利机构、团体、家教会等，应就财务管理上的安排制定协议书及使用拨款的有关财务守则，而办学团体与社福机构、团体、家教会等应定期举行会议，订定年度计划及财务预算，配合学校的校历制定举办课程和活动的日程、内容、所需场地、设施及财政预算等，并定时检视进度及检讨成效。为达致收支平衡及持续发展，长者学苑应逐步引入自负盈亏的理念；订定课程收费时应参考市场价格，并评估该区长者的负担能力，有需要时可适当地调整课程及活动收费，更有效地运用资源。

第四节　香港社区老年教育的课程与教学

吸收新知识有助长者更好地适应快速变化的社会，让长者的人力资源得以重新运用与开发，强大的社会支持和人脉网络与健康的生活质量有利于延长长者的寿命，也可以启迪长者体验生命的意义。除此之外，还可满足长者的其他需要，例如社交需要及自我实现需要等。长者教育不同于其他的教育，课程的设计、课堂的安排以及教师的教学都需要从长者的特性出发，考虑不同长者的特性、需求和可能的突发情况进行合

[①] 安老事务委员会：《长者学苑发展基金》，https://www.elderacademy.org.hk/sc/eadf/index.html。

理的设计,让长者能克服老化带来的问题,融入课堂中去,借助学习让自己的生命更丰富,更有意义。

一　香港社区老年教育的课程设置

(一) 课程的设计

课程设计应当注重长者的学习需要,根据长者的特性来设计课程,并且在不同的年龄段,长者的特性和长者学习中遇到的障碍也是不同的,这些因素都应当被考虑到课程设计中。

首先,课程设计时要注重长者的学习需要。一是适应老年人的需求,适应老年生活,让老年人妥善处理自己的日常所需,赶上现代社会急速发展的步伐及变化。二是满足老年人的表现需求,发展及培养老年人的嗜好、兴趣、娱乐,以陶冶性情和享受生活。三是适应老年人的贡献需求,通过贡献社会来提升老年人的自我价值。四是满足老年人的影响需求,让其提升自己的影响力,以期对自己的生命有更大的掌握,长者通过学习提升个人知识、技能和学历,以获得年轻一辈的尊重及敬佩。五是超越需求,使其得到生命的启发,并希望借助学习得到更丰富有趣的生命。[①]

其次,在不同生命阶段采取不同的学习方案。对于刚退休的长者(60—70岁)而言,比较适合学习如何从过往的生命形态中撤退、发掘新的兴趣、学习新的生活策略、发掘潜能,发挥所长。刚退休长者适合的课程主要为退休的转变、退休适应、精彩人生下半场、老年的生活规划、不同的兴趣班、学习班、有系统的文法课程、义工及领袖训练等。对于中老年长者(70—80岁),最好能使他们维持快乐的晚年生活、善用余暇、积极参与、保持健康。适合该年龄阶段的课程为正向心理学课程、愉快晚年课程、养生保健课程、增加自我效能感课程。对于更年长者(80岁或以上),学习目的主要是维持自主性,预防身体机能退化,以免影响生活水平。因此,其适切的课程为养生保健课程、痛症管理、优质

---

① 香港安老事务委员会:《长者学苑课程设计及运作模式》,https://www.elderacademy.org.hk/sc/pr/EAManualCHT2013.pdf。

睡眠、生命教育、人生回顾、正向心理学课程、愉快晚年课程、增加自我效能感课程等。

最后,长者在学习时可能会遇到不同类型的障碍,应针对障碍开展相应的课程。第一类是意向障碍,意向障碍主要表现为自信心偏低、缺乏家庭支持。因此,应在社区教育中多对长者进行赞赏、鼓励和奖励。老师的教学态度要宽松、适当,要有口头赞赏及不时给予奖励,也可通过举办毕业礼、学生作品展及高龄教育展等,传递高龄学习有助于长者的正面信息。第二类是处境障碍,处境障碍主要为身体残障、经济问题、缺乏时间等。有健康问题的长者可以选用函授、电台、电视授课;经济条件不好的长者可以享有津贴、奖学金等。第三类是机构和制度障碍,主要包括课程时间安排或课程缺乏弹性、课程设计或主题不吸引长者或缺乏价值、注册和报名程序繁复、地点偏僻或交通不便、环境设施忽略长者需求等。对于这类障碍,首先应当设置弹性的课程设计,其次上课时间提供较多选择,并可灵活地加入合适的课程内容,可以请专人设计课程或者请特别编辑来对教材进行编写。同时每个机构组织联网,简化程序,课程设计互相衔接,让长者学员可容易选择感兴趣的课程,在选择教学地点时要小心选址,并且在校舍内增设无障碍设施。[①] 第四类是信息障碍,信息障碍因素为缺乏课程和办学机构信息。这类问题可以通过加强宣传,或者通过义工接触长者,告知长者信息,也可以在长者中心张贴、派发宣传单。

(二)课程的内容

在课程内容的分类上,主要可分为医疗保健类,包括中医中药班、穴位推拿班、食物营养班、太极班、瑜伽班;生活技能类,包括投资理财班、家居及电器维修班、烹饪班、室内设计班、语文班、计算机班;心灵需求类,包括圣经班、佛理班、哲学班、生命教育班、心理学班等;休闲活动类,包括歌唱班、社交舞班、旅游班、园艺班、工艺班等;艺术欣赏类,包括绘画班、音乐班、诗词欣赏班、粤剧及造手班、书法班

[①] 香港安老事务委员会:《长者学苑课程设计及运作模式》,https://www.elderacademy.org.hk/sc/pr/EAManualCHT2013.pdf。

等。除以上的课程分类外，另有义工及领袖训练，由大专院校的长者学苑提供的商科、人文社会科学、科学及工程学系的科目，还有提供旁听生的大学本科科目。

在课堂安排上，课堂的模式呈现多元化的特点。例如可通过函授、电台课程、电视授课等，时间为1—1.5小时，应当安排部分课程在星期六、星期日上课，方便仍有工作及有家庭责任的长者。教学方向主要是"学、乐、为"，即提供学习机会，要学得快乐，并学有所为，例如绘画班可安排学员户外写生，看画展，令课堂更有趣味性。除多元化外，课程编排还应当提供吸引长者或具实用价值的课程，能让学员学以致用，如安排学员参与义工服务、再就业、研习、表演、展览等。更应当有弹性课程设计，办学机构可与长者学苑地区联网合作，为长者设计不同程度及具衔接性的课程，让因事须暂停学习的长者可随时继续学习。

在不同的课堂上需要不同的课程设施及器材，长者学苑大多会使用学校的礼堂或课室开办课程；另有些特别的班组会使用其他教室，比如计算机班需要计算机室、烹饪班需要家政室、舞蹈班需要舞蹈室、科学班需要实验室。在器材方面，长者学苑需要使用学校的现有设施，如烹饪器具、计算机或手提电脑、实物投射器、投影机、音响、CD机、扩音机、照相机、摄录机等。

二　香港社区老年教育的师资队伍建设

长者课程教师的积极性、创造性是保障长者学苑发展的根本动力，教师的能力也决定了长者学苑能否稳定和可持续发展。随着老年社区教育规模不断地增长，一支有责任心、有能力、素质优良的教育师资队伍是必不可少的。

（一）长者课程教师应具备的条件

第一，对所教科目有深入认识，懂得编写教材及订立明确的教学目标。长者课程教师的首次聘任，先要对该教师的专业素养有一个摸底，统一要求教师进行专业试讲，学校组织专业教师和相关教育专家进行评议，给出专家意见，以确认该教师是否符合老年教育教师基本要求，是否在教学的过程中能够确立明确的教学目标,选择合适的教学方法。① 入选教师必须有真才实学,具有较强的教学能力,能胜任长者的教学工作,让学员能真正学到知识和技能。

第二,了解长者的学习特性和需要,掌握教学技巧及课堂管理。教师应当热爱老年教育事业、关爱学员、爱岗敬业。有针对性地进行老年教育相关知识系统的学习培训,特别是要了解老年人心理和生理特点,才能有的放矢,进行有效的课堂管理,做好教学工作。

第三,教学能以人为本,认同长者教育的意义及功能。老年教育是一项利国利民的公益事业。它不仅是丰富老年人晚年生活、实现健康老龄化的主渠道,也是老年人享受终身教育的权利,是落实"老有所为"的重要途径,教师参与老年教育活动,要做到以人为本,热心对待教学,认同长者教育的功能和意义。

(二) 教师应注意长者学习的特性及教学方法

教师可以根据不同类型的长者采取不同的施教方式。针对思想和行为较为成熟、有智慧的长者,此类长者的特性是拥有较高学历及能力,退休后仍希望继续学习,修读一些具有挑战性的课程。由于学习多属个人选择,故学习动机较大,态度合作、专心、尊师重道,人生经验丰富,珍惜学习机会,不会无故缺课,喜欢被人赞赏,因此多赞赏长者可鼓励他们学习。教师可为其提供不同程度的课程,让长者可按照个人兴趣及能力作选择,例如书法班,除开设书法入门班外,亦可开设进阶班、高阶班等更高水平的课程,让长者可按其能力及兴趣选择合适的课程。根据长者认知和智力衰退的程度不同,长者的特性不同,应采取不同的教学方式。针对长者可能较难掌握内容复杂的课程,教师协助长者学习的教学方法,沟通要浅白易明,避免复杂信息,方便长者记忆,着重参与,辅以笔记。② 针对长者记忆力衰退,教师协助长者学习的教学方法,课堂不只是讲及听,亦应使用活动教学,比如加入分组讨论、游戏、比赛,

---

① 张钧伟:《老年大学教师队伍建设存在问题及解决对策》,《广东职业技术教育与研究》2019 年第 1 期。

② 香港安老事务委员会:《长者学苑课程设计及运作模式》,https://www.elderacademy.org.hk/sc/pr/EAManualCHT2013.pdf。

借此增强长者记忆,有需要时可安排户外上课,如写生、看展览等。针对生理变化及情绪变化比较大的长者,教师协助长者学习的教学方法,上课时可多关心长者的情绪及健康状况让课堂气氛轻松,让师生关系和谐。针对视觉和听觉老化的长者,教师协助长者学习的教学方法:因应长者感观衰退的情况,在学习情境方面作特别安排。

鉴于长者在熟悉的环境中智力表现会较佳,教师协助长者学习的教学方法,安排在长者熟悉的环境上课,联系长者已有的知识和经验,令他们较易掌握学习重点。由于长者社交活动不多或长时间处于社交隔离的状态,教师应完善协助长者学习的教学方法,鼓励团体学习、通过课堂编排,让长者可互相认识及交流。长者的记忆及认知能力也可经过训练和练习而有所改善,教师教学时重复展示重要的资讯,例如在每课完结前总结课堂重点,并于每课开始前重温上一课所学,以加深长者记忆;设计简短的问答游戏,用以重温课堂重点。然而,教学速度越快,学习效果可能越差。因此教师应该避免催促并给予充裕时间,让长者可以处理及记下较复杂的信息,鼓励长者按自己的进度学习,并因应长者学习进度调节教学速度。记忆动机很重要,有意义及实用的信息会令长者较容易记下。教师协助长者学习的教学方法:新知识与生活联系,可增强长者的学习能力,引发个人学习动机,鼓励长者学以致用。对于抱积极态度的长者,智力下降的速度会较慢,因此可由长者自行设计学习活动,比如鼓励长者组织第三龄大学,实践自发、自教、自学。

对于部分受心理因素影响的长者,每个人接触的环境不同、身体健康状况不同导致的心理问题是不同的。对于自尊心强、学习信心低、怕失败的长者,教师应有亲切的教学态度,鼓励朋辈间的互相合作,以协助长者完成学习,能增强长者的自信。对于因生理老化,怀疑自己的学习能力,缺乏信心的长者,教师应增加课程内容的趣味,减小压力,鼓励快乐学习。避免竞争性或精英制的比赛。在教学中,也要协助长者成功学习教学内容,在学习内容中,加入长者的个人选择或设计元素。

对于对前景不抱希望,无动力学习,害怕长线投资的长者,教师应该设置分期学习、安排较短期的课程,让长者较快看见学习成效。对于具有撤离心态、对未来的日子欠缺目标的长者,教师应该开展活动教学,增强课堂的趣味性。针对觉得学无所用，没有贡献的机会的长者，教师应设置与日常生活有关的学习内容，让长者把作品或制成品带回家与家人分享，教学时多强调内容的实用性。对于担心课程欠表现、影响评核或认可专业资格的长者，教师应该设置分阶段学习，制定明确目标，设立奖励机制。对新科目、科技、人物、地点感到忧虑的长者，教师应举办简介会或试验性质的课堂，多给予鼓励及赞赏，以试验性质安排长者免费上课，容许有兴趣者稍后再正式报读等。

三　香港社区老年教育的教学工作

香港劳工与社会福利局秉承"以人为本、社区照顾"的服务理念，积极寻求跨界别合作，主动连接社区资源，努力开发教育服务项目，其中以学校为平台开展的社区教育尤受长者欢迎，成为香港老年社区教育服务的新路径。长者学苑采取跨界别合作和跨代共融的模式运作，由学校及非政府机构合办不同教学程度的长者学苑，委员会将分发种子基金给各参与机构，机构则利用已有的资源和场地等，为长者提供学习课程，满足老年人上学读书的愿望。[1]

（一）长者学苑在中小学——以港岛区的两所长者学苑为例

"长者学苑"最早在中小学校进行，范围遍及港岛、九龙、新界，由于每所学苑的成立背景、经费资源，以及服务对象各有不同，因此各学苑均按其优势创设长者课程和活动。

1. 香港圣公会东区长者学苑

圣公会李福庆中学联同香港圣公会主诞堂长者邻舍中心合办香港圣公会东区长者学苑，致力为港岛东区长者拓展长幼互动的学习模式，促进长幼共融；期望向长者和中学同学推广终身学习的精神；协助长者达致老有所学、老有所为的精神，以维持长者的身心健康；并加强中学同学的公民意识，共建一个共融学习的小区。[2]

2008—2009 年度课程包括必修课程与选修课程。开心快活人健康课

---

[1]　张晓琴：《香港老年社区教育服务概观》，《中国成人教育》2014 年第 33 期。
[2]　《香港圣公会东区长者学苑》，https://www.lfh.edu.hk/elderacademy/index.htm。

程为必修课程，主要教导长者情绪管理方法及松弛运动，让长者建立身心健康的生活模式。对象为60岁或以上的长者，免学费，上课地点为香港圣公会主诞堂长者邻舍中心。活学活用计算机课程为选修课程，由中学同学教授长者如何操作计算机、使用互联网及处理数码相片，使长者能运用计算机取得信息，并能增加长者和中学同学之间的沟通及认识，达致长幼共融。其对象为60岁或以上长者，学费为120港币，上课地点为圣公会李福庆中学。左搓右搓陶泥工艺课程也是选修课程，主要教授陶泥工艺的基本知识及技巧，让长者设计及制作陶器，以提升长者对艺术之认知、兴趣及欣赏能力。对象为60岁或以上长者，学费为80港币。上课地点为圣公会李福庆中学。申请者须先报读必修课程，方可报读选修课程。如上课地点为圣公会李福庆中学，将安排旅游巴士，由香港圣公会主诞堂长者邻舍中心出发，往返圣公会李福庆中学及中心。

2. 卫理轩长者学苑

此长者学苑的宗旨是通过多元化的课程，倡导长者持续学习、让长者在增进知识之余，扩大社交圈子，保持身心健康，实践老有所为，活出丰盛人生；通过课程的交流，促进跨代共融的发展，实践长幼共融。[①]

该学苑的课程有几个重要的系列。一是运动健康系列，包括综合太极（由无极轩太会教授太极的步法及呼吸法）与咏春班（教授咏春拳术的基本步法及练习方法）；二是科技电脑系列，包括中文输入法（教授计算机九方输入法）、相片及音乐刻录工作坊（教授相片及音乐文件备份及刻录）、基础计算机应用课程（教授基本计算机应用原理、上网浏览器及网上游戏）与手机达人（分享如何使用手机输入中文字，讲解原理及示范、分享手机界面基本应用，如行事历、电话簿、闹钟等）；三是音乐艺术系列，包括琵琶中乐交流（与学生一同练习曲目，并于最后一节邀请学生及长者一同欣赏）、水墨画入门（教授水墨画，发展长者文艺气质）、小小手工艺（教授制作简单手工艺品）；四是长幼共融系列，包括长幼数码摄影家、长幼园艺种植课程、长幼农场生态游植课程、长幼乒乓乐、长幼棋艺交流日、长幼小区探访日等。

---

① 《卫理轩长者学院》，https：//www.methodist‐centre.com/decc/m&helderacademy/。

(二) 长者学苑在中小学——以九龙区的两所长者学苑为例

1. 圣若瑟长者学苑

圣若瑟长者学苑于 2009 年由圣若瑟英文中学和非政府机构路德会茜草湾长者中心注册，本着基督博爱精神，长者学苑为长者提供不同的支持服务，协助长者与快速变化的社会相接。学苑定时举办一些有特色的活动，丰富学员的经历；举办联网的特色长幼共融活动，既能提供全人发展机会给青年学生，亦能让一众长者将他们丰富和宝贵的生活经验，向下一代传承。通过区内的长者与青年更多接触的机会，加强彼此互动，达至耆青共融。① 圣若瑟长者学苑提供课程让长者可以学习新科技和新知识，与时并进；青年学生参与长者学苑的义务工作，协助长者的学习，借此与长者交流。

2. 青松长者学苑

青松中学与明爱观塘长者中心合办青松长者学苑，一方面希望通过本学苑提供的课程，让长者持续进修；另一方面希望让学生通过参与本学苑活动，增进与长者的沟通，促进跨代共融，令学生提升服务社群、关心小区、为小区服务的意识。本学苑得到学校的大力支持，学校提供完善的设备，良好的环境，让长者在舒适的环境下学习。② 青松长者学苑开设了相关课程，包括长者手机应用程序、上网课程、长者计算机及摄影课程、户外摄影、长者美容、营养标签知多少、参观 ThreeSixty 超市、长者学苑结业典礼。上课时间为一个半小时到两个小时。

(三) 长者学苑在中小学——以新界区的长者学苑为例

1. 长幼友馆长者学苑

长幼友馆长者学苑获长者学苑发展基金赞助，由陈南昌纪念中学与南葵涌服务中心合办，通过不同活动加强长幼对身体健康之认识，还促进长幼共融，共同寻觅过去香港地道文化和身边触动人心的抗战故事，强化已有人情味及心灵上的归属感。③ 主要开设西厨学英文课，这门课程

---

① 《圣若瑟长者学苑》，https：//www.sjacs.edu.hk/index.php/students/elder – academy/。
② 《青松长者学苑》，https：//ecec.ywca.org.hk/page.aspx? corpname = estudy&i = 827。
③ 《长幼友馆长者学苑》，https：//cnc.edu.hk/。

是陈南昌纪念中学继时装学英文后的另一个结合英语的计划。活动以学习和长者服务的青少年喜爱的西餐作切入点，以西餐之法式英语作为课程主题，由西厨学院外籍专业厨师亲授学生各种西餐的常用词汇和餐牌各项食物，并安排学生与长者共晋西餐，当中学生要成为长者吃西餐的协助者，从而成为西餐英语小老师。

2. 仁济医院林百欣中学长者学苑

长者学苑目的之一是加强长者与年青一代的沟通，达致长幼共融的目标。而学校希望同学通过长者学苑得以服务小区，尝试与长者沟通，扩大其社交圈子；同学通过实践计划，学习服务他人，学习服务社群，加强公民意识。仁济医院林百欣中学长者学苑位于处荃湾区，常与小区机构合作，同学从小区中受益不少。学校参与长者学苑计划，不但是学校回馈小区的好机会，而且学校可以通过课余时间，借出学校开办长者课程，达到善用小区资源，又能加强地区合作的目的。①

该长者学苑的课程包括长者健康全方位课程与手工艺课程。长者健康全方位课程是必修课程，让长者认识精神健康概念，介绍积极达观的态度去面对人生困境，如死亡。手工艺课程是教授制作不同种类的手工艺技巧，例如法国拼贴及手作花摆设，上课时间为从10月4日开始每周上一次，一次两小时。所有参与长者必须出席长者健康全方位的必修课程，选修课程可以两个选择一个。凡出席率达80%课程的长者，可获颁发课程证书一张。

3. 明爱粉岭陈震夏中学长者学苑

该学苑一直致力推动关爱文化，传递关爱信息，积极鼓励学生从生活中实践，深信师生的努力会得到广泛认同。该校连续多年荣获关爱校园荣誉，2008—2009年度荣获全港"卓越关爱校园"中学组大奖前三名。通过主办"传心传意传关爱"行动和长者学苑，推广义工计划，鼓励同学无私奉献，服务社群。近几年同学获得义工奖项的数目不断上升，多位同学因此得到学界奖项及奖学金，包括学界杰出义工奖、明日领袖奖、太子珠宝奖学金、十年树木奖学金等。为配合香港特区政府安老事务委

---

① 《仁济医院林百欣中学长者学苑》，https://www.ychlpyss.edu.hk/~lpy/。

员会的目标，积极推动小区发展，协助长者学习新事物和新技能，培养学生敬老及服务精神，此学校与香港小童群益会及蓬瀛仙馆祥华邻舍长者中心等社会服务机构合作，成立明爱粉岭陈震夏中学长者学苑，让区内长者能够通过学校设施，继续学习及进行多元化的有益身心活动。①

此校成立的长者学苑至今已有一周年，目的是让长者通过持续进修，建立健康和愉快的生活。长者能持续学习，掌握日新月异的知识，再次确立人生目标，从而建立健康及愉快的丰盛人生，而同学们亦可通过参与学苑活动，增进与长者沟通，培养他们的公民责任心及服务社会的意识，促进长幼共融课程包括必修与选修、长幼共融活动，如VR体验班、地壶球班、茶粿制作、马赛克相架制作班、微景植物、圣诞显关怀等。

4. 仁济医院陈耀星小学长者学苑

现代长者大多身体健壮，有魄力持续进修及担当义务工作，回馈社会。长者通过参与学苑的课程，学习掌握新事物、新知识、新技能。学苑为学员提供多种渠道，让长者学以致用、贡献社会，开启人生新一页。学苑的课程可加强长者与年青一代的沟通，扩大他们的社交圈子，促进跨代共融，长幼同心。宗旨是推广终身学习、维持身心健康、实践老有所为、促进长幼共融。② 仁济医院的课程主要有二胡班、粤曲班、电脑及编程班、书法班、串珠手工艺班、国画班、抗原疗法班、杨氏太极班。学员可报读一个课程，而每个课程出席率达八成者，将获颁发毕业证书，并可于下一期课程获优先报名，以资鼓励。同时报读二胡工尺及简谱班，其中一班作后备，开班前一星期尚有余额再通知取录。学生年龄在55岁或以上之长者都可报名参加。上课时间为每周一次，一次两小时。

（四）长者学苑在专上院校——以香港六所大学为例

长者学苑开始在中小学校进行。后来，由于长者们希望有机会参与更具学术性和更深入的学习课程，有"上大学读书"的期望，劳工及福利局及安老事务委员会遂将"长者学苑"的模式进一步推展至大专院校的层面。目前，香港岭南大学、香港大学、香港公开大学、香港城

---

① 《明爱粉岭陈震夏中学长者学苑》，https://cfs.edu.hk/。
② 《仁济医院陈耀星小学长者学苑》，https://www.ychcisps.edu.hk/elderly/。

市大学、香港理工大学、香港树仁大学和香港教育学院 7 所大专院校提供长者学苑课程。大专院校邀请退休教师和专业人士为长者授课，课程包括健康管理、人际关系、艺术文化和计算机等，并为长者提供学费资助。

1. 香港岭南大学长者学苑

长者学苑由岭南大学服务研习处及亚太老年学研究中心负责统筹及协调，联系岭南姐妹学校，成立"长者学苑在岭南"项目。主要角色是协调各校间的联系及需要时给予支持。"长者学苑在岭南"其中一员为岭大长者学苑。学苑通过大学的学习活动，让长者从参与中达致积极乐颐年，维持身心健康，充实退休生活。在大学活动中培训长者义工，成为健康大使及研究人员，或邀请加入岭大长者学苑常务委员会，建立健康和谐的小区，并策划长者学习活动，发挥老有所为的精神和实践长者学习长者办的理念。[①]

长者必须先申请成为长者学苑的学员，才能参与课程和活动。申请者必须为年满 55 岁的香港居民，无须申请费用，学员证的有效期为三年。学苑一年接受两次申请，日期分别为 7 月和 12 月。只有已登记的学员可报名参与旁听生计划、银发第三龄学以致用课程，以及其他 LIFE 岭大长者学苑课程所举办的活动。

旁听生课程主要是在大学课堂中，先由长者委员挑选出长者感兴趣的学科，由职员联络老师，并由老师拨出部分学位，让长者不论学历，按兴趣及个人语言能力参加计划，与大学生一起旁听老师上课；旁听生课程很受长者欢迎，每学期都需以抽签形式选出学员。[②] 由于岭南大学将服务研习融入本科生课程中，所以部分旁听生课程也设有服务研习计划。如果负责老师同意，长者可按着喜好参与相关服务研习计划，与大学生一起参与小区服务，应用课堂上所学。虽然长者在旁听生课程中不用做功课、测验及考试，但他们对服务研习计划很投入，并会与学生一同作

[①] 岭南大学长者学苑研究计划 2011—2012 计划介绍及教材册，https: // www. elderacademy. org. hk/sc/pr/EAResearchManual. pdf。

[②] 岭南大学网页，https: //life. ln. edu. hk/sc/programme/post/354/6062/。

汇报，甚至和大学同学一样，完成个人反思文章，交给老师评分。而其他课程方面，由长者委员按会员兴趣建议并作安排。曾举办的学习活动有计算机班、理财讲座、宋词导读、孙子兵法、导赏团及长者学习研究计划等，其中长者学习研究计划为长者学习课程中较特别的一个计划，参与长者不限学历经验，只要愿意参与及完成计划便可。每位已登记学员最多可获派两科，如课程以英语为主要授课语言，其课堂、阅读材料及讨论均为英语，学员须以流利英语完成课程。若课表上有科目标记"新"或"NEW"字眼，代表该科目为本年度新增至旁听生计划中；若科目内容、上课日期、时间、地点、名额及导师等因大学及老师情况而有所更改，将会另行通知学员；若在"名额"一栏，显示为"待定"或"To be confirmed（有待确认）"的课程，有关学系最终未能提供旁听生名额，学院会按学员所选科目的次序顺延至下一志愿。

银发第三龄学以致用课程。岭大 LIFE 长者学苑课程获长者学苑发展基金拨款赞助，举办银发第三龄学以致用课程。课程涵盖三大应用范畴，分别为现代健康新知与科技应用、中西文化与长青生活应用及哲学与长幼共融文化应用。课程配合现有的旁听生课程，提供更切合长者的兴趣，以及在生活中的应用所需，更能丰富及整合学习所得。银发第三龄学以致用课程学员出席率达到70%，可获学院颁发出席证书。每位已登记学员最多可申请四个课程（长者疾病认识与照顾技巧和"服务研习计划：体适展才能"上课时间重叠，只能报读其中一个课程）。每课程均定学额，如任何一个课程报名人数超逾所限学额，均须以抽签方式分配学额。若收生人数不足，学院有权取消有关课程，学院保留分配学额的最终决定权。课程有长者疾病认识与照顾技巧、中西名著导读——为人生定位、内经与五行之简易生活应用、细读辛亥革命——中国人的使命等，每周上一次课，上课次数为八次到九次不等，一次课时长为 2.5 小时到 3 小时。[1]

2. 香港公开大学长者学苑

由香港公开大学李嘉诚专业进修学院负责营运的长者学苑在劳工及

---

[1] 岭南大学网页，https：//life. ln. edu. hk/sc/programme/post/354/6062/。

福利局和安老事务委员会的支持下 2009 年成立，以响应香港特区政府提升长者生活质素的政策方向，为长者提供持续进修的机会、发扬积极乐颐年的精神和老有所为的理念。目标是长者能够学习所需知识与技能，以达致丰盛及充实其退休生活；鼓励长者通过学习与朋辈之间的交流，继续积极投入及回馈社会；鼓励长者通过学习与年轻学生之间的交流，促进长幼共融的气氛；鼓励长者发展学习的兴趣及发掘学习的能力；推广终身学习的理念。凡年满 55 岁或以上之香港居民，不论性别、学历及背景，均可报读。①

在课程方面，"长青活学计划课程"专为长者而设，切合长者日常生活和学习的需要，开办多门短期面授及网上学习科目，内容涵盖健康管理、个人理财、艺术与文化、人际关系、个人生活管理、计算机与信息科技、科学与科技和语文运用 8 大范畴。设有不同等级证书，以嘉许学员的学习成果。为让学员能愉快学习，课程不设任何测验或考试，评核按个别科目需要，以习作、个案研讨、实地考察、工作报告或书写报告等形式进行，并由科目导师给予意见及批核。为鼓励学员积极参与及持续进修，"长青活学计划"课程的学员累积指定积分，将获颁发证书，以兹表扬。② 旁听面授学分课程旨在鼓励长者与年轻学生一起学习，促进长幼共融。当中包括多门大学学位程度的学科，为期一学期，每年 1 月及 9 月开设。旁听面授学分课程修读期为一学期，费用为 450 港币，学习时数为 45—60 小时。旁听学分课程均不设任何评核、学分或积分计划。出席率达 70% 的旁听面授学分课程的学员，可申请有关科目的出席证明。同时设有旁听遥距学分课程，遥距教育又称远距教学，是指使用电视及因特网等传播媒体的教学模式，有别于传统需要往校舍安坐于课室的教学模式。使用这种教学模式的学生，通常是业余进修者。由于不需要到特定地点上课，因此可以随时随地上课。学生可通过电视广播、因特网、辅导专线、课研社、面授（函授）等多种不同渠道互助学习。每年 1 月和 9 月开设。一学期费用为 450 港币，一学年费用为 900 港币，学习时数

---

① 香港公开大学网页，https://www.ouhk.edu.hk/elderacademy。
② 香港公开大学网页，https://www.ouhk.edu.hk/elderacademy。

为 8—18 小时。

在成绩评核与交作业安排方面，学员须于修读学期内完成指定的作业，评分将以 100 分为满分，达 50 分或以上，可获 3 个积分。学员必须按照协办机构和导师指示，在限期前交作业。倘若需要延期交作业，应自行预先向有关协办机构和导师提出申请，经双方协议方可做出特别安排；逾期交作业的安排，将由协办机构自行处理。凡学员符合指定出席率，可多获 2 个积分，即共获 5 个积分。学员重复修读同一课程，学院将以该课程之第一次合格积分为成绩评核标准；如对成绩的评审结果有任何异议，可于成绩公布后 30 日内，以书面形式连同有关证明文件向学院提出复核。

3. 香港城市大学长者学苑

为响应劳工及福利局和安老事务委员会，令长者可以积极乐颐年、活出丰盛人生，香港城市大学于 2008 年在校内成立长者学苑。2019—2020 年，香港城市大学长者学苑已踏入十一周年。每一学期，城大开放本科生学科部分学额予以长者以旁听生身份修读。长者学员与本科生一起上课，出席课程及小组讨论，却不需要参加任何考核及评估，故此亦不计算任何学位或学分。在学期间，长者学员可享用大学图书馆及计算机设施；同时，每位长者学员均可参与"城大老友记"计划，由城大学生担任向导，让长者学员容易适应大学的生活。第二十四届长者学苑课程由城大 19 个学术单位提供超过 50 个本科生科目供长者修读。[1]

长者学员持有旁听生身份，并可享用大学教学设施。学员会获发学生证及电邮户口连同电子密码，以方便他们使用教学设施包括电子服务及与大学沟通；以下为长者学员享有的设施：图书馆服务、可借阅 10 本书籍，每次借阅期限为 30 天，可使用位于馆内信息坊及 Oval 之计算机终端机，可限量使用电子资源、电算服务中心，可进入电算服务中心及使用计算机终端机，可使用校内快速信息台，电子邮件服务、50GB 配额的电邮户口，可使用大学之电子网络系统"Portal"和"AIMS"以及电子学

---

[1] 香港城市大学网页，https://www.cityu.edu.hk/ce/elderacademy/。

习平台"Canvas"。①

4. 香港理工大学活龄学院

根据2012年联合国报告，香港将在2050年人口老龄化国家和地区名单上排名第四。随着婴儿潮一代开始退休，香港的人口结构即将发生重大变化。在不到20年的时间里，老年人的数量将激增至城市总人口的25%。因此，老龄化社会将面临更多与老年人相关的挑战，比如疾病、残疾和更大的依赖性。但是，它也带来了新的机遇，包括更多知识和智慧转让的潜力，以及来自常常被忽视但不断扩大的老年人力资本库的更多潜在消费者。由香港理工大学医疗及社会科学学院主办的积极乐颐年研究所，认为香港庞大而渐进的人口变化是一个极佳的机会，有助香港发展成为一个更有能力应付人口老化的需要和潜力的社会。香港理工大学是一所以应用为本的高等教育院校，多年来一直致力推行创新研究及实践活动，以造福社会。② 因此，大学通过"积极乐颐年"计划，积极推广乐颐年的理念，并通过科际整合、教育和实践，迎接老龄化社会带来的机遇和挑战。

活龄学苑充分利用香港理工大学不同学科的专业知识，在研究和发展方面建立跨学科、协同合作的关系，包括四个方面的研究重点：老年人的整体健康、优质的老年友善生活环境、设计与技术在老化实践中的综合应用、老龄化实践的创新模式。在教育及学术活动方面，为配合香港长者的各种需要，以及把香港建设成为一个长者友善社会，活龄学苑致力发展跨学科教育，培育具有全面认识的毕业生。活龄学苑的研发成果是知识和创新的主要和重要来源，可以影响香港老年人口的实践和服务。同时，赋予老年人权力，鼓励他们分享知识、见解和经验，视老年人为有价值的资产，社会的贡献者和消费者，就像其他年龄段的人一样。活龄学苑为老年人提供终身学习计划，并计划成立一个老年人协会。活龄学苑已建立广泛的网络，成员包括本地非政府机构、政府机构、商界、业界、大学以及国际合作伙伴，就研究和发展、项目、研讨会和会议、

---

① 香港城市大学网页，https：//www.cityu.edu.hk/ce/elderacademy/。
② 香港理工大学网页，https：//iaa.fhss.polyu.edu.hk/。

学术课程以及为长者而设的终身学习课程等范畴进行合作，以发挥协同效应，推动积极乐颐年，活动项目有旅游、展览、研讨会、讲座、比赛等。①

5. 香港树仁大学长者学苑

香港树仁大学 2020 年度长者学苑课程继续提倡长者追求终身学习，使长者能有充实而又多元化的健康生活。学员每科出席率须达致 70% 或以上，方可获证书。申请人必须为年满 55 岁或以上的退休人士且具备中学程度或达到相等或以上的学历水平，该课程不会要求申请人出示有效学历证明，但学历水平未达要求者可能会跟不上课程的内容。② 该长者学苑的课程编排为期十周，内容设计着重长者的实际生活需要和兴趣，更提供长者与大学生一起在校园中学习、构思和创作的机会。这些课程均为每周一堂课，一堂课两个小时，共十个小时。香港树仁大学提供部分科目学额予长者以旁听生修读，与校内学生一起上课学习。③

6. 香港教育大学长者学苑

香港教育大学长者学苑旨在提供多元化的课程以供长者有更多的学习机会。香港教育大学是香港主要提供师资培训教学研究和发展的院校，不单为年轻老师提供职前培训，也为在职老师及成年学生（包括长者）提供教学及培训。就长者学苑而言，香港教育学院致力于促进公众对长者教与学的讨论，提升公共意识，对长者教与学的研究和发展。香港教育大学长者学苑不单为长者提供传统的学习机会，还提供长者教与学的专题讨论会、为执教长者课程的导师提供专业教师培训、鼓励长者持续学习及倡导长者教育的研究工作。香港教育大学终身学习研究与发展中心将会为长者学苑计划提供部分的课程，而其他课程将会由学校各部门按需要开办。④

香港教育大学长者学苑的长者教育培训课程主要是为一些香港长者课程导师及工作者提供专业教师培训。研究发展项目主要由教大及外界

---

① 香港理工大学网页，https：//iaa.fhss.polyu.edu.hk/。
② 香港树人大学网页，https：//www.hksyu.edu/elder_academy/。
③ 香港树人大学网页，https：//www.hksyu.edu/elder_academy/。
④ 香港树人大学网页，https：//www.hksyu.edu/elder_academy/。

提供基金资助,成立长者教与学的研究及发展项目。公共教育课程旨在提升公共意识,加强教大及其周边小区对长者教与学事务的认知。衔接课程通过跨部门的携手协作,令长者有机会就读大专院校的常规课程。专门课程:特别为长者而设的专门课程,其他人士亦可报读。师资教育培训课程通过教大专业教育教师发展课程,使学生有机会提升对长者教育的理解与认识,增强他们服务年长人士的技能。在投入课程中长者有机会参与以至促进教大学术文化交流的多样性。[①] 香港教育大学长者学苑旁听生课程获得由安老事务委员会辖下的长者学苑发展基金拨款,以奖学金的形式资助长者旁听生课程的部分学费,鼓励他们终身学习,活到老学到老。

(五)长者学苑联网

1. 新界西长者学苑联网

为鼓励长者终身学习,促进跨代共融的精神,劳工及福利局以及安老事务委员会于 2007 年推行长者学苑计划,并于 2011 年 9 月以屯门区为试点正式成立新界西长者学苑联网,统筹新界西区内长者学苑的运作及课程发展,从而发展并验证出一种可行的长者学苑发展模式,推广至全港。2013 年 11 月 16 日成立联网办事处,加入联网之长者学苑更由 2011 年成立时的 10 间增加至现在的 68 间,联网发展稳步前进。[②] 为了使长者可以发挥积极乐颐年的精神,令长者可以老有所学,联网设立学历晋升阶梯及学分互认机制,开办信息科技、健康教育及艺术教育学历晋阶课程。长者可到中、小学甚至大学上课,体验不同的学习生活,满足持续进修的需要,深化学习成果及有效地共享资源。

此外,联网为长者提供多元化的学习活动,如参观、讲座、研习营、陆运会、年宵义卖等,让长者们的学习经历及个人社交方面更为丰富。新界西长者学苑联网的成立为长者们建立了一个汇聚知识的宝库,更为联网长者学苑提供了一个资源互享及交流心得的平台。新界西长者学苑联网提供了详尽的课程活动信息、刊物、相片集和参考资料,除可以了

---

① 香港教育大学网页,https://www.ied.edu.hk/elderacademy/。
② 新界西长者学苑联网,http://www.ntweac.edu.hk/。

解新界西长者学苑联网的职能和工作成果,构建资源互享及交流心得的平台外,大家也能够分享长者终身学习、融入社群的喜悦。[1]

为检视联网过往的职能运作成效,同时了解现阶段的效能及探索未来发展方向,在安老事务委员会委员苏陈伟香女士赞助下,新界西长者学苑联网于2016年6月委托香港公开大学李嘉诚专业进修学院进行联网效能评估,并根据结果编制评估报告。[2] 联网效能评估以问卷方式,全面收集新界西长者学苑的学员、导师及学苑成员对联网的理念和效能的意见,务求全面有效地反映联网职能实效,也收集对联网之晋阶课程、学分互认机制、联网活动、行政、支持及沟通等意见。联网效能评估报告结果显示新界西长者学苑联网成立至今,已充分履行所确立的三大职能,反映联网运作具有职能实效。首先,联网能有效统筹联系新界西区内的43所长者学苑,建立沟通交流平台,达致资源共享。其次,联网建立学分互认机制,统一学科成绩记录,让长者更有方向和系统地学习,从而达致终身学习的最终目标。最后,联网因资源设立晋阶课程,为有志深造的长者提供深而广的进修机会。[3]

2. 港岛区长者学苑联网

(1) 概况。

继早前于新界西成立新界西长者学苑联网的经验,2014年安老事务委员会长者学苑发展基金资助成立港岛区长者学苑联网及九龙区长者学苑联网,希望能够在长者学苑之间发挥协同效应。后为配合长者学苑的整体发展及两个新联网(新界东及九龙东)的成立,2015年9月九龙区长者学苑联网改名为九龙西长者学苑联网,以更好地支持区内各间长者学苑,协助长者学苑更有效地运作,长者亦能够以更便捷的方式获取学苑信息;联网的理念是相信长者与年轻人是彼此的学习对象和教育对象,通过相互接触,加强世代之间的沟通,达致耆青共融。[4] 联网希望与各长者学苑共同合作,构建长者学苑联网作为平台,让一众退休人

---

[1] 新界西长者学苑联网,http://www.ntweac.edu.hk/。
[2] 新界西长者学苑联网,http://www.ntweac.edu.hk/。
[3] 新界西长者学苑联网,http://www.ntweac.edu.hk/。
[4] 港岛区长者学苑联网,https://hkieac.edu.hk/。

士继续为社会做贡献；让他们丰富和宝贵的生活经验，能够通过联网向下一代传承；也希望联网既是长者老有所为的平台，亦是经验传承，薪火相传的平台。

（2）联网服务项目。

港岛区长者学苑联网是一项支持长者学苑发展的服务。根据不同地区长者学苑的需要，该联网推出以下特色服务项目：一是导师资源共享。联网拥有一个成熟的导师人才库，可向各团体及机构转介各类班组导师。联网可以为网内各间长者学苑转介各类型班组活动导师，丰富现有的长者学苑课程；除此之外，联网亦有完善的导师培训系统，协助有兴趣的学员由学习者成为导师，彰显老有所为的精神。二是长者发展阶梯——学而优则教。长者学，长者教，是联网建立的基石之一。联网的导师培训系统会定期为联网内的学苑举办培训课程，邀请有兴趣从事教学工作的长者参与；完成培训课程后将会转介到联网内的长者学苑，向同辈授课，或按长者的个人意愿转介至其他机构或团体进行服务。三是长幼共融，教学相长。联网建立的另一基石是长幼共融的理念，达致青年与长者间的教学相长。联网相信通过长者与青年人之间的接触，能够增加彼此的认识。因此，联网会协助区内的长者学苑举办适合长者与青年人参与的活动（长幼共融活动），既可促进彼此了解，长者亦可将丰富的生活经验传承，做到薪火相传，耆青共融。另外，青年人通过参与联网活动，能够从中培养领袖素质，为将来踏足社会打下良好基础。四是联网活动交流。联网亦会定期举办特色讲座、特色课程及大型活动，让各学苑及各学员可以在不同场合进行互动交流，发挥协同效应。亦能按实际情况，实地到长者学苑中协办各类型活动，以支持长者学苑的日常运作。五是网上资源共享。该联网有专属网页，能够协助宣传各长者学苑课程，令宣传效果更佳；该联网亦希望推动联网内各成员团体间之会员优惠/福利互通，令长者们有更多的便利，未来也会建立长者学苑的教材数据库供导师参考，提升教与学的质素。

（六）长者数码科技教育教学

科技改变生活，科技让我们的生活方式变得更舒适，促进社会进步，社会生产力、社会经济和社会生活结构的重大变化，给我们人类的衣食住行都带来了改变。但是对于老年人而言，年龄越大，视听及认知能力越来越衰退，社会交往、工作活动逐渐减少，接受新事物的能力越来越弱，科技对他们而言更是陌生，长此以往，长者会越来越与时代脱轨，与年轻人的代沟越来越大。针对这一问题，香港专门开展了长者数码科技计划，并建立网站，对长者进行通信、数码、科技方面的教育教学。具体而言，主要包括以下几方面内容：

1. 乐龄 IT 易学站

乐龄 IT 易学站由政府资讯科技总监办公室（资科办）建立，旨在为长者提供一站式的网上学习资源，让他们轻松学习数码科技。平台也会发放专为长者而设的信息科技培训课程的信息。[①] 网上课程包含漫游数码世界、智能手机装置操作、保护流动装置、网上购物、智能保健、康乐文化一站通、网络安全等。除乐龄 IT 易学站外，资科办已将长者数码外展计划恒常化，同时推出全新的长者进阶数码培训计划，在不同层面推动长者数码共融，既让长者享受到运用信息及通讯科技所带来的好处，也有助于他们加强与小区的联系，提升自信，从而安享愉快和丰盛的晚年。这是一个免费的网上学习平台，使用网上课程亦不需要预先登记。网上课程的内容由政府资讯科技总监办公室与 11 间参与"长者进阶数码培训计划"的长者学苑负责提供，在制作内容的过程中向其他机构寻求意见。

2. 长者进阶数码培训计划

为协助长者了解数码化社会的最新发展，政府资讯科技总监办公室推出新的长者进阶数码培训计划，为长者提供进阶培训，提升他们在日常生活中应用数码科技的能力，同时鼓励参与的长者将学到的知识传授予其他长者，并且学生亦可参与义务工作，例如担当进阶数码培训课程助教，借此与长者交流数码生活经验，促进长幼共融。政府资讯科技总监办公室 2018 年 8 月至 10 月邀请长者学苑提交申请，已选出 11 个项目，获选项目由 2019 年 2 月开始推行，为期两年。该培训计划的目标对象为 60 岁或以上具备基本资讯及通讯科技知识的长者，将会对每间获资助长

---

① 乐龄 IT 易学网网页，https：//www.it2.gov.hk/。

者学苑提供不同类别的资讯及通讯科技课程，内容涵盖电子政府与智能医疗、与智慧生活相关的电子服务以及资讯及通讯科技。①

3. 长者数码外展计划

鉴于以往的数码外展计划成效理想，政府资讯科技总监办公室自2018—2019年度起将长者数码外展计划恒常化。为了让参与计划的非谋利机构在策划外展活动时更具弹性，以训练更多长者（包括患有认知障碍症的长者）具备使用信息及通讯科技的能力，把2018—2019年度的外展计划由先前的12个月延长至24个月。其目标对象主要为院舍长者、隐蔽长者、接受日间护理中心和家居护理服务的长者，以及患有认知障碍症的长者。

第五节 香港社区老年教育的主要成效和存在问题

近年来，为了进一步发展和完善社区教育，香港做了很大努力并取得了一定的成效。经过多年的探索和实践，香港社区老年教育无论是运作机制、服务方式还是管理模式已经比较成熟。但是，随着社会的发展，居民对社区教育的需求和期望也越来越高。② 社区老年教育在教育与社会各部门的合作、教育评估与评价、教师队伍的培养、管理机制、宣传推广、教育立法以及老年社区教育的理论研究方面都存在一些问题，仍需要继续发展改进。

一 香港社区老年教育的主要成效

（一）跨界别合作推动社区老年教育的发展

香港特区政府和一些社会福利机构、各类学校、社会团体进行跨界别的合作，力图为长者提供更加完善的社区教育服务。劳工及福利局和安老事务委员会负责制定全面的安老政策，统筹各项安老服务的策划和

---

① 长者进阶数码培训计划，https://www.ogcio.gov.hk/sc/our_work/community/ict_programmes_for_elderly/2018-19-training/。

② 张欣：《香港、澳门社区教育发展的新趋势》，《职教通讯》2016年第22期。

发展工作，以及监察有关政策和计划的落实执行；社会团体机构、一些福利机构还有学校合作开办长者学苑或者举行老年活动，为长者学员提供上课的场地及学习的资源，让每一位长者尽可能地参加到社区老年教育中。政府还设立专门的拨款机构来确保社区老年教育的实施，为老年人社会化提供基本条件。

社会各界都积极动员起来鼓励长者乐观面对生活，努力学习知识，跟上时代的步伐，做到老有所为。香港老年教育的课程模式越来越丰富，内容越来越有吸引力，还形成了多元化的网络课程。跨界别合作的力量推动了香港社区老年教育的发展，香港社区老年教育体系越来越完善，课程越来越丰富和多样化，老年社区教育的覆盖面也越来越广，受益的长者越来越多。

(二) 以中小学和专上院校为依托，扩大长者入学率

香港社区老年教育的场所并非单独开设老年教育学校，而是以各个中小学和专上院校为依托，节约了开设学校的成本，避免了很多人力物力的浪费。长者们身体状况并不适宜舟车劳顿地去学校上课，以中小学和专上院校为依托可以让长者根据自己的需求就近入学，长者入学率也会因此而增大。以中小学和专上院校为依托办学可以最大化地利用学校的资源，并且促进了长者与年轻人的交往，促进跨代共融。

(三) 开设多元课程与活动使长者老有所为

香港社区老年教育的课程非常丰富多样，不仅有室内的课程还有许多课外实践活动，室内的课程既有老年人感兴趣的风水问题，也有对老年人身心健康有益处的健康课程，还有一些培养老年人的艺术情操的课程，比如书法课、美术鉴赏课等。对于有更高学习需求的长者，可以加入专上院校的一些旁听生课程，与本科生一起学习。室外的课程有摄影课、义工活动、演唱比赛等，这些活动让老年人能够表达自我，能够将自己的所学有所运用，能够通过义工活动将自己的知识更好地回馈给社会，能够真正地融入这个不断变化的社会。

科技让我们的生活越来越便利，越来越舒适，科技也不断改变着社会结构。但是对于长者来说这并不是一个好的变化，随着年龄不断地增长，长者的认知能力、学习新事物的能力越来越弱，沟通能力也有所下

降，与社会逐渐脱节。信息化的社会，变化日新月异，信息通信技术是必不可少的，香港特区政府资讯科技总监办公室开设了一系列的长者数码培训课程，协助长者认识信息化时代的最新变化。香港社区老年教育中多元的课程丰富了长者的老年生活，让长者不仅能快乐度颐年，而且老有所为。

二 香港社区老年教育中存在的问题

（一）长者自身的问题

1. 长者的学历和接受程度各有不同

由于长者有着不同的背景、学历、经验、视野，学历由小学至大学或以上不等，各方面的不同导致长者在理解及学习上，有着不同的情况，有的长者理解能力较强，学习进度较快，而有的长者则刚好相反，各个长者学习进度的不同，会给老师的教学带来一些困难。有些没有什么文化基础的长者学生学习的难度更大，老师在教学时的困难亦会增加。长者的人生经验较年轻人相比更加丰富，因此他们在学习的过程中比较习惯以经验作判断，不能更加科学理性地面对学习中的问题，且每个长者有着不同的性格和习惯，在与组员或同学合作的过程中及活动讨论期间，可能会不给予意见，或过于坚持己见，不能很好地参与学习讨论，影响学习效果。

2. 长者学习效果不佳

有些长者因为身体状态不佳在学习途中可能会离开，长者的学习进度会因此而落后；有些长者在参加教育活动时可能会遇到一些障碍，比如不愿意参加、经济条件不允许、身体状况不允许，也有外界因素，比如家里人不支持、需要照顾孙辈没有时间等。这些长者自身存在的问题都会影响到长者学习的效果，进而影响到香港社区老年教育的发展。长者学苑在规划课程时应将此类问题考虑进去，采取一些必要的措施，尽量地兼顾到每个长者，让每个长者学员都能学到知识，以促进长者更好地发展，以此促进香港社区老年教育的发展。

（二）教师队伍的问题

1. 教师的水平参差不齐

教师水平各不相同，技能各有差异。有的教师只擅长某一方面的知识，对教育学、心理学知之甚少；有的教师并不熟悉老年人的心理发展的特性和差异，不能很好地有针对性地进行教学；有的教师无私奉献，愿意奉献自己，而有的教师只看重付出与经济回报的比例，[①] 教师水平良莠不齐也难以保证社区老年教育的教学质量。

2. 教师流动性较大，管理困难

老年教育的教师没有确定编制，教师就很难像学历教育学校一样有归属感，难以很快融入集体。教师与学校是真正的双向聘任，你选择我，我也可以根据个人感觉选择学校，所以教师中途因故辞职时有发生，教师流动性很大；此外，由于学校办公条件较差，备课等前期工作一般均在家中完成，提前一些时间到学校上课，教师缺少一种归属感。老年教育教学工作形式不同于单一的教学活动，涉及生活、保健、健体、艺术及社会上新兴的一些项目等多种形式，属于非正规教育，大量的课程每周只有两小时，虽有教室，却是共同使用，工作人员管理有难度。还有在教学过程中，教师需针对老年身心规律特点，更多结合老年人的生活喜好组织教育活动，还要注意在两个小时活动中，创造性地处理各种问题，施教对象复杂，教学效果评价很难达成共识，也给管理带来了一定的难度。

3. 教师付出大，回报少

教师面对老年人，不仅在教学上要因材施教，要求得当，还要注意给予老年人细致的个别辅导和照顾，这就要求教师首先要做到尊敬老人，有一定的心理辅导能力，才能有相对愉快的教学过程。同时，学校虽然尽力聘请了社会上最好的教师，但由于种种原因，待遇较低，从事这项工作的人必然是付出的多，得到的少，没有一定的奉献精神难以做好工作、教好学生。专业教师，要让其充分了解老年教育的性质、学员的基本情况和教学的基本特点等，认识到老年学生虽然专业知识基础差、反应慢、好遗忘，但这不是他们的过错，这是时间的轨迹，人老了反应慢、好遗忘也是自然规律。由于学校上课时间不一、教师办公地点分散，不

---

① 孙建新：《老年大学师资队伍现状与管理对策研究》，《吉林省教育学院学报》2017年第6期。

能让教师有相对集中的时间来进行交流和研讨,因此也难以确定培训的目标和规划。

香港社区老年教育应当充分保障教师的权益,首先,为了确保教师队伍的高水平,应当建立起严格的教师招聘制度,需选择不仅有教育技能且懂得教育学、心理学的教师,或者对目前已经在职的教师进行培训,使之素质得到全方位的提升。其次,给老年教育的教师安排舒适的办公场所,让他们可以有地方进行交流和研讨;还要提高教师的薪酬,薪水有了提升,教师才愿意继续坚持下去,才能减少教师的流动性。

(三)管理机制不健全,资源利用未达最大化

政府部门和一些机构团体协同合作不到位,各个部门的责任没有落实到位。拨款资金过程复杂,效率不高,甚至政府财政的投入不够支撑老年教育机构的经费需要。政府部门有一些资金监管制度不健全,存在资金运用不合理的问题。老年教育机构的设置不够合理,专职人员较少,不能合理有效地开展活动,活动场地有限,导致所容纳的学员数目太少,不能满足所有长者学习的愿望。老年社区教育由不同团体共同管理,在教学和开设课程类型方面可能会有不同见解,且每间长者学苑都是由不同的团体机构成立的,无法形成统一的体系。香港社区老年教育尚未成立教育监管机制,也没有成立教育管理委员会。社区老年教育活动逐渐增多,参与的长者也逐渐增多,但是还没有形成系统的、全局性的管理章程和监管机制。[①] 各个部门在中小学,尤其是专上院校的图书馆资源和网上的学习资源非常丰富,但是没有做到物尽其用。因此学校图书馆可以开放更多资源供长者使用,使资源利用最大化,让更多的人受益。财政部门和管理部门应当承担起相应的责任,合理规划足够的拨款资金,且努力实现资金利用最大化、最优化。活动场地也应当根据需要扩展,以容纳更多的学生。中小学及专上院校的图书及网上资源应尽量开放,让更多的人能够利用。

---

① 何李杏:《社区老年教育的现状与问题探究——以湛江社区大学为例》,《区域治理》2019年第32期。

（四）没有充分发挥线上教育的优势，宣传推广力度不够

随着时代的不断发展，网络信息技术越来越发达，线上教育也越来越受人们青睐，这对不便行动的长者来说是一个福音。长者可以不用出门，在家中进行学习，但是目前线上教学还没有充分发挥优势，使用度还不够广，长者的网络技能有限，社区教育对长者的网络教育培训仍存在缺陷。人口老龄化形势越发严峻，为急剧增长的老年人群提供所需的优质教育资源，已然成为政府和社会服务的主要任务。老年教育的发展和推进程度直接决定老龄化人口的生活质量和综合素质，因此现阶段应当大力宣传推广老年教育，引起人们的重视，让大家意识到老年教育的重要性和迫切性。但是，显然目前推广宣传的力度是远远不够的，有很多长者还没有参与老年社区教育。未来可以更多地发挥线上教育的优势，开发更丰富的线上教学内容，让因特殊原因不能出门的长者在家中也可以学习。除此之外，还要大力地宣传推广，让更多的长者了解老年教育，参与老年教育中。

（五）政府缺乏立法，学术界缺乏理论研究

老年教育是终身教育的最后环节，随着人口老龄化形势的发展，老年教育在终身教育链条中的重要地位日益凸显。如何从顶层设计着手，科学构建老年教育立法体系框架，加快地方立法进程，提升规范性文件层次，使社区老年教育成为实现积极老龄化、智慧老龄化的一种有效途径。[1] 香港直至20世纪前并没有重点关切长者教育的需要，更没有制定法律成立长者大学，推行长者教育。事实上，香港在成立长者大学及推行长者教育各方面的资源并不短缺，只是未有明确的立法来支持配合。老年教育的法律法规是应对老龄化社会的顶层设计和行动指南，是实现积极老龄化的前提和保障，加快地方立法进程，提高立法质量有助于加快社区老年教育的发展。

老年教育相对于教育学其他分支学科所占的比例非常小，目前研究力量薄弱，成果不够丰富，制约了社区老年教育资源建设和社区老年教

---

[1] 张竹英：《国内老年教育的规范性文件分析与立法建议》，《福建广播电视大学学报》2016年第5期。

育的开展,从而影响到老年教育的人才培养。[①] 从研究作者来看,老年教育研究的作者群体庞大,分散在各个高校单位和老年教育研究机构。但是单个作者的产量不高,缺少具有影响力的代表者,并且作者之间缺少合作,尚未形成具有影响力的研究团队和具有高品质的研究成果,且目前并没有专门研究老年教育的专业期刊或者栏目。从研究机构来看,目前老年教育的研究机构遍布全国,但大多数机构来源于高校,来自基层单位的较少。同时,理论研究者与基层实践工作者的合作成果较少,存在理论研究与实践研究脱节的现象。高校学者的教育理念难以传达到基层,不能及时对教育实践发挥指导作用,老年教育实践问题也难以反馈到高校。[②]

[①] 张蕊鑫、马乐:《社区老年教育学习资源建设问题与对策研究》,《成都工业学院学报》2019 年第 3 期。

[②] 孙立新、叶长胜:《我国老年教育研究的主题透视与展望——基于 CNKI 与 CiteSpace 的可视化分析》,《终身教育研究》2020 年第 2 期。

第 四 章

澳门社区老年教育研究

第一节　澳门社区老年教育概况

一　澳门特区老年人口现状

（一）澳门特区人口老龄化演变趋势

澳门特区作为一个移民城市，人口老龄化既受到自然生育因素的影响，也受到外来人口迁入的巨大影响，这使澳门特区的人口老龄化趋势变得更加复杂。根据划分人口年龄构成的4个国际指标综合分析，20世纪60年代澳门特区人口属于年轻型向成年型过渡；20世纪70年代澳门特区人口日趋老化，人口结构已属于成年型向老年型过渡；20世纪80年代澳门特区出生人口明显增加，大量青壮年迁入澳门特区，使澳门特区人口老化趋势有所减缓；但进入20世纪90年代以来，澳门特区老龄化趋势严重，跨入名副其实的人口老年型行列。[1] 据2016年澳门特区统计暨普查局发布的数据，澳门特区总人口数为65.1万人，65岁及以上的老年人口约为6万人，占总人口数的9.2%，老化指数为76.3%，老年人口依赖指数为13.5%。2016年的人口老化程度较2011年的7.2%与2001年的7.3%相比，增长了约2%，这表明澳门特区近几年老年人口比例在不断增加，人口老化的速度在持续上升。[2] 依此数据推断，到2031年，澳门

---

[1] 褚可邑：《港、澳、台地区人口老龄化的现状与未来趋势》，《深圳大学学报》（人文社会科学版）2002年第4期。

[2] 澳门特区统计暨普查局．人口数据资料库，https：//www.dsec.gov.mo/CensosWebDB/#！/information/0/1？lang=cn。

特区总人口数82.9万人，其中65岁及以上老年人占总人口数的比例将达到19%，老化指数将高达156%，老年人口依赖指数会达到28%。且澳门特区人口的预测数据显示，澳门特区年满65岁长者人口的比例将由2014年占总人口的8.4%、2016年的9.2%，增加至2036年的20.7%，也就是说，届时澳门特区5名市民当中便有一位是长者。由此可见，澳门特区在未来20年里，将会面临人口快速老龄化的社会现象。

（二）澳门特区人口老龄化的特征与挑战

上述数据显示，当前澳门特区社会已步入老龄化阶段，但澳门特区老龄化的发展并不是直线上升的，澳门特区人口老龄化发展态势呈现出渐进性与波动性的特征。澳门特区人口老龄化是一个连续的慢变量，它是随着人口波动性增长与减缓而发生变化的。澳门特区人口增长的过程随着人口迁移的变化，呈现出很不均衡的变化，保持了一种"降升降升"的节奏。由此，澳门特区老年人口随着总人口的波动也有着正常或反常的波幅。以20世纪中后期的老龄人口为例，澳门特区老年人口比重经历了两个波动周期，分别在1960年和1980年达到谷顶，1960年60岁以上人口的比重为8.25%，与1950年相比提高了3.37个百分点，平均每年增加0.337个百分点，然后在1970年跌到谷底，60岁以上人口的比重降低到7.26%，完成第一个波动周期。第二个波动周期始自1970年，谷峰在1980年出现，比重高达11.46%，超过国际10%的老龄化标准，随后回落，1990年降至9.6%，完成第二个波动周期。从这两次波动周期看，每个周期都用了20年时间，波幅分别为3.337和4.2。[1] 这是澳门特区历史上随着经济社会以及人口结构变化的影响而引起的反常波动，在正式人口老龄化的社会进程中，虽然老龄化程度是一个渐进的慢过程，但其波动性不容忽视。

澳门特区人口老龄化程度的渐进性及波动性的特征，对澳门特区整个经济社会发展带来巨大挑战。一方面，特区社会与政府在安老服务上承担着更多的压力与责任，医疗护理需要大规模增加，长者的社会服务需求会迅速扩大，澳门特区博彩业的单一性与长期稳定发展的可持续性

---

[1] 徐永胜：《澳门特区人口老龄化的波动性》，《南方人口》1998年第3期。

受到质疑,社会经济负担将明显加重;另一方面,家庭照顾和护理的压力增大,青年需要花费更多时间与精力在抚老安老上,长者个人的适应问题也更加突出。除此之外,老龄化社会的发展,还带来了人口结构变形与劳动力短缺、失智人群增多、老年抑郁等一系列社会问题,将进一步抑制澳门特区经济发展。经济上的收入减少和安老支出增加的矛盾,以及社会上青年赡养与老年善终的矛盾,引发了澳门特区对养老政策和长者教育的全面检讨和反思,社区老年教育在此基础上得以萌芽与发展。

二 澳门特区社区老年教育发展历程

随着老龄化社会的到来,传统的居家养老方式受到挑战,社区服务与长者人群交往活动越来越盛行且实效度越来越高,社区老年教育应运而生,这对全方位提高老年人的生活质量与身心健康具有十分重要的作用。社区老年教育是以社区为特定场域,以老年人为服务对象,所开展的教育、培训、交流和有组织学习活动的综合教育方式。各种保障措施是提高老年人生活质量的外在因素,提高老年人自身素质则是提高生活质量的内在因素,社区的长者教育机构能解决老年人老有所学、人际交往的需求。[1] 澳门特区政府与各类社团通过鼓励长者返回初等教育或高等教育课堂,学习各类课程,从而掌握提高生活质量的知识与技能,有效减少高龄者由于身体与劳动能力的减弱而带来的负面情绪。在澳门特区社区长者教育类属于成人持续教育范畴,随着时代的发展,澳门特区社区老年教育跟随着澳门特区安老服务政策的步伐前进。自1999年澳门特区回归以来,澳门特区社区老年教育发展历程大致可以分为以下两个阶段。

(一)有的放矢的萌芽阶段

20世纪90年代到21世纪初,特区政府对长者安老服务的介入增加,推动着社区支援服务发展。澳门特区政府将老年人群体纳入施政纲领的重要保障群体,积极推动安老服务的发展。政府聘请专业机构研究澳门

---

[1] 林韵薇、吕树庭等:《澳门特区理工学院长者书院与澳门特区社会老年人生活质量的比较》,《体育学刊》2011年第2期。

特区安老服务发展战略，建立研究评估和规划机制，完善政府的社会保障制度，检讨安老服务设施设置和相关法律法规。在社区老年教育方面，主要是通过在高等教育领域固定的大学里设置长者学院，且具有针对性地满足少部分长者的学习需求，例如澳门特区理工大学长者书院的设立。澳门特区把老年教育规划为成人持续教育领域，部分中学开办回归教育课程，旨在提供成人自我补习与谋求自我发展的学习机会，例如澳门商训夜中学、澳门创新中学等。澳门特区政府对于长者返校学习还会予以补助，鼓励澳门特区公民终身学习，提出回归教育的口号。在此阶段，社区为老年教育搭建平台，提供教育信息的渠道，成为联结长者与继续教育道路上的通道。各类社区长者兴趣班以及实践活动呈现出萌动发展状态。同时，社区老年教育的实施机构较为单一，全澳仅几所学校设有长者班，课程主要集中在培养长者的业余爱好上，例如书画、写字等兴趣班类型较多，但分布零星，规模较小，对长者发展爱好需求的供给具有针对性。

(二) 综合发展的崛起阶段

自21世纪以来，随着澳门特区老龄人口比与社会老龄化程度的不断上升，以及科技信息化的不断发展，为适应时代的迅速更迭，要求长者具有不断更新、适应的能力。随着经济的快速发展与物质生活水平的显著提高，人们对精神文化的诉求越来越强烈，老年人在精神需求、思想交流和情感沟通上也随之有了更高要求。[①] 一所长者书院与零星的教育活动已远远不能满足与日俱增的老年人口的数量以及对延续教育的巨大需求。

社区是老年人晚年生活的重要场所，社区老年教育在老年人晚年生活中起着举足轻重的作用。由此，社区老年教育的发展态势主要受到澳门特区人口老龄化的因素影响，澳门特区长者教育服务机构的数量如雨后春笋般增加，呈现出渐进式、系统化的发展特征。澳门特区政府的主导角色越来越突出，致力于协助强化现有的服务水平，填补服务的空白，逐步由服务层面走向立法层面，尽力实现法律法规调整，规范长者服务

---

① 高程程：《系统论视角下社区老年教育体系研究》，《经济研究导刊》2019年第9期。

的职业化、标准化和规范化。① 澳门特区教育暨青年局主要负责宏观地指引、监督老年教育与教育机构的发展，各类社团协会、社区组织、教育中心等社会力量也纷纷涌入长者教育中，开设各类长者活动、兴趣班、培训班等不同形式的课程，涉及文化艺术、运动养生等各个方面，都在积极地为满足安老服务的需求，建设"老有所依、老有所养、老有所属、老有所为"的共融社会奉献力量。总的来说，直至当下，澳门特区社区老年教育不断发展，呈现出欣欣向荣的趋势。

第二节　澳门社区老年教育的政策法规

一　澳门特区政府历年发布的《施政报告》

澳门特区政府历年发布的《施政报告》是澳门特区全面性的政府政策文献，是对当年澳门特区政府政策实施要点的规划，对当年澳门特区政府政策实施具有重要的方向性的指引作用。自澳门特区政府在《2007年施政报告》②中明确提出要针对长者的服务需要，展开适当的立法工作，确保长者获得全面的生活支持以来，之后每年《施政报告》都对长者服务或教育方面有所提及。随着时间的推移，《施政报告》对长者的论述也越来越全面和深入。下面以最新的《2020年施政报告》为例，具体阐述其关于社区老年教育的内容。

《2020年施政报告》③是澳门特区政府2020年为迎合社会非常态化的疫情状况而推出的工作改进规划，该报告的实施重点主要分为抗疫情、保就业、稳经济、顾民生、推改革、促发展六个方面；施政方针的制定主要涉及行政法务、经济财政、安保、社会文化、运输工务等范畴。在社会文化范畴中的社会工作与社会保障领域对澳门特区社区老年教育政

---

① 范时杰、贺志峰：《澳门安老服务发展历程、政策变迁与模式分析——兼论对内地老年社会工作的启示》，《社会工作》2013年第5期。

② 澳门特别行政区政府入口网站．行政长官2007年施政报告全文，https：//www.gov.mo/zh–hans/content/policy–address/year–2007/。

③ 社会文化司司长办公室．澳门特别行政区政府二〇二〇年财政年度施政方针：社会文化范畴，https：//www.policyaddress.gov.mo/home.html？p＝pa&l＝zh–hant。

策进行了专门阐述，对长者安老与社区建设提出进一步规划。该报告特别指出要落实长者服务十年行动计划中期阶段（2018—2020 年）的全部 141 项措施中未实施的 10 项措施；同时，筹备该行动计划的中期评估。2020 年尤其将检讨长期照顾服务规划比率，订定长远发展目标；优化独居长者支援服务，根据服务使用者的需要调整服务内容；为准备进入老年生活者开展社区教育及推广计划。主要体现在以下两方面。

（一）拓展养老服务空间，支援长者原居安老

在本项施政方针中，明确提出 2020 年尤其将检讨长期照顾服务规划比率，订定长远发展目标，根据服务使用者的需要调整服务内容，为准备进入老年生活者开展社区教育及推广计划。除此之外，还规定要增设两家长者日间中心，为长者提供文娱康体、日常生活支援，鼓励长者终身学习，支持长者实现老有所为。这表明澳门特区政府逐渐重视新时代的社会融入与长者的学习需求，将长者教育融入在日常的社区生活中，并加大对教育机构的扶持力度，以确保在长者多样化需求激增背景下的供需平衡。政府还积极推动和拓展乐龄义工服务、乐龄科技应用、乐龄出行，提升民间机构的照护水平，协助长者建立乐龄生活。通过长者的不断学习，更新长者的科技意识，提高长者信息化水平，让长者不断适应社会发展，以提升长者的社会幸福感。

（二）加强对照顾者的支援，促进社区共融发展

该方针提出制订长者或被照顾者群体的津贴先导计划方案，支援有特殊困难的家庭。通过津贴补助的形式，进一步鼓励长者积极参与社区服务活动，加强长者与社区的联系，提升长者对社区教育性活动的积极参与度，这有利于实现社会、社区与服务人群的和谐共融。在共融方面，澳门特区还积极推行手语词汇库发展计划，并通过社区加强对手语翻译员的培训与公众手语的推广，以帮助残疾者与生活不便的弱势群体更方便地实现有效参与，促进社区融合。而且，澳门特区政府还加大社区宣传和培训的力度，倡导社会各界积极推动"无障碍共融社区"建设。

社区管理是公共治理领域中的重要一环，治理理论作为一种社区管理的常用的理论范式，主张通过合作、协商、伙伴关系等方式对公共事务进行管理，重点研究公共产品与公共服务供给的方式与体制，倡导各

种公共的和私人的机构与政府一起提供公共产品与公共服务。① 该方针提倡建设共融社区，是回应社区需求整合社区资源的一条有效途径，是评估社区服务规范化和长效化的指标。长者是社区服务的重点对象，实施社区长者教育是年老人群与社会大众有效衔接并实现共融的重要渠道，同时也是促进人与社会可持续发展的公共活动。

二 《澳门特别行政区养老保障机制及2016年至2025年长者服务十年行动计划》的要点

据澳门特区人口预测数据，澳门特区年满65岁长者人口的比例将由2014年占总人口的8.4%增加至2036年的20.7%。由此可见，在未来20年里，澳门特区将面临人口快速老龄化的社会现象。② 因此，为全面应对人口老龄化的挑战，优化社会治理体系，满足长者需求，特区政府于2012年成立了由13个公共部门组成的"澳门养老保障机制跨部门研究小组"，专职负责制定系统性的养老保障机制，并于2015年7月编制了《澳门特别行政区养老保障机制及2016年至2025年长者服务十年行动计划（草案）》。其后，特区政府在根据社会大众意见，进一步优化和完善有关政策框架及行动计划相关内容的基础上，正式颁布了《澳门特别行政区养老保障机制及2016年至2025年长者服务十年行动计划》（以下简称《行动计划》）政策文件。

《行动计划》明确以医社服务、权益保障、社会参与、生活环境等四大范畴及其下14个次范畴所组成的政策框架为指导澳门特区养老保障服务发展的政策方针。另外，《行动计划》提出了首个长者服务2016年至2025年十年行动计划，其中又细分为短、中及长期三个阶段，涵盖了2016年至2025年的400多项与长者日常生活息息相关的方案措施。"澳门特区养老保障机制"由"政策框架""行动计划""统筹、协调及执行系统"和"监测、评估及检讨机制"四个部分组成一个有机循环的整体。

---

① 姜美玲：《教育公共治理：内涵、特征与模式》，《全球教育展望》2009年第5期。
② 澳门特区长者服务资讯网：《澳门特别行政区养老保障机制及2016年至2025年长者服务十年行动计划》，http://www.ageing.ias.gov.mo/uploads/file/20160408e.pdf。

具体而言，其主要内容包括以下几个方面。

（一）政策框架

"政策框架"主要由四大范畴及其下14个次范畴组成：一是医社服务主范畴，包含防病及宣传、治疗和复康与长期照顾三个次范畴；二是权益保障主范畴，包含法律保障、经济保障和社会氛围三个次范畴；三是社会参与主范畴，包括持续教育、养务工作、社会资本、资讯传播、文娱康体和公民参与六个次范畴；四是生活环境主范畴，包含交通与出行和建筑与住房两个次范畴，以建设安全易达环境，提高长者生活质量。

（二）范畴目标

在范畴目标上，澳门特区养老保障机制政策框架就医社服务、权益保障、社会参与以及生活环境四大范畴，分别制定了下列范畴目标，作为未来长者服务的长远发展愿景。一是医社服务上支持长者增进身心健康，维持独立和自主的生活能力；二是权益保障上确保长者与其他年龄人士一样享有平等的权利及待遇，并为他们提供所需的支持和保障服务；三是社会参与上支持长者参与家庭及社会的生活，创造条件协助长者实现老有所为的理想；四是生活环境上保障长者能够在安全、包容和无障碍的环境中生活，提高长者生活质量。

（三）行动计划

长者服务十年计划是上述政策框架及其范畴目标的具体落实。本行动计划所指的十年是2016年至2025年，并分为短期、中期及长期三个阶段。其中，短期指2016年至2017年，中期指2018年至2020年，长期指2021年至2025年。针对四大范畴的目标，每一阶段都提出了具体的有针对性的行动计划措施。而这些措施在行动计划正式启动之后也会根据具体情况有序开展筹备工作并陆续予以推行。此外，除了四大范畴的行动计划以外，对于一些较为复杂和影响较深的长者服务议题，澳门特区政府也将在行动计划开展过程中对有关议题开展进一步的研究，同时根据情况逐步深化提出更多的可行处理方案。

（四）协助、推行与评价

为确保《行动计划》的有效实施，政府配套推出监测、评估及检讨机制，以便因应服务需求和社会情况的变迁，对各项政策及相关服务作出适时和适当的调整。社会参与范畴的计划方针包括持续教育、义务工作、社会资本、资讯传播、文娱康体、公民参与六个方面。《行动计划》所规划的每个领域都不是独立发展的，它们相互作用，互为基础，共同构成一个相互联系、相互影响的系统整体。

社区老年教育作为社会服务的重要形式，在《行动计划》中也凸显出它的重要作用。首先，该计划明确提出要"与民间机构合作各项敬老文化的社区教育和推广计划"，以构建良好的社区教育氛围。其次，在持续教育领域，设立回应长者学习需求，支持长者持续增长知识水平的目标，包含两个策略，一是确保长者不会因知识或技能差距而不能参与社会并进行相关活动，二是推动长者教育的连贯、持续与应用。

为实现持续教育的目标与策略设想，《行动计划》提出九项具体现行持续的措施：支持民间机构开办各类型适合长者的课程；"持续进修发展计划"为每名年满15周岁的澳门特区居民提供定额的进修资助；通过"支持长者及残疾人士学习"专项资助，资助私立教育机构或社团开办有助长者改善身体素质的体育运动及保健知识类的课程；持续提供资源协助未能完成小学、中学的长者参与没有年龄限制的回归教育；通过长者服务机构举办各类长者课程，以及通过支持专门机构开展持续教育，为长者提供各类持续进修的课程；通过"长者导师培训计划"，鼓励和资助长者服务机构推动各类长者课程和进修活动；通过"终身学习奖励计划"鼓励包括长者在内的居民终身学习；聘请合格的长者担任澳门特区理工学院长者书院的导师及导师助理，让有才华的长者可以通过工作发挥所长；鼓励支持机构聘请长者担任各类课程或兴趣班的有偿导师。

可以看出，在老年教育领域，澳门特区政府采取积极鼓励的态度与多元资助的方式以全方位统合社会各界的教育资源，并依靠社区作为分配资源的重要载体，联结与服务长者的重要渠道。随着社会整体性服务的推进，澳门特区社区老年教育呈现出多元渐进的发展趋势。2019年澳门特区行政长官贺一诚先生提出向"优化民生、多元发展"迈进的目标。① 基于社会福利制度的不断优化，在长者合法权益得到有效保障的前提下，澳门特区政府正在鼓励长者积极参与多元化的服务活动中，社区老年教育是多元社会服务中的重要形式，是满足长者学习需求，促进长者二次发展与适应社会新动向、新需求的关键渠道。

三 《持续进修发展计划》的主要内容

为创造终身学习条件，澳门特区政府推行《持续进修发展计划》，这是澳门特区政府推行的阶段性的教育资助计划，旨在为终身学习创造有利条件，鼓励澳门特别行政区居民参与计划，借持续进修或考取认证，以提升个人素养和技能，从而配合经济产业多元发展及营造学习型社会。② 截至2019年已实施了三个阶段，目前澳门特区正在积极规划第四阶段的"持续进修发展计划"。社区老年教育被划定在成人教育领域，《持续教育发展计划》积极顺应长者多样化的学习需求，致力于逐渐构建以持续进修和培训为主的学习型社会形态。具体分为以下三个阶段实施：

第一阶段为2007年至2011年。2007年，澳门特区政府推出持续教育资助计划，为年满15周岁的澳门特区居民提供持续教育资助，2007年至2011年共举办了8期该计划。在前期试点探索和对资助计划评估基础上，澳门特区政府认为有必要继续增强持续教育发展，于2011年7月实施了第一阶段三年期的持续进修发展计划，年满15周岁居民可享有最高澳门特区币5000元的进修资助，鼓励和支持澳门特区居民接受教育与培训。由于第一阶段持续进修发展计划取得了预期的成果，特区政府于2014年4月推出第二阶段持续进修发展计划，进修资助上限提高到澳门特区币6000元。③ 第三阶段为2017年至2019年，具体运作程序详见表4-1。截至2019年12月31日，有约18万名本澳居民参与，参与人次超过45万，使用资助金约澳门特区币8.5亿元。

---

① 澳门日报. 贺一诚推变革创新, http：//www.macaodaily.com/html/2019 – 06/19/content_1361256.htm。
② 教育暨青年局. 持续进修发展计划, https：//www.dsej.gov.mo/pdac/2017/index.Php。
③ 中国教育报. 我们能从澳门持续进修发展计划中学到什么, http：//www.jyb.cn/zgjyb/201711/t20171114_843643.html。

表 4 – 1　　　持续进修发展计划（2017—2019 年）资助运作

计划期限	2017 年 4 月 11 日至 2019 年 12 月 31 日
对象	年满 15 岁的澳门居民，自有关年份 1 月 1 日起自动成为该计划的受益人
资助金额	澳门币 6000 元

资助范围	报名方法	资助实体
本地持续教育课程及证照考试	受益人向纳入资助范围的机构报名	教育暨青年局
本地高等教育课程	受益人可通过互联网、邮寄以及亲临教育暨青年局总部或终身学习服务站办理申请手续	
外地高等教育课程、持续教育课程及证件考试		

资料来源：澳门特区政府教育暨青年局 https：//www.dsej.gov.mo/pdac/2017/index.php?con = intro。

综观第三阶段"计划"的开展情况，不论是参与的居民，又或者整体参与的人次数，均比过去两个阶段有明显升幅。"计划"参与机构及居民众多，涉及面广泛，效果显著，已成为强化人才培养及促进居民向上流动的重要长效机制，对澳门特区持续教育发挥着重要的推动作用，也为学习型社会的构建打下了坚实的基础。[①] 2020 年指出新一阶段"计划"将引入全面电子化模式及风险管理机制，建构及完善资讯系统，从而更全面及有效强化"计划"的监察工作，以保障公民的有效运用，嘉许终身学习优秀代表，构建学习型社会。现阶段教青局正全力积极完善电子化系统及监察机制，务求尽快完成，争取"计划"可早日推出。[②]

四　《终身学习奖励计划》的政策内容

随着终身教育的深入发展，为推动学习型社会的构建，推广终身学习的理念，鼓励市民积极参与继续教育，澳门特区特区教育暨青年局于

[①] 澳门特别行政区政府. 总结 2017—2019 年"持续进修发展计划"执行情况，优化各项措施，https：//www.gov.mo/zh – hans/news/276551/。

[②] 澳门特别行政区政府. 新闻. 教育局争取早日推行新一阶段"持续教育发展计划"，https：//www.gov.mo/zh – hans/news/292160/。

2005年推出"终身学习奖励计划"。① 随着计划的推行，纳入该计划的联网机构及提供的学习活动逐年增加，2016年共有119个联网机构提供近万项学习活动让居民参加，每年有接近300名居民获奖。② 本计划在2017年修订，是澳门特区政府旨在提升澳门特区市民的学习兴趣，使学习成为生活的一部分，让更多市民成为真正的终身学习者而制定的激励机制。澳门特区市民参加由联网机构所主办的"学习活动"，符合获奖条件后，可获不同等级的证书及奖项。联网机构是获"持续进修发展计划"批准开户的机构，是经教育暨青年局批准加入的澳门特区公共实体、教育机构及社团。公共实体主要包括各类学校与政府公共实体，教育机构主要包括各区域教育中心、培训机构，社团由各类协会组合而成，社区在其中发挥重要的纽带作用。2017年修订所有参与"持续进修发展计划"的机构均纳入为该计划的联网机构。联网机构会获得"终身计划"的标识，既有利于吸引人们参与机构开展的活动，也享有"终身计划"内拨款的福利，所以许多机构争相参与，澳门特区政府也由此设立一定的标准以保证联网机构的质量。"学习活动"是由联网机构举办的，在"持续进修发展计划"范围内的或教育暨青年局批准的专业培训、兴趣班、工作坊、研讨会、讲座或其他的课程与活动。

参加者主要是成人，或是需要进一步回归教育的人群，可自发在官网注册报名，或到"终身计划"下的联网机构，选择适合自己的学习项目。参加者达到获奖的要求，可以准备申请表及学习活动记录页和相关文件交到教育暨青年局辖下各教育中心或青年中心，经教育暨青年局核实其获奖资格后，由专人致电通知领取奖项，并采用如举办颁奖典礼或邀请专访等公开表彰的方式，不断提高终身学习的宣传力度和扩大影响力。例如，在每年的终身学习周举行颁奖礼，颁发各类奖项。获得"积极学习奖""终身学习奖"及"终身学习楷模奖"的居民，将获教青局《终身学习》杂志邀请刊载其学习历程，以作表彰。

---

① 终身学习奖励计划，http://www.dsej.gov.mo/~webdsej/www_ppac/index1.html。
② 央广网.澳门教育局"终身学习奖励计划"实施新章程，http://news.cnr.cn/native/city/20170626/t20170626_523819383.shtml。

"终身学习奖励计划"设立热爱学习奖、积极学习奖、知识技能证照奖、终身学习奖、终身学习楷模奖五大奖项（见表4-2）。获得奖项的标准与荣誉的程度层层递进，每一份奖项条件与奖励都不一样。对于长者，在条件上会享有特殊的照顾，降低获奖时数要求，体谅长者有限的身心与精力。在内容上，针对长者居民，该计划鼓励长者报与"语言""个人护理""义务工作"或"资讯科技"有关的基础实用类课程活动，旨在利用长者教育的方式丰富长者的生活，使长者学会适应，与社会有效衔接，促进老有所学，终身学习。

表4-2　　"终身学习奖励计划"五大奖项具体内容

热爱学习奖	目标	培养居民的学习兴趣，参加者能够参与适合自己的学习活动	
	期间	在一年内（每年1月1日至12月31日）完成，若活动的举办时间横跨两年，按该活动结束日所处的年份及总学习时数计算	
	获奖条件及奖励	参加两项或以上不同的学习活动，总时数不少于80小时。年满65岁的长者，总时数不少于60小时（其中一项活动须与"语言""个人护理""义务工作"或"资讯科技"有关）	获澳门特区币250元书券
积极学习奖	目标	提升居民的学习兴趣，参加者能够持续参与学习	
	期间	在一年内（每年1月1日至12月31日）完成，若活动的举办时间横跨两年，按该活动结束日所处的年份及总学习时数计算	
	获奖条件及奖励	1. 参加四项或以上不同的学习活动，总时数不少于160小时，以及参加一项"持续进修发展计划"批准的证照考试（备注1）且合格；年满65岁的长者，总时数不少于120小时（其中两项活动须与"语言""个人护理""义务工作"或"资讯科技"有关）	符合1或2其中一项，获"积极学习奖"奖章一个及澳门特区币500元书券
		2. 连续三次或累积五次获得"热爱学习奖"奖项	

续表

知识技能证照奖	目标	居民经学习后，能考取相关的技能证照，并且能够坚持不断地考取各类证照	
	获奖条件及奖励	累积三次参加"持续进修发展计划"批准的证照考试（备注1）且合格（不设年限）	由教青局局长签发的"证照能人"证书（备注2）
终身学习奖	目标	参加者能够养成持续学习的习惯，并将此习惯逐步融入为生活的一部分，坚持不断地学习	
	获奖条件及奖励	连续三次或累积五次获得"积极学习奖"奖项	除获"积极学习奖"的奖项外，更可获由教青局局长签发的"终身学习者"证书（备注2）
终身学习楷模奖	目标	参加者将学习习惯融入生活，并成为生活的一部分。同时以持续学习的精神和态度，树立终身学习的榜样	
	获奖条件及奖励（备注3）	连续六次或累积八次获得"积极学习奖"奖项	除获"积极学习奖"的奖项外，更可获由社会文化司司长签发的"终身学习楷模"证书（备注2）

备注1：证照考试相关资料请查阅"持续进修发展计划"网页。
备注2：每名居民只限获奖一次。
备注3：获奖者有机会到外地交流。

第三节　澳门社区老年教育实施及其发展模式

一　长者书院：正规教育体系下的高等教育发展模式

在澳门特区正规教育体系下，长者若想返回校园进修，主要是去招收成人的院系进行。在高等教育领域，供长者再教育的场所有两种，一是大学内的持续进修中心，主要针对各年龄段的成人；二是大学内专门设立长者书院进行老年教育，此类书院在长者教育上更具有针对性和典型性。最具代表性的当属澳门理工学院创办的长者书院。长者书院于1999年11月成立，是澳门特区第一所高等教育机构专为长者开设的教学单位，并于2002年设立了职业技能培训中心，为长者及其他人士提供再受教育的机会，并且在2019年至2020年，在氹仔增设分校以满足长者近年来逐渐增加的学习需求。

正规教育系统是终身教育体系的重要组成部分，开放的成人高等教育是提高长者终身学习自觉性的重要途径，也是提升长者高层次认知水平的关键渠道。台湾学者黄富顺在《比较终身教育》一书中提到，"终身教育是在正规、非正规及非正式的教育情景中发生的。所谓正规教育活动是指在正规学校系统内的教育活动；非正规教育活动是指正规学校系统外的各种有组织、有系统的教育活动；非正式教育活动是指在日常生活或环境中所产生的行为或态度的改变，是一种非经特殊安排的教育情境"[1]。只有在正规教育系统充分发展的基础上，才能更好地构建终身教育体系。正规教育融入终身教育体系，核心问题是要强调"以人为本"和让教育回归教育本质，以更好地实现教育的根本价值。这既是终身教育思想的本质内涵，也是正规教育融入终身教育体系的基本指导思想。[2] 这使长者书院在实施教学时，更注重长者本身的主动学习、自主抉择、健康发展的自主能力。

长者书院办学宗旨是实践终身教育的理念，让长者有机会重返校园，激发他们的学习热情，丰富和更新知识，肯定自我价值，更积极地融入现代社会。根据书院的办学宗旨，针对长者的实际需要，书院开设多个范畴的学科，包括资讯科技类、语言类、文化艺术类、保健养生类、运动类等38项科目及活动课，从第一级到第四级共61班，现有学生480人，形成了多学科、多形式、多层次的办学格局。

为使澳门的长者接受教育的机会均等，由2003/2004学年起，学生的

---

[1] 黄富顺：《比较终身教育》，五南图书出版股份有限公司2003年版。

[2] 沈光辉、陈晓蔚：《正规教育融入终身教育体系若干问题探讨》，《福建论坛》（人文社会科学版）2003年第5期。

在学年期一般为四学年。书院以教学为主，同时，还丰富学员的课余活动。除开设合唱、乐器及中国舞等兴趣组外，也鼓励长者发挥个人潜能，倡导老有所为。书院成立了义工队，先后以探访老人院舍等方式，让队员积极参与，对社会做出贡献。此外，书院还成立了长者太极队，推广和发展太极运动，弘扬国粹，鼓励长者锻炼身体。太极队队员曾多次参加内地和澳门特区举办的比赛及表演，取得优异的成绩。从设立至今20年来，书院积极与内地、台湾及香港同类型的教学机构交流，勇于开拓进取，扩宽办学路向，形成自己的办学特色，为推动澳门特区长者教育事业的发展做出贡献。2009年在北京举行的"全国老年教育评选表彰"活动中，澳门特区理工学院院长李向玉获颁全国老年教育杰出贡献奖，长者书院获选为全国先进老年大学，林韵薇校长获选为全国先进老年教育工作者。2017年长者书院被评为"全国示范老年大学"。[1] 可见，长者书院为澳门特区社区老年教育做出了杰出贡献，并取得了良好的社会效果。

长者书院氹仔分校于2019年11月20日落成启用，校址位于氹仔中心地带，交通服务便捷。氹仔分校的设计以长者的身心特点为考量，环境清幽，除一般教室外，还设有电脑室、音乐室、书画室、多功能室及学生活动室等，以配合不同的教学需要。分校已于2019年11月下旬率先开办为期4个月共6个科目的短期课程，共招收了163名长者入读。分校同时将于2020年6月中旬招收在学年期四年的新生。[2] 总而言之，长者书院主要在以下三个方面表现突出。

第一，在招生体制上，澳门特区理工大学长者书院是港澳地区最先由高等教育机构设立的长者教育学校，学制为四年，也是长者教育教学水平不断递进的四个层级。年满55岁的长者皆可报名参加，需要交纳注册学费，但可以申请"持续进修计划"与"终身奖励计划"的福利与资助。在出现报名人数多于招生人数供不应求的情况时，会采取抽签的形

---

[1] 澳门理工学院．学术单位长者书院，http://www.ipm.edu.mo/zh/seniors_info.php。
[2] 澳门理工学院长者书院．课程设置（氹仔分校），http://www.ipm.edu.mo/zh/tacs_info.php。

式确定录取名单，未被抽中的长者翌年会被优先录取。

第二，在办学上，长者书院是跨越社区但与社区密切联系的存在。长者可在社区咨询长者书院的相关信息，而且学校设置的课程多具有生活性，与社区活动相衔接。因此，长者书院也是社区教育的一个分支。不同的是，长者书院更强调办学须具专业性和正规性，教育层次较高。

第三，在教学方法和管理上，按大专院校的方式让长者有重返校园学习的体验，因此课程设置较正规，长者可在轻松的环境中学习。书院一方面不断提升教学质量，延聘本地相关范畴的专业人士任导师；另一方面亦充分利用校内资源，如理工学院有电脑设施的优势，学员可以在电脑学习方面取得良好的成绩。长者书院考虑到未来的发展，课程日后会朝高等教育的方向发展。同时该院还与内地及外国同类院校有联系，除吸收外地的经验外，亦希望澳门长者教育向更高层次发展。[1]

长者书院在20多年的办学实践中积累了很多可借鉴的经验。例如，长者书院强调供需结合，其办学方向与长者需求密切联系。在长者书院准备阶段，通过大量的数据问卷调查了解长者的兴趣与学习需求，在此基础上有针对性地设置与调整课程；这种教与学的沟通贯穿长者书院的运作与发展的全过程。[2] 正是因为做到这一点，在校学员对书院的教学方向和教学内容的满意度很高。

二 多方合作的组织与管理模式

澳门特区被称为社团社会，社团文化在澳门特区存在已久，社团联合是富有澳门特区特色的社会治理方式。所谓"社团"主要指那些介于政府组织与经济组织之外具有组织性、民间性、非营利性、志愿性、自治性且致力于公益事业的社会中介组织。[3] 在社区老年教育的组织与管理方面，政府与社团是以合作伙伴的方式鼓励社区老年教育的发展，呈现出跨部门、多元化的统整状态，且各类社团发展历史悠久，有深厚的群

---

[1] 《澳门长者书院职训中心推动终身学习》，《世界教育信息》2003年第2期。
[2] 澳门理工学院所属长者书院情况简介，http://www.doc88.com/p-7743284344667.html。
[3] 潘冠瑾：《1999年后澳门特区社团发展的状况、问题与趋势前瞻》，《中共杭州市委党校学报》2013年第3期。

众基础。在非正规的长者教育上，社团更容易连接社区，是为社会服务的主力军，也是减轻政府压力，统筹与分配各方资源的有力助手，对澳门特区社会发展具有重要的促进作用。在很多方面，社团的功能甚至远远超出传统非营利组织和一般社团，逐渐呈现出"拟政府化"和"拟政党化"的趋势。①

澳门特区社团具有多层次、宽领域的特征，涉及社会服务的方方面面。按社团的主体功能和基本特征，大致可划分为工商类、工会类、专业类、教育类、文化类、学术类、慈善类、社区类、乡族类、联谊类、体育类、宗教类、政治类及其他约14个类别。② 澳门特区政府也会通过多种途径对社团进行扶持，其扶持的主要依据"民间社团财政资助政策"为依据，其资助范围非常之广，覆盖社团开展活动的各个方面等。

社团开展各项社会服务，政府的财政资助发挥了至关重要的作用。同时，澳门特区政府通过设置专项预算资金，支持和引导社团更有效率地提高社会服务。澳门特区政府虽然不直接控制社团领导人的产生，却对其拥有一定的监督权。③ 社团在一定程度上能够反映民意，起到监督与评估政府效能的作用。一定程度上对于社区老年教育，呈现出全社会共同扶持与组织管理的特点。社会资助与管理长者教育的主体较多，管理模式也多种多样。

（一）社区老年教育的组织管理部门

社区老年教育属于社会参与和文化教育类项目，参与社区老年教育发展的组织与管理部门可以划分为澳门特区政府部门与相关社团组织。社区老年教育的开展由民间机构和公共部门共同合作。

1. 政府公共部门

政府的组织管理部门主要有澳门特区文化局、社会工作局、教育暨青年局等。

（1）澳门特区文化局。澳门特区文化局主要提供各项文化活动资助、

---

① 边恒然：《澳门社团组织文化发展研究》，《文化产业》2017年第7期。
② 娄胜华：《成长与转变：回归以来澳门社团的发展》，《港澳研究》2016年第4期。
③ 张敏：《澳门社团的社会服务供给及其对大陆的借鉴意义》，硕士学位论文，华南理工大学，2015年。

学术课题研究奖励和鉴定文化界法人公司等服务内容,旨在贯彻澳门特区政府推动文化创意产业发展的施政方针和支持本地社团开展各种非牟利文化艺术活动,并鼓励各界施行有助于了解澳门特区以及澳门特区与中外人文交流领域之具前瞻性和开创性的相关课题研究,监督文化领域的发展,确保澳门特区文化发展的秩序性与繁荣性。① 在长者教育上,澳门特区文化局积极建设"尊老爱老"的文化氛围,并积极鼓励各界举办老年教育活动,以培养长者的兴趣爱好与提升长者文化认知水平。此外,澳门文化局还致力于推动线上线下相结合的方式,为长者提供全方位的学习环境,搭建长者业余时间阅读平台,培养长者阅读习惯与终身学习的意识。例如,成立公共图书馆供长者自我进修,成立网络便捷式图书阅览平台。

(2) 澳门特区社会工作局。澳门特区社会工作局的服务内容,一是致力于提供优质的社会福利服务,积极扶持弱势社群,促进个人、家庭和社区的发展;二是制订与时俱进的福利政策和服务计划,推动社会福利服务的进步和发展;三是通过与民间机构建立合作伙伴关系,共同发展更专业和多元化的社会服务,提升市民身心健康及生活质量;四是提供专业培训,提升社会福利人员的专业服务水平。② 社会工作局下专门设立长者服务处与成立长者事务委员会,负责管理长者事务或进行长者事务咨询,保障长者的合法权益。

(3) 教育暨青年局。教育暨青年局基本监管澳门特区社会各个教育领域,其职能:一是执行教育或青年政策,促进文化推广;二是服务于青年群体,评核教育体制,保障青年和学生的合法权益;三是发展各类教育,为教育机构的良好运作提供所需条件,确保实行持续教育的原则及所有居民享受教育的权利;四是推行订立私立教育的规章,协调及监察公立及私立学校的教育活动等。③ 社区长者教育类属于持续教育领域,"持续进修发展计划"是青年暨教育局近年来的一项重点工作,在养老安

---

① 澳门特别行政区政府文化局. 服务,https://www.icm.gov.mo/welcome。
② 澳门特别行政区政府文化局. 优化服务,http://www.ias.gov.mo/ch/optimization-services/performance-pledge/intro。
③ 澳门特别行政区政府青年暨教育局. 组织架构,https://portal.dsej.gov.mo/webdsejspace/internet/Inter_main_page。

老,施行"家庭照顾,原居安老;积极参与,跃动耆年"方针上,该局发挥着重要作用。

2. 社团组织

服务于社区老年教育的社团组织,数量每年呈现成倍增长的趋势,无论是社会性团体组织(如学会、联谊会等)、公益性团体组织(如基金会),还是经济性团体组织(如商会、工会、职业团体等),都或多或少参与长者教育服务中。典型的有工会联合总会、街坊会联合总会。

(1) 澳门特区工会联合总会。澳门特区工会联合总会历史悠久,从最初的行会,到现在成为服务与管理社会各领域的组织,服务对象有幼儿、青年、长者等不同年龄段的人群,服务范围扩大至教育、社区、医疗、体育、文娱康体等方面,为各行各业职工和广大市民提供多元化的社会福利服务。澳门特区工联会的核心管理层由理事会、监事会和基金会等组成,对于长者的教育,下设有各类社区中心或服务中心,负责以非正规的形式推动各类老年活动的开展。[1] 针对长者,还设有"松柏之家""健颐长者服务中心""望夏老人中心"等长者服务机构,维护基层权益,开展社区服务与老人服务,并提供抚老安老的教育场所或活动课程,鼓励长者积极参与活动,活出丰盛人生,发挥潜能,肯定自我。

(2) 澳门特区街坊会联合总会。澳门特区街坊会联合总会的核心管理层由理事会、监事会等组成,下设 13 个委员会配合总会的工作。街坊总会特别关注社区的发展,致力于整合各个坊会的资源与力量开展活动,同时设立了专门的社会服务办公室。理事会的主要工作是管理各个工作委员会,不断拓展会务工作,积极动员全体理监事、会员、义工、学校、托儿所、社区组织及社服界团体等开展多种服务,并向监事会汇报相关工作,持续践行"睦邻互助、关爱社区"的宗旨,不断推动社区服务创新发展,为广大居民提供更加多元化、高质量的服务。[2]

很多长者兴趣班与相关教育活动都是通过不同委员会资源整合组织开展。除了工会联合总会与街坊总会之外,还有妇女联合总会、澳门特

---

[1] 澳门工会联合总会. 工联简介,http://faom.org.mo/portal.php?mod=list&catid=1。
[2] 张敏:《澳门社团的社会服务供给及其对大陆的借鉴意义》,华南理工大学,2015 年。

区中华总商会等,都通过举办各种老年活动,开设书画、写字等长者兴趣班,或成立相关中学、教育机构进行回归教育这些方式,来丰富与扩展社区老年教育。澳门特区政府与社团的合作治理,有助于建构澳门特区老有所学、老有所为、老有所乐的社会气氛,推动澳门特区社会向开放包容与多元和谐的方向发展。

(二) 社区老年教育的实施方式

澳门特区多部门的组织管理模式衍生出社区老年教育丰富的实施方式。其丰富性主要体现在多主体的实施机构与多类型的实施活动上。社区老年教育的实施机构除大学内的长者书院与持续教育中心外,还有非正规体系下的各类教育中心,综合服务中心、活动中心以及中学夜校等,各类教育机构有效地迎合了长者的身体情况与生活习惯,丰富了长者的老年生活。此外,社区长者教育的另一种实施方式,是在相关中学或夜校中施行长者回归教育,不断弥补长者的知识缺憾,提供再教育机会。以商训夜中学和创新中学为例。

1. 商训夜中学

商训夜中学由澳门特区中华总商会附设,前身是商业训练班,分为初高中,采取"三三"学制,其开设的持续教育课程在澳门特区享有较高的荣誉,是政府认可的成人或失学青年学历补偿教育学校。[1] 此类夜校开设的是基础教育课程,考虑到成人的职业时间,允许在夜间上课,修满学时与分数合格即可拿到毕业证,适合文化水平较低但具有学习需求的长者。

2. 创新中学[2]

澳门创新中学是一所以"回归教育"为本位,"终身学习"为理念的非牟利高级中学。中学设有日高中/职中及夜高中/职中课程。秉持着"人人均具潜能只待发挥,人人均可学习只待引导"的教育理念,学校的宗旨是鼓励澳门居民终身学习并向其提供有关机会,运用成人教育理

---

[1] 澳门特区中华总商会附设商训夜中学. 学校简史, https://www.esf.edu.mo/intro_detail/article/iqk8cd78.htm。

[2] 资料来源:澳门创新中学. 学校简介, https://www.mss.edu.mo/about/school-features。

论及方法培养居民，使其丰富人生、贡献澳门、国家及世界。创新中学还致力于成为学习型教育机构并协助邻近社区发展成为学习型社区，为澳门成为社习型社会之理想得以早日实现。该校以特色课程，向社区人士提供终身学习的机会，建立学习型组织、营造学习型社区。创新中学的办学特色有：

（1）主科设"日夜互补上课"，保证轮班学员的上课机会。

（2）设"自学"课堂，鼓励学员主动学习，培养其终身学习的态度及方法。

（3）除"学会学习"外，还要培养学员"解决问题""沟通"及"创新"的能力。

（4）对有意升读高等教育的学员，提供"配套"的学习计划。

（5）特别致力推动"可持续发展""男女平等""环境保护""欣赏艺术"及"社会和谐"等有关德育课程。

（6）校内课室及设备质量水平，可媲美高等院校。

（7）职业高中课程的设置具前瞻性，切合澳门职业市场的新发展与趋向。

（8）社区教育面向邻近社区居民，提供多样化的学习机会及多元的教育活动，为营造"学习型社区及社会"的理想，尽力发挥可能的效用。

澳门各类教育机构与社区联结紧密，教育机构在推动社区长者教育发展的过程中，拥有丰富多样的课程活动形式。例如，社区或各类教育机构开设各类长者兴趣班，组织长者参加亲子学习活动，跨社区或跨地域互访交流等，既进行家庭交流教育，又帮助长者处理家庭与人际关系，使长者晚年也能积极地融入社会、和谐发展。

三 丰富养生的课程组合与灵活自主的教学模式

澳门特区社区老年教育的课程与教学，主要涵盖两个层面，一是周期性的课程表学习与教学活动；二是"有意识"引发长者学习的"某种形式的交流"[1]，即各类教育实践要素组合的广义的课程与教学。在课程

---

[1] 社区老年人教育问题，https://zhuanlan.zhihu.com/p/22242648。

上，呈现出丰富多样、健康养生的特征，符合长者的年龄特征与实际需求，课程内容更具有生活实用性，以便长者能够适应体征与社会的变化，进一步还可以重返相关职业岗位，奉献社会；在教学上，社区老年教育的教学模式具有轻松自由、多变灵活的特点，旨在激发长者主观能动性与学习兴趣，培养长者终身学习的意识。澳门理工学院长者书院及氹仔分校是澳门特区唯一针对长者的大学学院，其开设的课程系统性地贯穿了长者的生活，主要分为四类（见表4-3）。

表4-3　　澳门理工学院长者书院及氹仔分校开设的课程类型

	资讯科技类
电脑（初级/中级）	（初级/中级） 授课语言：广东话 时数：32小时（每一科目/每学期）
多媒体制作	（完成理工学院长者书院资讯应用的学员或已在其他教育机构完成相等程度课程者报读） 授课语言：广东话 时数：64小时（每学期） （完成理工学院长者书院多媒体制作Ⅱ的学员或已在其他教育机构完成相等程度课程者报读） 授课语言：广东话 时数：64小时（每学期）
	语言类
普通话	分级分班（初班/中班/高班） 授课语言：普通话 时数：32小时（每一科目/每学期）
英语	（初班/中班/高班） 授课语言：英语及广东话 时数：32小时（每一科目/每学期）

续表

文化艺术类	
中国文学—诗、词、联谜班	（具备良好写及讲中文程度的人士报读）授课语言：广东话 时数：32 小时（每学期）
中国文学—散文、小说	（具备良好写及讲中文程度的人士报读）授课语言：广东话 时数：32 小时（每学期）
国画	（初班/中班/高班） 授课语言：广东话 时数：32 小时（每一科目/每学期）
书法	（初班/中班/高班） 授课语言：广东话 时数：32 小时（每一科目/每学期）
西画	（初班/中班/高班） 授课语言：广东话 时数：32 小时（每一科目/每学期）
国画赏析	（完成理工学院长者书院国画高班的学员或已在其他教育机构完成相等程度课程者报读） 授课语言：广东话 时数：32 小时（每学期）
书法赏析	（完成理工学院长者书院书法高班的学员或已在其他教育机构完成相等程度课程者报读） 授课语言：广东话 时数：32 小时（每学期）
西画赏析	（完成理工学院长者书院西画高班的学员或已在其他教育机构完成相等程度课程者报读） 授课语言：广东话 时数：32 小时（每学期）
营养药膳	（初班/中班） 授课语言：广东话 时数：32 小时（每一科目/每学期）

续表

保健养生类	
筋骨痛自我缓解	授课语言：广东话 时数：24 小时（每学期）
经络腧穴保健按摩	授课语言：广东话 时数：32 小时（每学期）
中医常见病的调养	授课语言：广东话 时数：32 小时（每学期）
颈肩腰腿痛妙法良方	授课语言：广东话 时数：32 小时（每学期）
中医基础	（初班/中班） （具备良好写及讲中文程度的人士报读） 授课语言：广东话 时数：32 小时（每一科目/每学期）
传统中药的现代活用	（具备良好写及讲中文程度的人士报读） 授课语言：广东话 时数：32 小时（每学期）

澳门特区长者学院开设了包括电脑、语言、科技、艺术、健康教育等 21 门教学课程，除此之外，长者书院还开设陈氏太极拳、社交舞、乒乓球、健身气功、手机系统、摄影、旅游文化等 18 门活动课程，开设文化艺术类（如中国舞、乐器等）、运动类（如太极队、杨氏太极拳）、语言类（会话英语）等 10 个兴趣班，与长者的生活与实际需求紧密相连。

除长者学院外，社区内依靠不同的办学机构也开设有信息技术、音乐、书画等长者兴趣班，和注重实践技巧与互动设置的工作坊，如手机使用类、家庭互动类、舞蹈艺术类等，课程涉及传统文化与艺术、运动养生、退休理财、人际关系等各个生活领域。以 2019 年 9—10 月的长者课程安排为例，具体请见表 4-4。①

---

① 资料来源：澳门特区长者服务资讯网．课程资讯，http：//www.ageing.ias.gov.mo/education/courses．

表4-4　　　　　　　　2019年9—10月的长者课程安排

课程名称	课程内容	主办机构	学时/费用（澳门元）
9月排排健康舞班（五）	排排健康舞是一种轻松的带氧运动，有助增强心肺功能，预防肌肉松弛及舒缓压力，结合舞蹈及运动于一身，利用不同音乐的旋律及个人风格编排而成的，学员排成一行或多行，一起跳同一首舞步，步法简单易学	妇联家庭服务中心	2/350
中国民族舞	中国的很多民间舞蹈都巧妙地使用道具，如扇子、手帕、长绸、手鼓、单鼓、花棍、花灯、花伞等，这就大大地加强了舞蹈的艺术表现能力，使舞蹈动作更加丰富优美、绚丽多姿	妇联家庭服务中心	12/400
梅门四敬茶艺初级课程	由台湾梅门导师，教授养生四敬茶艺课程	创新中学社区教育部	12/620
中华怡情、养生文化初阶	课程主要分为四种类型：1. 中国怡情音乐鉴赏；2. 中式养生饮食；3. 中国品茶养生文化；4. 中国香道与养生	创新中学社区教育部	18/90
水墨绘画班	1. 调色，控笔，选笔各种画画技巧；2. 由浅入深，教会学员画出不同的图案，画出属于自己的中国传统水墨画；3. 教学员画出中国传统的花，如：梅花、兰花、菊花和竹等植物	创新中学社区教育部	16/550
行书基础班	1. 认识行书的字型；2. 明白行书是东汉时期刘德所创，它打破楷书束缚"非常非草，去繁务简，通世俗用"；3. 初步掌握行书"用笔""结体""章法"的基本知识及技能，应用"摹"和"临"的基本方法去临习；4. 以"天下第一行书"王羲之《兰亭集序》为教学范本，知道"取法手上"意义	创新中学社区教育部	15/800

续表

课程名称	课程内容	主办机构	学时/费用（澳门元）
流行木吉他（每节课90分钟）	1. 认识基本木吉他的构造共鸣原理；2. 认识基本大调和弦（Major Chord）、小调和弦（Minor Chord）；3. 学习结他音阶—大调音阶（Major Scale, 1 Octive）、小调音阶（Minor Scale, 1 Octive）；4. 学习从六线谱（TAB）上阅读音符；5. 学习基本伴奏（Strumming）方法。本课程除教导学员基本伴奏技巧及理论外，更安排学员与不同器乐手合奏	创新中学社区教育部	15/650
流行乐歌唱技巧	1. 认识人体发声结构及原理；2. 运用不同的发声方法以产生不同声线；3. 音准拍子，唱歌咬字发音；4. 认识基本的乐理知识；5. 分析歌词从而丰富演唱的情感；6. 舞台表演技巧（包括表演前的准备/台风/不同歌曲的舞台演绎/舞台上的突发事件的处理等）；7. 认识歌唱技巧、和音及合唱技巧等；8. 专业导师于课堂上即时评估学生表现并作出指导，为学生之歌唱比赛及演出作充分准备，学习基本流行曲歌唱技巧；9. 培养对歌声聆听及赏析的能力，本课程除教导学员基本歌唱技巧理论外，并在导师指导下，模拟舞台上演出的情境，去解决不断提高演绎的层次，追求更深刻、更精致的演唱艺术	创新中学社区教育部	15/650
3G/4G智能手机应用	本课程是一个以ios及android为主的全面应用课程，主要教授学员智能手机的基本用途、下载程式、介绍各种必备应用软件及其应用	商训夜中学成人教育	21/400
香文化	中国香文化历史、日本香道与品香方法、四大名香+降真香、常见的一些香料介绍、篆香的操作、隔火熏香的操作、香席、香会、手工制作香珠或香牌	创新中学社区教育部	15/975
篆刻基础班	一、认识篆刻的历史。二、认识篆刻的文字。三、认识篆刻的工具及材料。四、学习如何刻印：1. 如何构图。2. 如何写印。3. 如何用刀。4. 如何盖印。通过本课程，掌握篆刻创作的基本技巧	创新中学社区教育部	15/800

续表

课程名称	课程内容	主办机构	学时/费用（澳门元）
楷书基础班	认识书法的工具"文房四宝"及教授其使用的方法。认识书写的基本法则，包括：1. 学习基础笔法，通常都是一些单纯基本型态；2. 学习部首，书法中许多部首写法与我们日常所用不同；3. 学习结构，中国字除单体字外，大都是用部首组合构成；4. 学习章法，由行成篇，在一行中各字的造型与其他字的关系	创新中学社区教育部	15/800
隶书基础班	1. 中国书法史；2. 隶书的演变过程；3. 历代隶书特点；4. 东汉隶书各帖的特征；5. 隶书笔法、结构（包括各类部首）；6. 执笔、坐姿常识；7. 临帖、描红摹写；8. 初步创作；9. 隶书章法；10. 钤印常识	创新中学社区教育部	15/800
素描绘画	指导学员认识素描的基础知识，及其正确使用去描绘作品。通过学习，学员们会领悟到运用不同的素描铅笔在画纸上用黑、白灰色表现出不一样的素描画的美丽	商训夜中学成人教育	21/400
数码摄影	摄影类基础知识	商训夜中学成人教育	28/530
萨克斯管乐班	1. 针对中老年人吹奏学习正确姿势，呼吸学习。2. 口型、发音、手势、按法、乐理等练习。3. 因循渐进练习简单小调、民歌、广东音乐等，激发学员兴趣。4. 集体吹奏老年人喜欢的、雄壮的革命歌曲，发扬爱国热情	商夜训中学成人教育	21/400
苹果、安卓智能手机话应用	本课程由浅入深地配以大量图解，轻松讲解智能手机的操作方式、应用范围及可能的风险。学员自备的手机操作程序可能稍异，这方面可由导师在课堂中指出。学员自备智能手机	妇联家庭服务中心	15/500

续表

课程名称	课程内容	主办机构	学时/费用（澳门元）
Photoshop 基本应用	学习电脑图像的基本概念，如像素、颜色组合、JPG 档案格式、影像调整等基本功能，来创建图画，或修饰已有的照片	妇联家庭服务中心	12/400
网购班	本课程主要内容是教授网上购物的知识，及在网上购物过程应注意的安全知识，令学员能在网上购物，以上是基本教学内容：1. 网络安全基础知识；2. 比较出名及值得信任网上购物网站介绍；3. 网上购物流程介绍；4. 注册购物网站的账号；5. 开始实制操作购物流程；6. 网上个人资料保管；7. 网上购物防诈骗常识	商训夜中学成人教育	21/400
上网及手机应用进阶班	课程主要为一些有上网技巧基础和简单智能手机基本操作的学员，进一步加深了解上网应用的技巧，以及利用现有智能手机和电脑在网上世界畅游，完成这个课程后的学员将会学会以下内容：上网技巧及智能手机基础复习、社交网站注册及使用技巧、上网阅览安全知识、实用云端服务配合电脑及手机使用。报名此课程学员，需完成上网技巧课程	商训夜中学成人教育	21/400
相机 DVD 制作	本课程主要使学员了解制作相片 DVD 所需的硬件，介绍免费的 DVD 制作软件，制作个人的 DVD 相片时如何准备相关材料（在电脑上如何管理数码相片、背景音乐的选取及转换）及制作流程；教会学员如何利用 DVD 视频转换软件，将个人制作好的 DVD 相片转换成智能手机可播放格式，并下载到智能手机上与他人分享	商训夜学成人教育	21/400
英语	本课程主要教授英文基础知识，包括：音标、简单生字发音、字意讲解、英文简单会话等。在规定的课时内，向学员讲解国际音标内容，简单词汇、日常生活用语	商训夜中学成人教育	21/400

续表

课程名称	课程内容	主办机构	学时/费用（澳门元）
瑜伽	瑜伽学习的基础课程，课程包含基础体位法和简单的呼吸法，体位法的练习会着重在每个动作的身体顺位，动作和动作之间会有短暂的休息。体位法练习之外，也会学习冥想的技巧，所有课程都以大休息结束。舒压瑜伽非常适合瑜伽初学者与按部就班的学员	商训夜中学成人教育	21/400
中式养生饮食	课程内容：一、高纤有营系列：1. 紫薯糯米糕；2. 桂花南瓜糕。二、低脂系列：1. 鲜果燕麦沙律；2. 苹果脆脆乳酪巴菲	创新中学社区教育部	18/900
花艺班	本课程适合所有对插花艺术有兴趣的人士，区分花材的新鲜程度，掌握插花工具的使用方法及基本插花的程序	妇联家庭服务中心	10/440
家居水电维修课程	教授学员精简及容易明白的维修技巧，日后遇到家居上的小问题，可以自行维修，在时间及金钱上都能有所省。内容包括：1. 认识家居供水及排水系统；2. 工欲善其事必先利其器（讲工具）；3. 水喉实战；4. 抽水马桶；5. 电工入门；6. 认识家中小电器；7. 安全配电及用电	澳门街坊总会颐骏中心	20/250
专业健康陪月课程	通过课程学习，成为一名陪月员，能有专长协助妇女在产褥期（坐月子）的身心康复，使其得到悉心的照顾、内外调养及充分休息，能关顾产妇的情绪变化。学习对新生儿的健康照顾技巧及科学的育婴条件，使母婴都能获得健康的生活及基础照顾。具初中或以上学历，有爱心、有责任感、身心健康及行为良好的18岁以上人士	澳门镜湖护理学院	30
应用老年学证书课程	从事长者服务或相关领域或对长者照顾有兴趣之人士	澳门镜湖护理学院	10个月/14500
长者导师培训课程	1. 理论课：认识长者心理和生理特征、教学知识和技巧、教学大纲和教案编写以及多媒体应用。2. 实践课：教学演练	社会工作局及澳门理工学院长者书院	30/全免

社区还成立长者义工服务队，定期招募志愿者举行探望独居老人的活动，既促进长者间的人际交往，也加强与青少年的沟通，并且可以发挥长者本身带有的"感化"与"教育"作用，推进社会尊老爱幼的和谐气氛建设。在日常生活中，社区也会组织各类亲子活动或长者工艺比赛、汇演，丰富长者的业余生活，同时教育与提升长者的代际沟通能力，并开办各类教育讲座，主要内容包括长者的合法权益、新政策与新方针解读、家庭和谐相处、正确育儿等生活知识。

在教学上，澳门特区社区老年教育的教学模式具有一定的灵活性、自主性、草根化与娱乐性。虽然在长者书院会提供上课的时间表，规划每节课的时长，但并不是知识的满堂灌，其教学方式更着重长者的互动与实践，"在做中学"，长者在不断实践中获得知识。长者的教学情境不仅仅局限于教室，长者书院会在各类操作活动室进行教学，例如电脑教室、乒乓球室等。每学期末也会举办各类展览、舞会为长者的学习成果提供展示的平台。在社区内，长者可以自由选择报读何种兴趣班的课程，并根据自己的时间规划参与社区内的教育活动。

四 "导师制"引导下的自我实现模式

在澳门特区社区老年教育中，不同领域的"导师"既是知识、经验与智慧的传授者，也是推动长者教育事业发展的引领者，践行终身学习与老有所为的榜样辐射者。长者教育的各类课程一般都由经验丰富、学识渊博的"导师"负责讲解，"导师"既可能是学校的教师，也可能是长者教育机构或长者事务委员会的组织与管理人员，他们是长者群体中能力比较优秀的或声望较高的优秀代表，对社区老年教育发展具有不可忽视的作用。另外，成为"导师"也是长者再就业、为社会贡献并实现人生价值的重要途径，具有激励长者终身学习的作用。

近年来，由于长者导师数量较少，为支持退休人士继续发挥所长和充实晚年生活，以体现"老有所为"的理念，社会工作局与澳门特区理工学院长者书院曾合办"长者导师培训课程"，澳门特区正在逐渐重视对长者"导师"的培养，以发挥长者老有所为的能力。

"长者导师培训课程"：课程对象为年满55岁，持有澳门特区居民身份证，具高中毕业或以上学历的长者。课程将教导学员授课知识和技巧，培养担任活动班组或课程培训导师的能力，课程的上课地点为澳门特区理工学院，培训时数为 70 小时，设有理论课及实践课，费用全免。理论课的内容包括：认识长者心理和生理特征、教学知识和技巧、教学大纲和教案编写、多媒体应用。而实践课的内容包括：撰写教学实习教案、在长者中心进行教学实习、总结讲评。学员出席率达 80% 且完成实践课，可获颁发结业证书，并有机会前往香港进行观摩及交流。[①] 此课程的学习费用全免，只要长者有自我学习、自我提升与自我实现的意愿，即可报名参与。一方面可以极大地激发长者的学习欲望，另一方面有利于增加社会的人力资源，促进社会的发展与改革老龄化社会的居家传统，缓解社会供养矛盾。

澳门特区社区老年教育的"导师制"大多建立在师生双向选择的基础上，不仅导师有权选择自己的所教内容与学生，学生对导师也有选择的权利。"教师"更倾向于"教"，即单方面的灌输和教导；而"导师"则倾向于"导"，即"引导"，长者的自主权大大提高，与导师的关系也更为平等。[②] "导师"与长者教育的学员的交流也不在局限于课堂或者教学上，而是延伸至可随时随地联系这样一种更宽泛的和随意的交往行动中。社区老年教育的"导师"更倾向于平等的朋辈，朋辈式"导师制"既可以形成良好融洽的人际交往关系，又可以缓解师资短缺的问题，也有助于长者社会化，促进自我实现。

第四节　澳门社区老年教育的特征与问题

一　澳门社区老年教育的特征

澳门社区老年教育显然已经冲破传统教育观念的灌输式教学模式和格局，在很大程度上，更注重在学习过程中主体与活动之间的有意义建

[①] 澳门特别行政区政府：《第二期"长者导师培训课程"接受报名》，https://www.gov.mo/zh-hans/news/210341/。

[②] 刘辉、张蕴甜：《导师制的三种面向：理论图景、域外经验和中国实践》，《黑龙江高教研究》2017 年第 5 期。

构，强调长者的主观能动性与主体间的互动，这是一种有价值的，具有教育内涵的交流和对话。社区作为老年的重要教育场域，正依赖不同方式完善养老安老育老的服务，长者教育是其中重要的一环。澳门特区社区老年教育更多的是一种问题学习、实践学习、经验分享、智慧交流，还有当下的网络学习，在践行澳门特区社区老年教育的过程中，体现出以下特征。

(一) 积极老龄化与终身学习的引领

人口老龄化已成为澳门特区当前面临的社会突出问题之一，随着澳门特区社会老龄化程度越来越高，特区政府提出了"家庭照顾，原居安老；积极参与，跃动耆年"的长者工作原则，推出了现金分享、发放医疗券、公务人员公积金制度等多项措施，着力构建具有澳门特区特色的养老服务体系。[1] 在强有力的养老保障的社会基础上，澳门特区的社区老年教育以积极老龄化作为理论基础，践行"老有所养、老有所学、老有所乐、老有所为"的实践理念，促使澳门特区社区与长者教育的和谐发展。

积极老龄化的主张是在 1997 年 6 月的西方七国首脑丹佛会议上首次提出的。积极老龄化的理念比"健康老龄化"更加宽泛，强调各国应打破传统的将老龄化看作不可避免的衰减与退化的消极观念。[2] 澳门特区在实施社区长者教育过程中，首先充分肯定长者在社会中的重要地位，以及承认长者群体是具有社会价值的群体，并要采取适当的方式鼓励长者进修，提供长者能够自我实现的渠道。澳门特区社区老年教育通过积极老龄化的引领，强调在健康的基础上，老年人作为家庭和社会发展的重要资源要充分认知到自己的重要价值，继续参与社会发展，保障生活质量，提高生活水平。[3]

在积极老龄化的社会大背景下，澳门特区社区老年教育提倡的是构建终身教育体系，致力于激发长者的终身学习意识，从而推动澳门特区

---

[1] 中国新闻网. 澳门从容应对老龄化："老"在澳门是一种福气，http://www.chinanews.com/ga/2016/10-10/8025962.shtml。

[2] 郭爱妹、石盈：《积极老龄化：一种社会建构论观点》，《江海学刊》2006 年第 5 期。

[3] 董之鹰：《21 世纪社会老年学学科走向》，《社会科学管理与评论》2004 年第 1 期。

"智慧城市"与学习型社会的建设。为提升市民的学习兴趣,使学习成为生活的一部分,让更多市民加入终身学习的行列,澳门特区教育暨青年局于2005年推出了"终身学习奖励计划",此计划得到多个公共机构、教育机构、公益团体及小区组织等单位的加盟推动。①

除此奖励外,澳门特区每年年底都会推行"终身教育活动周",以践行终身教育理念。"终身教育活动周"时期,澳门特区政府会加强社会各组织间的联系,举办读书会、亲子共学等方式为各个年龄段的成人传播终身学习的理念,以及提供不断学习的机会。例如,2018年10月13日至19日,由澳门特区教青局与文化局、成人教育学会、成人教育协会及持续教育协会合办的"2018全民终身学习活动周"在各社区举行,旨在通过不同活动,促进各阶层及年龄居民达到终身学习。期望学习周期间会提供近120项各类型教育活动及课程与购书优惠,包括职业技术教育、个人成长、家庭生活教育、身心保健及博雅教育等,形式有讲座、课程及户外活动。14家成教机构和4家书店,在学习周期间提供课程及购书折扣优惠。活动期间,会在不同时段于澳门特区各大图书馆举办"书香伴成长"亲子阅读推广活动,借戏剧、游戏、唱歌和手工等方式演说绘本故事,培养儿童从小主动阅读的习惯和兴趣。且活动期间将在多所公立学校及中学推出与职业生涯、教育、舞蹈等不同主题讲座及工作坊。持续教育协会方面将推出持续教育征文赛和话剧表演等活动,鼓励大众踏出终身学习第一步。成人教育协会有序推出16项类别及活动,涵盖健康锻炼、养生茶艺食疗、文娱兴趣班、职业技术班等。②

终身学习是一个具有丰富内涵的理念,终身学习既是一种生存方式,在终身学习视野里,学习活动开始超越教育范畴,即它不仅涉及教育范畴,还更涉及生存范畴;终身学习又是一种主体转移,它不依赖于外界的施压,而是基于学习者的自主性,教学上从"对象"变为"主体",那么教与学的基点在于学习者的意愿与需求方面,也必然要求尊重每个学

---

① 中国新闻网:《澳门市民终身学习蔚然成风》,http://www.chinanews.com/ga/2010/07-25/2423939.shtml。

② 中国新闻网.澳门全民终身学习活动周将举行,组织近120项活动,http://www.chinanews.com/ga/2018/10-11/8647155.shtml。

习者特有的认知方式和特点；学习还是一个终身的过程，在不断变化的社会里，人没有可能出现认识上的片刻停顿；在一生发展的过程中，人更没有理由拒绝履行不同生命阶段的不同发展任务。[1] 澳门特区社区老年教育正是由积极老龄化与终身学习的理论指导与目标引领，长者持续教育才会在社会发展中越发重要，澳门特区在提升长者的文化水平的同时，澳门特区尊老爱老、终身学习的学习型社会氛围日益浓厚。

（二）推动社会共融的服务目标

老年人的知识化有助于提高社会整体的文化与民主水平，澳门特区社区老年教育的社会目标在于构建"老有所养、老有所属、老有所为"的共融社会。共融性是社会认知的基本维度，共融性维度主要与关系维持和社会功能有关，包括社会合意性、道德、关怀等，在社会信息加工方面的研究包括对社会信息的选择、分类和基于信息的推断，共融性内容会在信息加工的早期阶段得到优先加工。[2] 可以说，共融是一种接受并融入的状态。随着年龄增长，长者逐渐在时代变化衍生出与一些先进性文化上产生冲突，或存在脱节的现象，这种矛盾与脱节主要体现在代际交往与信息技术上。长者在不断寻求社会化的过程中，需要对未触及的信息或者不敏感的信息进行认识、加工，并实现共融，在长者自我与社会其他人群或要素实现共融后，整个社区乃至社会的黏合与共融程度也会随之提高。需要共融的方面很多、涉及的范围也广，在社区老年教育上最看重的还是长幼共融与信息技术共融。

1. 长幼共融

澳门特区社区老年教育活动中，尤其重视培养长者能够有效应对家庭矛盾、处理好家庭关系与长幼良性交往的能力，鼓励长者在良好家庭氛围中安度晚年。社会各类协会与公共部门鼓励创造丰富的活动形式来增加长者与幼儿的相处时间，营造良好的氛围，以增进长幼代际相互了解的程度，实现长幼共融发展。例如，澳门特区街坊会联合总会定期会

---

[1] 高志敏：《关于终身教育、终身学习与学习化社会的思考》，《教育研究》2003年第3期。

[2] 王凯、陶云等：《社会认知内容两维度的双视角模型介评》，《心理研究》2016年第1期。

举办"关爱技巧系列"的工作坊,会以游戏及演练方式讲解婆媳、长幼之间的相处技巧,使长者了解如何有效沟通;或设定一些操作实用的内容,如教导为婴儿沐浴技巧及成功喂食要点,使长者学习新的照顾幼儿的知识,等等。① 除此之外,社区内的各类服务中心也会积极推出家庭组合竞技活动与共同表演的平台,让长幼在实践中建立亲密良好的关系,实现共融。

2. 信息技术共融

澳门特区当前注重向长者普及电子信息技术运用的相关知识,提高长者的信息素养,以适应澳门特区"电子化时代"的发展。在社区老年教育中,始终不会缺席电脑手机使用、多媒体技术运用、电子资讯等课程的开设,近几年澳门特区社会为长者提供越来越多的电子服务,例如,为提供关于长者政策、服务、优惠等资讯,澳门特区社会工作局在 2018 年成立"澳门特区长者服务资讯网",推出"澳门特区长者服务资讯站"手机应用程序等。2020 年,为配合特区政府的电子政务工作,文化局公共图书馆推出全新流动应用程式"我家图书馆",功能涵盖图书预约及续借、查询馆藏目录、电子读者证等。② 信息与知识成了澳门特区推进信息化改革的重要力量。作为信息传播的主要媒介,互联网早已悄然融入生活的方方面面,它承载的信息多而宽泛,且获取更具便捷性,然而部分长者由于诸多原因被隔离在了互联网之外。由此,澳门特区社区老年教育注重提高长者的信息素养,鼓励长者接受与使用信息技术,从而顺应时代潮流。

(三)身心和谐,活动导向的实践策略

澳门特区社区老年教育的最终落脚点在"人"身上,在长者自身的发展上,通过不同的教育形式对长者进行有目的的提升,以训练长者的终身学习能力。在各类教育机构开设的课程类型与教学实践上,都不同程度地遵循长者个人身体与心理健康特征的发展规律。各类教育机构都

---

① Mocalendar. 澳门活动.《耆青互动,长幼共融》,https://www.mocalendar.com/events/20170220/。

② 澳门特区长者服务资讯网. 新闻,http://www.ageing.ias.gov.mo/news/announcement/post_1751。

在积极开展各种运动类的活动课程，如瑜伽、乒乓球、气功、太极、柔力球等，这些课程都有利于提高长者的身心素质；与此同时，开展各类丰富多彩的养生理论课，譬如中医、养生功、中华养生饮食等，都益于长者自我调理，从而维持良好的身体状态；还设有各种生活常识课程，如智能手机培训、家居水电维修课、专业健康陪月课等。

在步入老年后，长者闲暇时间增多，同时会经历身体机能与社会价值感不断减弱的转变过程，由此带来心理上的失落感。但通过社区与社会提供的教育活动，长者可以充实自我，提升自我，也能不断地寻求再就业的机会融入社会。通过各类社区综合服务中心与活动中心，开设太极、书画、科技等方面的兴趣班与实用性课程，可以更好地引导长者继续社会化，推动社区老年教育协调发展。澳门特区社区老年教育的施行，更强调的是长者在创造自我价值中增强自我认同感，使长者在社区生活与不断学习中获得幸福感。

二 澳门社区老年教育的主要问题

（一）部分长者终身学习意识不足

终身学习意识是一种自发的、主动的、不断为之努力的高尚思想倾向，它要求人们对信息具有较强的接受能力和运用能力。在长者不断适应信息化社会变迁的过程中，需要同化与理解社会主流的信息，这就需要终身学习来不断自我更新以适应各种信息变化。但终身学习不是一味地被动接纳，树立"终身学习"意识，会把学习变为一种乐趣，让学习同劳动一样在未来的社会中成为人们的需要。一旦人们把学习同娱乐一样看待，学习便成为一种需要和乐趣，它自然就不再是负担，在任何时候人们都会主动地、有意识地学习，不断提高自身素质。澳门特区因此致力于打造学习型社会，开展种类丰富的社区长者活动，以培养长者的终身学习意识。

澳门特区社区老年教育开展的课程与教学形式虽然丰富多样，但在学员中，拥有较高学历教育的长者教育参与度更高，尤其是澳门理工学院的长者书院，文化程度较高。一项老年人生活质量调查报告中显示，从文化程度上看，长者书院老年人的受教育程度远远高于社会老年人，前者以初中以上学历为主（74.3%），后者以初中以下学历为主（84.2%），特别是在文盲率上两者差异显著（长者书院为1.2%，社会老年人为48.4%）。① 由于先天受教育的缺失或居住环境的闭塞，澳门特区相对落后地区的一些长者缺乏自我的反思与更新能力，未具有终身学习的意识。

（二）教育机会的不平等

由于长者群体的经济差异、地区差异、阶层差异与性别差异，澳门特区社区老年教育的入学机会显然是不平等的。首先，从宏观背景看，因为办教育需要一定的人力、物力、财力，教育是以消耗一定的社会资源为条件的，即教育需要一定的物质作为保证，但是不同地区的社会发展情况不同，② 教育的发展需要资源投入，其发展水平与地方经济的发展密切相关，宏观上财政的投入会直接影响到长者教育发展水平与教育公平能否有效实现。其次，从微观层面看，长者的性别、经济收入、所处阶层不同，文化资本的多寡不一，也会直接导致长者在选择与争取受教育机会上的不平等。

（三）教育供给的不平衡与不系统

"活到老，学到老"的理念在近些年越来越流行，不少澳门长者都想返回校园，通过学习新知识、新才艺来丰富自己的老年生活。但在澳门特区，为长者专设的高等教育机构只有澳门理工学院长者书院以及2019年还在试点运行当中的氹仔分校。随着澳门特区养老保障机制的逐渐完善，长者对于高层次的教育需求逐渐增多，每年报读长者书院的学员较多，但学位有限，由此衍生出社会需求大于供给的问题。在澳门特区老年化逐渐加剧的背景下，社区类长者学院供给不足的现象一直是澳门较粤港地区落后的一大表现，也是推进长者教育发展的瓶颈。

澳门特区拥有多元的文化与社会体系，这也导致了在澳门特区并没有自成体系的社区老年教育模式，专门的实施社区老年教育的体制机制

---

① 林韵薇、吕树庭：《澳门理工学院长者书院与澳门特区社会老年人生活质量的比较》，《体育学刊》2011年第2期。

② 李帅军、周福胜：《教育学》，北京师范大学出版社2011年版，第21页。

并不系统，更多地呈现出一种较散乱的状态。各类教育组织的教育方式基本上都是非正式性质的，主要围绕着举办老年活动、开设长者兴趣班、工作坊等，澳门社区老年教育并没有生成很系统的教育专区。

（四）课程资源分散且重复度高

不同的社区与教育机构都会根据澳门特区长者的身心发展特点，多开设具有生活性、草根化与实践性的课程，但很多课程类型都是近似的，主要围绕身体运动、文化艺术、语言等方面进行，课程类目具有重复性，社会资源系统显得冗杂、分散，缺乏系统的整合与创新。澳门社区老年教育在课程实施上同质化较高，不同的教育机构有时会反复举办同一类长者课程，且水平参差不齐。这表明在长者课程设计、课程实施上，不同协会社团有时处于分割的状态，没有很好协商。

第五章

台湾省社区老年教育研究

台湾省的社区老年教育，是随着社区发展而展开的。1968年，台湾省制订了"社区发展长期计划"，标志着社区发展成为台湾社会政策的主要方针，社区教育也随之展开。1994年，台湾省行政主管机关文化建设单位提出"社区总体营造"的政策，以大力推动社区文化营造为主体，为社区教育提供良好的发展环境。1998年台湾省教育行政主管机关颁布"迈向社会白皮书"，宣示以推动学习型社区建设为主体。经过50多年的发展，台湾省社区教育无论是理论还是实践发展都十分迅速。台湾省社区老年教育作为社区教育的一个重要组成部分，也随着社区教育的发展而推进。尤其是20世纪80年代之后，台湾省逐渐进入联合国所定义的老龄化社会，台湾省社区老年教育逐步受到重视，并发展为台湾省老年教育的主体。

第一节 台湾省社区老年教育发展概况

一 台湾省社区老年教育产生的背景

（一）老龄社会的来临

老人是社会人口结构的重要组成部分。近五六十年来，随着台湾省社会经济的迅速发展，人民生活的改善，医疗科技的精进，人口生命期延长，再加上城市化和人口生育率持续下降，台湾省老年人口的比例正在大幅度增加，已于2018年进入老龄社会。

1. 人口生命期延长

年龄因素是人口结构中最重要的因素。台湾省内政主管机关统计处2020年数据①显示，1970年男女平均寿命分别为66.66岁和71.56岁，2006年男女平均寿命分别为74.85岁和81.40岁，2018年男女平均寿命分别为77.53岁和84.02岁。人口平均寿命的增加，使老年人口的比例呈现逐年增长趋势，且老年人口中女性比例多于男性。

2. 老年人口结构改变

1980年台湾省65岁以上人口共762000人，占总人口的4.28%，达到联合国人口年龄结构类型划分标准的人口成年型地区，即65岁以上人口比重在4%—7%；1993年增加到1490801人，占总人口的7.1%，正式跨入老龄化社会（Aged Society）。2018年3月，台湾省老年人口已突破14%，至2018年年底，65岁以上人口为3433517人，占总人口数的14.5%，台湾省正式迈入老龄社会。2020年3月65岁以上老年人口数为3660278人，占人口总数的15.51%，②预计2026年将突破20.7%（约488.1万人），进入超老龄社会。台湾省从老龄社会进入超老龄社会，只花了8年时间，速度之快，已超过世界老龄化最严重的国家——日本（11年）。③

从表5-1数据可以看出，五六十年来，台湾省老年人口急剧增长，并处于逐年增加趋势。台湾省未来65岁以上人数占总人口数比率逐年攀升，预估将由2018年的14.5%上升至2065年的41.2%，亦即约每10人中，就有4名65岁以上的老年人。④

---

① 台湾省统计主管机关资料，https://statis.moi.gov.tw/micst/stmain.jsp?sys=220。
② 台湾省统计主管机关资料，https://statis.moi.gov.tw/micst/stmain.jsp?sys=220。
③ 黄月丽：《人口老化下的高龄教育政策》，《国土及公共治理季刊》2016年第4期。
④ 台湾发展委员会："台湾人口推估（2018年至2065年）"，台湾发展委员会，2018年，第13页。

表5-1　　　　　　　　台湾省老年人口发展概况

年份	人口数（千人）				65岁以上老年人口占比（%）
	总计	0—14岁	15—64岁	65岁及以上	
1961	11149	5112	5759	278	2.5
1971	14995	5805	8736	454	3.0
1981	18194	5754	11637	803	4.4
1991	20605	5427	13833	1345	6.5
2001	22405	4662	15770	1973	8.8
2008	23037	3905	16730	2402	10.4
2009	23120	3778	16884	2458	10.6
2010	23162	3624	17050	2488	10.7
2011	23225	3502	17195	2528	10.9
2012	23316	3412	17304	2600	11.2
2013	23374	3347	17333	2694	11.5
2014	23434	3277	17348	2809	12.0
2015	23493	3188	17366	2939	12.5
2016	23540	3142	17292	3106	13.2
2017	23571	3092	17211	3268	13.9
2018	23589	3048	17107	3434	14.5
2019	23603	3010	16986	3607	15.3

数据来源：中国台湾省统计主管机关统计处，https：//statis.moi.gov.tw/micst/stmain.jsp?sys=220。

3. 人口老龄化指数上升

人口老龄化指数即老年人口与幼年人口数之比，1993年由28.24逐年上升。至2017年2月破百后，2019年年底持续攀升至119.82，16年来增加91.58，[①] 变化趋势如图5-1所示。根据台湾省2018年至2065年人口推算，2065年人口老龄化指数将高达450.1，老年人口为幼年人口的

---

① 中国台湾省统计主管机关资料，https：//statis.moi.gov.tw/micst/stmain.jsp?sys=220。

4.5倍。①

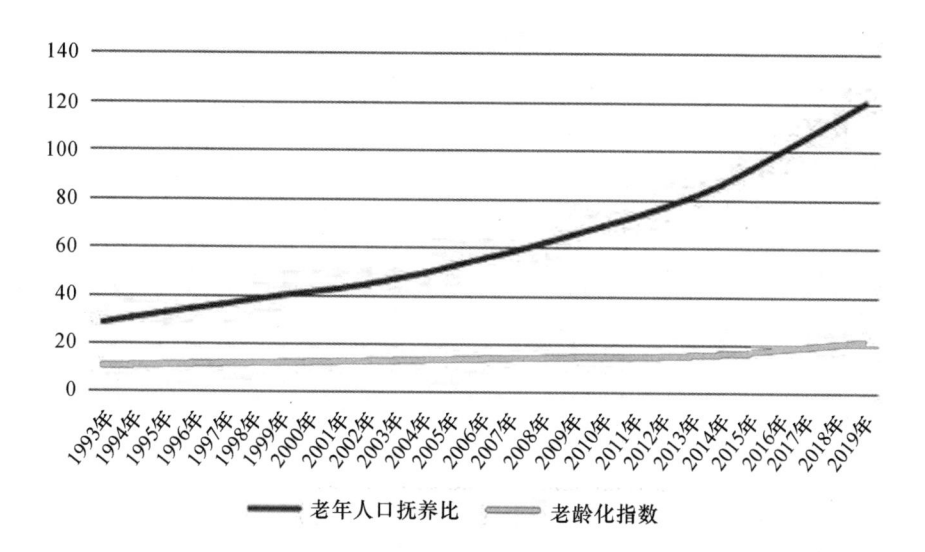

图5-1 台湾省老年人口抚养比和老龄化指数

4. 台湾省老年人口区域分布

根据台湾省相关主管机关公布的数据，2019 年台湾省各个市县 65 岁以上老年人口区域分布情况如表 5-2 所示。65 岁以上老年人口数最多的集中在台湾省北部地区，第一是新北市，第二是台北市，最少的是东部地区连江县，各市县差异比较大，但都呈现逐年上升的趋势。65 岁老年人口比例最高的是南部地区嘉义县，达 27.65%，其次北部地区台北市 26.38%，最低的北部地区桃园市也达到了 16.57%。老年人口抚养比最高的是嘉义县，达 19.68%，其次中部地区云林县 18.50%，最低的是桃园市，为 12.09%。各个市县内社区老年人口增加，社区必须增加人力、物力保护并照顾老人，包括设置老年教育班级、图书室，以及休闲娱乐及运动等设备，以便利社区内健康老人学习、交谊和运动等。

---

① 台湾发展委员会："台湾人口推估（2018 年至 2065 年）"，台湾发展委员会，2018 年，第 2 页。

表 5-2　　　　　　　　2019 年台湾省老年人口分布

地区	人口数（千人） 总计	0—14 岁	15—64 岁	65 岁及以上	老年人口抚养比（%）	65 岁以上老年人口占比（%）
新北市	4018	486	2954	579	14.41	19.60
台北市	2645	356	1812	478	18.07	26.38
桃园市	2249	335	1642	272	12.09	16.57
台中市	2815	401	2052	362	12.86	17.64
台南市	1881	227	1357	296	15.74	21.81
高雄市	2773	328	2006	438	15.80	21.83
宜兰县	454	54	325	75	16.52	23.08
新竹县	564	91	401	71	12.59	17.71
苗栗县	545	67	388	90	16.51	23.20
彰化县	1273	163	907	203	15.95	22.38
南投县	494	53	353	88	17.81	24.93
云林县	681	77	478	126	18.50	26.36
嘉义县	503	47	358	99	19.68	27.65
屏东县	819	86	592	141	17.22	23.82
台东县	217	25	155	36	16.59	23.23
花莲县	326	39	233	54	16.56	23.18
澎湖县	105	11	77	17	16.19	22.08
基隆市	369	38	270	61	16.53	22.59
新竹市	449	77	316	56	12.47	17.72
嘉义市	268	36	190	41	15.30	21.58
金门县	140	13	108	19	13.57	17.59
连江县	13	2	10	2	15.38	20.00

数据来源：根据台湾省统计主管机关统计处数据整理，https://statis.moi.gov.tw/micst/st-main.jsp?sys=220。

（二）都市化少子女化的冲击

20 世纪 90 年代，台湾省推行自由化经济后，社会生产力的发展，科学技术的进步，产业结构的调整，使工业化、都市化进程加快，使城市化进程加速。电子金融等技术密集型产业应势而起，吸引了大量传统产业中的劳动力，与此同时，许多不适应技术变迁的中老龄劳动力，失去了谋生的技能，被迫退出劳动市场，增加了社会养老负担。

随着社会的不断发展，人们的婚姻与生育观念逐渐发生改变，近年来台湾省的晚婚、晚育、不婚及不育的现象明显增多，妇女生育率逐年降低，少子化现象在台湾省蔓延。根据统计，台湾省1976年的出生率为29.53‰，之后开始急速下降，1986年的出生率仅为15.93‰，1996年的出生率为15.18‰，而2019年出生婴儿数为177767人，出生率仅为7.53‰，[1] 预计2065年出生婴儿数将降至9万人。[2] 婚姻与生育价值观念的变迁、急速下降的出生率和持续增长的老年人口比例，加剧了台湾省人口的老龄化。人口老化影响到了就业、社会安全、社会福利、教育与健康照顾，而投资、消费与储蓄的方式，亦需要作相应调整。

（三）家庭结构的改变

台湾省老龄少子化现象较为普遍，传统家庭结构发生改变，2017年台湾省65岁以上老年人口数占总人口的13.9%，首次超过14岁以下人口数的13.1%；工作年龄人口（15—64岁）比率由2012年年底的74.22%，逐年降至2019年年底的71.96%，预计2027年开始低于2/3，65岁以上人口超过500万；[3] 老年人口抚养比逐年增加，到2019年老年人口抚养比达到21.2%（见图5-1），即约每4.7个青壮人口抚养1个老人。据推计，2040年65岁以上老年人口占比突破3成，15—64岁青壮年人口占比跌破六成，每2位青壮人口抚养1位老年人口。[4] 社会养老/赡养负担加重是人口老龄化现象面临的一项挑战，预估2065年老年人口抚养比增加至82.9%，即每1.2个青壮年人口需抚养1个老人；[5] 0—5岁的幼童数将从2018年的123.1万人减少到2065年的59.1万人，亦即学龄前人口在未

---

[1] 台湾发展委员会：" 台湾人口推估（2018年至2065年）"，台湾发展委员会，2018年，第2页。

[2] 台湾发展委员会：" 台湾人口推估（2018年至2065年）"，台湾发展委员会，2018年，第2页。

[3] 台湾发展委员会：" 台湾人口推估（2018年至2065年）"，台湾发展委员会，2018年，第2页。

[4] 台湾发展委员会：" 台湾人口推估（2018年至2065年）"，台湾发展委员会，2018年，第2页。

[5] 张雅晶：《台湾社区教育概述》，中国社会出版社2005年版，第140页。

来37年将减少64万人,仅占人口总数的3.4%。① 高龄少子化的人口结构,独生子女家庭增多,家庭呈现代际增长,并同时存在多个不同世代成员,使家庭外型窄化、变长,呈竹竿型家庭(pole family)形态。

(四)学习型社区的创建

1955年联合国颁布《通过社区发展促进社会进步》文件,协助世界各地社区发展工作的开展。1968年,台湾省制订了"社区发展长期计划",标志着社区发展成为台湾省社会政策的主要方针,社区教育也随之展开。1981年1月25日,台湾省社区教育学会成立,主要任务进行社区教育的理论研究,推动社区教育的发展。针对老年教育问题,社区教育学会强调以社区作为老人社会权和学习权的堡垒,建议老年教育与社区工作紧密结合,教育行政部门主动设立社区老年教育机构,通过老年教育提高老年人在社区结构中的地位等,发展社区老年教育,使社区老人组成各种自助式团体、服务式团体、互助性团体、成长学习性团体等,可以维护其社会权。② 社区教育学会为促进老年教育发展,主张老年教育应以社区为基本单位,通过社区推动,提高老年教育的覆盖面。社区教育中应该主动设立老年教育机构,保障老人在社区中充分享有社会权和教育权。

在终身教育理念和思潮的影响下,1989年台湾省第六次教育会议倡议"建立成人教育体系,以达全民教育及终身教育目标",台湾省教育行政部门以此为理想研订"老人教育实施计划"三大目标。进入20世纪90年代,台湾省意识到促进老年教育是推进终身学习社会发展的重要任务,在1994年制定的终身学习发展规则中建议对银发教育详加规划。同年,台湾省行政主管机关文化建设单位提出"社区总体营造"的政策,以大力推动社区文化营造为主体,为社区老年教育提供良好的发展环境。1998年,台湾省教育行政主管机关颁布"迈向社会白皮书",宣示以推动终身学习型社区建设为主体。2006年"迈向高龄社会老人教育政策白皮

---

① 张雅晶:《台湾社区教育概述》,中国社会出版社2005年版,第145—146页。
② 许水德:《高龄者的学习权与社会权》,台湾师大书苑有限公司1999年版,第22—24页。

书"宣示了台湾省老年教育的蓝图和终身学习社会的愿景。

联合国"国际老人年"（1999年）的概念与行动以《国际老化行动计划》《联合国关怀老人原则》为基本架构，联合国的这项方案提供了一个良好的机会，让全球社区对于老化是一种自然现象且存在于人生价值之中，为建立一个不分年龄人人共享的学习社会而努力。台湾省吸取欧美国家和地区推动老年教育的经验，建构一套呼应老人学习特质与环境的老年教育模式，即以社区为中心，使社区成为老人就近学习的重要场所，是台湾省老年教育成功的重要因素。学习型社区的形成全面推进老年教育的发展，社区老年教育是构建终身教育体系和形成学习型社会的重要途径。

二　台湾省社区老年教育的发展历程

台湾省社区老年教育按发展方向可分为三个阶段：早期宗教团体应敬老尊贤发起的爱心服务阶段；继之，因"老人福利法"施行后，由社会行政部门和社会福利团体倡导的福利服务阶段；截至目前，在终身教育理念推动下，由教育行政部门结合社会福利等单位、民间团体全面推动的终身教育阶段。

（一）爱心服务阶段：台湾省社区老年教育的初步探索（1978—1980年）

1978年年初，台湾省社会处为加强老人本身的生活教育，增进老人知识及善用其闲暇时间，促进老人身心健康，曾拟定与台中的私立东海大学（台湾省基督教大学联合董事会拨款建立）合作，共同推行老人大学教育，以旁听无学籍为原则。社会处派人与东海大学当时的校长梅可望进行商洽，决定于1979年9月起开始施行。但后来一方面因为社会处内部原因不再坚持要办理，另一方面是中部四县市亦不热心配合，这个计划未能得以施行，但引起人们对老年教育的逐渐重视。

同年1月，民间社团台北市基督教女青年会倡导并首创学习型组织"青藤俱乐部"，揭开了台湾省社区老年教育的序幕。其创立的宗旨在于弘扬伦理道德，发扬传统敬老尊长的美德，唤醒社会大众对老年人的尊重，增进老人生活福祉。该俱乐部自成立以来，推展各项艺文娱乐活动，包括演讲座谈、技艺研习、休闲娱乐等,以充实社会上一般老年人士的生活内容为目的,兼具休闲、联谊与再教育的功效,增进老人生活情趣与身心健康。俱乐部成立仅一年多的时间,参加各项活动的人数已经超过1万多人次,会员人数400多人,平均年龄大约63岁。[1] 由于东海大学和青藤俱乐部皆由基督教相关团体创立,有学者又将该阶段称为初创期的宗教活动。[2]

(二)福利服务阶段:台湾省社区老年教育的过渡阶段(1981—1988年)

1980年1月26日,台湾省社会服务机关发布老人福利有关规定,开始有系统地推动老人福利工作,特别重视老年人接受教育的福利服务。其中第19条明文规定有关机关、团体应鼓励老人参与社会、教育和学术等活动,主要规定以维护老人的社区权益为指向的社会福利措施。基于此,1982年12月3日,高雄市社会局与该市基督教女青年会合作,筹办第一所俗称"老年大学"的长青学苑,旨在扩大办理老人福利服务。1983年6月1日台北市政府主办长青学苑,随后,台湾省于1987年颁订"台湾省长青学苑实施要点",各县市社会局将教育当成福利活动之一,遵循居民需求,在社区内选择适当场所,纷纷设置长青学苑及其分苑,推动社区老年教育的发展。此外,1982年台北市成立的遐龄学园和1983年新竹市成立的松柏学院,皆为创办的文化性社区老人福利设施。这些机构对老年教育活动及课程的规划,均以社会福利及休闲娱乐为主。[3]

该阶段台湾省老年人口比例仅占4%,还未正式进入老龄化社会,老年教育问题未受到足够的重视,仅仅把老年教育看作实现社会福利的方式之一,主要由社会服务主管机关推动。1990年前后,随着台湾省老年人口的持续增加,教育主管单位也加入老年教育的规划推动中,老年教育作为一种教育形态的内在意义和价值正式受到重视,老年教育由"福利取向时代"过渡到"教育取向时代",老人的教育权得到真正的重视。

---

[1] 台湾省社区教育学会:《社区老人教育》,复文图书出版社1984年版,第42页。
[2] 许水德:《高龄者的学习权与社会权》,台湾师大书苑有公司1999年版,第17页。
[3] 杜正胜:《迈向高龄社会老人教育政策白皮书》,台湾省教育行政部门,2006年,第22页。

(三)终身教育阶段：台湾省社区老年教育的渐趋成熟（1989年至今）

随着全球化时代的到来，终身教育成为必然趋势。20世纪90年代前后，随着终身教育的提倡，老年教育被纳入终身教育体系，成为终身教育发展的重要组成部分。

1989年，台湾省教育行政主管机关举办了第六届台湾省教育会议，会议提出"建立成人教育体系，以达全民教育及终身教育目标"的方针，制订"老年教育实施计划"，成为教育行政部门介入老年教育的开端。该计划旨在协助老人自我实现、发展第二生涯及扩充生活领域。1991年台湾省教育行政主管机关颁订"发展与改进成人教育五年计划"，台湾省开始重视老年教育的推动。1993年，台湾省"奖助办理退休老人教育及家庭妇女教育实施要点"奖助各乡镇市区开设老人学苑及妇女学苑。1994年第七届台湾教育会议中提出推展终身教育议题，对银发族教育加强规划，开启终身学习的风潮。

1998年，台湾省定为"终身学习年"，于3月发表"迈向学习社会白皮书"，提出了14项建立终身学习社会的具体教育改革政策，以社区作为迈向学习社会的具体发展目标，并形成了社区大学、社区教育馆及工作站、社区总体营造相结合的社区老年教育服务网，积极推动台湾省终身学习型社区的建设。其中有关高龄者的方案包括读书会方案、普设终身学习场所方案和学习型社区方案。学习型社区方案将社区内的老人视为主要施教对象，提供老人丰富的学习活动，满足他们的学习需求。

2001年台湾省颁布的"高龄社会对策大纲"的五大对策中，即强调"学习与社会参与"，2002年教育行政主管机关颁布有关终身学习规定，几经修订，最新版于2018年颁布，要求各级主管机关制订乐龄学习推动计划、编列预算，并鼓励终身学习机构办理乐龄学习活动。依据此规定，台湾省教育行政主管机关开始单独编列年度"推动老人教育"预算，2002年编列台湾省新台币950万元，执行下列工作：

（1）规划推动社区老年教育种子师资培训；

（2）结合社教机构等推动社区老年教育活动；

（3）结合社教机构办理老人人权教育及宣导；

（4）办理各项社区老年教育演讲、研习等活动；

（5）辅助各县市政府办理老年教育活动，提升所有老年人增进学习机会。

2006 年台湾省正式颁布"迈向高龄社会老人教育政策白皮书"，提出老人教育政策的 4 大愿景、7 项目标、11 项实施策略及 11 项行动方案，这是台湾省首次对老人教育政策作明确的宣示，也是老人教育最完整的主张，其对社区老年教育的相关主张，如"增设老人教育学习场所，建立社区学习据点"等，乐龄学习中心和乐龄大学等社区老年教育机构在全台湾遍地开设，有力地推动了社区老年教育的迅速发展。

第二节 台湾省社区老年教育的政策法规

老年教育是人口老龄化社会背景下，提高老年人人口生活质量，促进社会持续发展的重要战略。20 世纪 80 年代左右，台湾省在引进和吸收欧美国家或地区老年教育发展的理念和经验的基础上，大力推进和实施老年教育，取得了迅速的发展。台湾省老年教育政策由社会行政主管机关和教育行政主管机关分别颁布。早期大多由社会行政主管机关以老年教育为社会福利的观点推展；后来，教育行政主管机关介入，以老年教育为基本人权的角度推动。台湾省社区老年教育政策的发展状况，可由社会行政主管机关和教育行政主管机关两个层面的相关规定及白皮书来获得了解。

一 台湾省社会行政主管机关的社区老年教育政策分析

（一）反复修订"老人福利法"，完善老人福利措施

老年教育是最重要而有意义的福利，台湾省社会行政主管机关颁布"老人福利法"，保障老人的教育权和社会权。随着台湾省老年人口的急剧增加，"老人福利法"作为台湾省社会行政主管机关和老年教育相关的一项政策，自 1980 年颁布后，前后经 1997 年、2000 年、2002 年、2007 年、2009 年、2012 年、2014 年和 2015 年八次修订，内容大幅扩张。下面主要介绍分析相关条文及修正案与老年教育相关的几次修正。

1. 初版"老人福利法"，提供相关保障

1980年1月26日，台湾省社会行政主管机关颁布"老人福利法"，这是台湾省首次计划开展老年教育措施，开启了台湾省社会行政主管机关开展老年教育的历程。"老人福利法"全文共计21条，第3条明确规定，老人是指70岁以上者。其中，第7条、第18条、第19条的规定为老人教育的发展提供了法令依据。具体内容有：各县市主管机关应视需要设立并奖助私人设立赡养、疗养、修养和服务机构，以办理老人赡养、疗养、休养、康乐、联谊和综合性服务；老人志愿以其知识、经验贡献于社会者，社会服务机构应予介绍或协助，并妥善照顾；有关机关、团体，应鼓励老人参与社会、教育、宗教、学术等活动，以充实老人精神生活。

"老人福利法"的制定与实施为老人教育的发展提供了法律保障，但由于当时老年人口数还未到老龄化社会的标准，老年人的问题并未引起社会的重视，立法较狭隘和消极，未能涵盖老人福利的全貌。"老人福利法"的政策宣示性意义大于福利实质功能，台湾省在社会福利预算和行政人力投入方面并没有增加，且未指明开展老年教育的经费拨付问题，导致民间组织单位开展老年教育的积极性不高。其中明确提到老人教育权的只有第19条，老人教育权中有关老人学习进修、老人图书阅读及服务权等还未有充分的规定，这表明老年教育还需要进一步的制度保障。

2. 应对现实状况，迎合老人福利需求

1993年台湾省正式迈入老龄化社会，老年人口的教育休闲规划等开始成为亟待解决的严重社会问题。为应对老年人口剧增所产生的各种福利需求，1997年6月18日，台湾省社会行政主管机关首次修正公布"老人福利法"，修正法案第2条将老年人对象从70岁降到65岁，并开始关注老年福利机构从业人员的专业素质。但此法案中有关老年教育与社会参与的部分，仅作略微修正。第9条规定有关机关、团体按需奖助私人设立文康机构，在举办老人休闲、康乐及联谊活动的同时，应增加文艺、技艺与进修的部分。

3. 提出"社区式服务"理念，完善社区服务

随着老年人口的进一步增加，2000年5月3日和2002年6月26日，"老人福利法"经过第二次、第三次修正，但只作了小幅度的修正，出于

立法协调性和老人福利方面的考虑，老年教育实质内容方面均未进行变更。2015 年 12 月 9 日，最新版的"老人福利法"颁布，第 16 条、第 18 条、第 19 条、第 20 条均提及"在地老化"与"社区式服务"的理念。其中第 18 条明确提出为老人提供社区式教育服务；第 19 条提出以结合家庭及社区生活为原则，为老人提供家庭教育的社区式服务。以深化社区教育服务网络，利用社区可近性教育资源，促进社区老年教育的发展。

总的来说，"老人福利法"并非是老人教育的专门立法，其主要立法精神是以维护老人的社会权为指向的社会福利措施，老人教育只是老人福利与社区发展中的一环，所以社会行政主管机关对社区老年教育措施的规划相较于教育行政主管机关略显不严谨。"老人福利法"前后一共经历了 35 年的变化发展，由只提供不幸老人的福利措施，到涵盖健康老人的保健服务，再到对举办老人的相关学习活动的重视，足见老年人对学习活动的迫切需求，也体现台湾省积极办理社区老年教育事业的心态。

（二）细化长青学苑具体实施，满足老人精神需求

1987 年 10 月 23 日，台湾省颁布"台湾省设置长青学苑实施要点"，针对老人的求知需要，提供进修机会，充实其精神生活。长青学苑一律冠以县市名称加以识别，如设置 2 所以上，应加乡、镇、市（区）等。县市详订设置社区长青学苑计划，视实际需要，选择适当场所，并委托教育机构、县市立文化中心或乡镇市（区）公所、老人福利及其他社会慈善团体办理。长青学苑讲座由县市遴选专家学者或退休公务人员担任。

长青学苑每年度招收 1 次至 2 次学员，以年满 55 岁为原则，进修项目由县市视需要订定课程，分 1 期至 2 期进修，每期以 4 个月为原则，进修期满颁发结业证书。学员除低收入户及仁爱之家公费老人免收学费外，其余学员以代办方式酌收学费。

（三）贯彻终身学习理念，老年教育纳入成人教育体系

终生教育的核心思想是学习应该贯穿人的一生，从幼儿教育到老年教育，都应该被纳入终身教育之中，终身教育思想已成为当今世界各国教育改革的指导原则。20 世纪 70 年代，欧洲、美洲、大洋洲的一些国家和地区相继创办了老年大学，实践终身教育理念，对全球各地影响巨大，

台湾也不例外。

1998年被定为台湾省终身学习年，颁布了"迈向学习社会白皮书"，其中有关老年教育的方案包括读书会方案、普设终身学习场所方案和学习型社区方案。读书会方案指组织老人读书会，或引导老人参与社区内的各式读书会；普设终身学习场所方案即设立老人大学、长青学苑，或引导老人参与社区附近的各种学习活动；学习型社区方案以社区内的老人为主要施教对象，提供老人各种学习活动，以满足他们的学习需求。这些方案为老人持续性学习提供了条件。除此之外，2015年10月，台湾省行政主管机关公布"高龄社会白皮书"[1]，将各项乐龄教育工作推向执行阶段，要求拟订实施计划，并从个人、家庭、学习、社会多个层面同时切入，让终身学习理念更广更深的普及，以期达到活跃老化的目标。

在终身教育理念和思潮的影响下，台湾省社会行政主管机关于颁布第一个整体性的成人计划"发展与改进成人教育五年计划纲要"，正式将老年教育系统纳入成人教育体系。该计划在教育行政主管机关进行"老人学习需求调查研究""成人学习需求调查研究"等五项调查研究的基础上颁布，明确提出"策划并协调有关机构、学校、民间团体办理老人、妇女及休闲教育"，同时开发和改进老年教育课程与教材，印制老年教育相关手册丛书等，在一定程度上促使老年教育延伸至各级单位，促使各有关机构团体和组织共同为社区老年教育的开展而努力。

（四）鼓励社会参与，推行高质量养老

为实现鼓励老人社会参与，维护老年生活目标，2009年，台湾省行政管理机关首推"友善关怀老人方案"[2]。首期以"活跃老化、友善老化和世代融合"为核心，此后两年陆续推出第二期计划，并提出"健康老化、在地老化、智慧老化、活力老化和乐学老化"五大目标，旨在建立乐龄亲老的和谐社会。该方案主要包括四个方面的内容：①建构高龄教育体系，保障老年人学习权益等目标；②整合多元社区资源，提供老年

---

[1] 黄月丽：《人口老化下的高龄教育政策》，《国土及公共治理季刊》2016年第4期。

[2] 谭文静、陈功：《台湾省乐龄教育概况及对大陆建设老年大学的思考》，《兰州学刊》2020年第2期。

人终身学习渠道；③鼓励大专校院等相关机构开设适合推广的教育课程并鼓励老年人参与学习；④编制适合老年人的教材和教学方法，研发多元化课程。内容贯穿方方面面，为老人的社会参与奠定了基础。除此之外，台湾省也在着力构建在地化的学习场所为主的社区学习模式，提供老年人再教育和再参与社会的机会。

为了贯彻五大目标，在"健康老化"目标方面，台湾省结合社区照顾关怀据点，因地制宜发展健康社区，完善社区照护网络；"在地老化"目标方面，强化社区照顾支持体系，发展社区初级预防照顾服务，建造安心社区；在"活力老化"目标方面，鼓励办理多元创新方案，促进老人参与社区活动，强化老年人的学习动机；在"乐学老化"方面，落实在地化的高龄学习体系，积极办理长青学苑，整合社区在地组织资源，发展老年人学习社区，致力于构建高质量养老体系。

二 台湾省教育行政主管机关的社区老年教育政策分析

随着人口老龄化速度的加快，为了更好地应对老龄社会，台湾省教育行政主管机关开始介入老年教育，提供经费支持或补助，并鼓励大学院校开设与高龄教育相关的系所或研究中心，相关的政策也逐渐面世，主要显现在"迈向高龄社会老人教育政策白皮书""终身学习法"等政策文本中。

（一）推动社区文化建设，营造老年教育良好环境

社区作为开展老年教育的基本构成单元，老年教育的成效与社区文化建设息息相关。20世纪90年代台湾省便意识到要凸显社区文化，结合社区区域实际，找亮点，创特色，以满足社区老人真实多元的教育需求。1994年，台湾省行政主管机关文化建设单位提出"社区总体营造"的政策，大力推动社区文化营造为主体，为社区老年教育提供良好的发展环境。1998年台湾省颁布"迈向社会白皮书"，宣示以推动终身学习型社区建设为主体，并于2002年公布"终身学习法"，提升老年人整体素质，推动全民终身教育不断发展，也为营造社区良好的学习文化氛围奠定了基础。

(二) 制定详细养老政策，完善社区养老体系

在政府的政策助导下，台湾省投入了大量的经费，在各地普遍开展社区老人教育，发展颇为迅速。台湾省先后颁布了多项有关养老的政策，不断细化和完善政策内容，致力于完善社区养老体系。具体来看，1993年台湾省"奖助办理退休老人教育及家庭妇女教育实施要点"补助各乡镇市区开设老人学苑与妇女学苑，于368个乡镇市区各开设一个老人学苑班和一个妇女学苑班，每班补助39800元，以35人一班为原则。[①] 上课地点由承办单位提供适当场所，在社区活动中心或社区其他适当场所，以社区为单位开展活动较好地促进了老人教育的推进。2001年，台湾省颁订"奖助办理家庭教育、老人教育及家庭妇女教育实施要点"，补助各机关、机构、学校和民间组织等举办老人教育相关活动，以应对老年人口快速增加的老人学习需求问题。此后，台湾省也研究发布"老人教育政策白皮书"，以宣示台湾省社区老年教育政策，并研订老年教育政策发展计划与老龄化社会对策，明确规范老年教育的师资、经费、相关措施及评鉴机制等。政策制定过程广泛听取专家学者及民众的意见，使老年教育政策的制定兼具专业化与人性化。2017年1月，台湾省教育行政主管机关研拟颁布"高龄中程教育计划"，以55岁以上老人为推动对象，从"建立体系""创新学习""开发人力"及"跨域整合"四大面向推动，以完善老年教育体系，普及老年学习机会。该计划指出需要在老年人生活的社区之中，打造一个可以积极参与、贡献服务的社区舞台，让老年人可以走出家门，在与他人的互动中，得到他人的帮助，同时也能帮助他人，使老年人力可以获得运用，成为老龄社会的一股重要动能。

总的来说，台湾省通过制定丰富的老年教育政策，提供和扩大多元丰富的机会与舞台，让老年人能够在社区之中，积极参与学习活动，进而将所学回馈社区，不断完善社区养老体系。

(三) 保障老人学习权益，提升老人生理及心理健康

人类寿命的延长，事实上是人类追求的目标。个体生活的目的，不外追求活得久和过得好。生命期向后推移，人口的老化，正是人类追求

---

① 张雅晶：《台湾社区教育概述》，中国社会出版社2005年版，第140页。

生命意义的实现，也是一种成就的标准。在台湾省高龄社会到来之际，老人的生理及心理健康尤为重要。为保障老人的学习权益，台湾省政策中提出增设老年教育的学习活动场所，建立社区学习据点，提供老年教育的渠道与机会，并整合政府、学校与民间资源，做有效的推动与发挥。除此之外，社区老年教育的课程内容丰富多元，可分为五大系列[1]：一是老人基本教育系列：识字、读、写、算等基本生活知能；二是老人专业知能系列：语言、技艺、职业训练、人文社会、自然科学和财经管理；三是老人健康保健系列：老人的用药、疾病、心理、饮食、护理和健身等；四是老人休闲生活系列：运动、音乐戏剧、画画等；五是老人生活伦理系列：代际关系、社会关系等。在保障老人学习权益的基础上，促使老年教育经由大学推广教育形式，如通过电视或广播开设有关老人教育节目，宣导社会教育机构、民间组织团体及各级学校办理老年教育活动，使台湾省社区老年教育更加普及化。另外，还关注老人生理及心理健康，联合社会福利机构，办理各项心理讲座、研习活动等，并提供实用教材，充实社区老人生活内涵，满足其精神需求，充分发挥社区老年教育功能。

（四）提升老人再教育及社会参与的机会，降低老人被社会排斥与隔离的处境

1989年，在"建立成人教育体系，以达全民教育及终身教育目标"的方针指导下，台湾省教育行政主管机关制订"老人教育实施计划"。此计划的教育目标[2]主要包括三个方面的内容：一是协助老人经由学习、再社会化的过程，提高适应社会的能力，完成其自我实现的目标；二是帮助有工作动机的老人，利用其丰富的人生体验和转业智慧，再教育、再工作、再出发；三是培养老人生活情趣、扩充老人生活领域、助益老人健康身心，以发扬中国敬老尊贤之优良传统。不难看出，台湾省对老人社会参与的重视。2002年"终身学习法"的颁布，其中明确乐龄学习指

---

[1] 黄富顺、魏惠娟、张苑珍、黄锦山：《台湾省老人嘉义政策专案研究计划》，嘉义：中正大学老年人教育研究所（台湾省教育行政主管机关委托研究），2004年。

[2] 台湾省教育行政主管机关："成人教育实施计划"，台湾省教育行政主管机关，1990年。

终身学习机构提供年满 55 岁以上人的学习活动，并规定各级主管机关要规划制订乐龄学习活动的推动计划及编列预算，并鼓励终身学习机构组织办理乐龄学习活动，为老人提升自我，不断学习，积极参与社会事务奠定良好基础。2006 年"迈向高龄社会老人教育政策白皮书"（以下简称"白皮书"）提出终身学习、健康快乐、自主尊严和社会参与四大愿景，还包括迈向高龄社会的挑战、老年教育发展的现状、老年教育政策规划实施和老年教育政策行动方案四大部分内容，希望建立一个对老年人无年龄歧视的亲善社会环境等。

综上所述，为应对人口高龄化的现实，台湾省不断尝试完善促进老人积极老化、健康老化和成功老化的方案，相关的老年教育政策法规也在逐步细化完善。从台湾省社会行政主管机关以福利的角度提及老年教育所颁布的"老人福利法"，到台湾省教育行政主管机关的"终身学习法"、老年教育发展规划的"白皮书"等，说明台湾省老年教育政策的发展不是一蹴而就的，而是根据社会现实逐步完善，将社区老年教育的发展规划不断具体化、专业化。

第三节 台湾省社区老年教育的组织及管理模式

随着老龄化社会的迅速到来，台湾社会行政主管机关和教育行政主管机关着手规划和推动老年教育的实施，一些老年教育机构应运而生。由于老人往往缺乏交通工具，选择学习地点常以居所附近为主，因此社区型的高龄学习是最为普遍的选择。目前台湾省 22 个县市均设有社区老年教育机构，这些社区老年教育机构采用多元化办学机制，办学主体多数是机关部门与民间社团合办性质，即公办民营——行政机关主办、民间团体与机构经营，或完全由行政机关主导等。社区老年教育机构如社会行政主管机关办理的长青学苑、教育行政主管机关办理的乐龄中心和乐龄大学，以及民间组织办理的老人社会大学、宗教团体办理的俱乐部等。下面从四个方面分述台湾省社区老年教育的组织机构与管理模式。

一 台湾省社会行政主管机关主办的社区型长青学苑及其模式

长青学苑是台湾省社会行政主管机关依照"老人福利法"办理的福利性质的老年教育场所，占所有老人教育机构中的85%，是目前社区老年教育的主体。长青学苑首先由高雄市社会局于1982年创设，次年台北社会局跟进成立长青学苑。1987年10月23日，台湾省制定"台湾省设置长青学苑实施要点"，社区长青学苑这一老人教育组织的设立更加普遍，成为台湾社区老年教育最主要的机构。在台湾省社会处辅助下，各县市结合实际需要，选择适当场所设置长青学苑及其分苑。

（一）长青学苑概况

截至1994年年底，台湾省有22个县市及所辖乡镇设立了长青学苑及其分校，共计182所，有1484个教学班，参加学习者达65310人次；老人文康中心184所，社区长寿俱乐部3336个。[1] 2005年，长青学苑增至268所，开办1645个班，老人文康中心增加到354所。[2] 2018年的统计，台湾社区长青学苑增至1344所，其中台北市达324所为各市县之冠，台中市达243所位居第二，开办15548班次，参加学习者达824820人。台湾2018年各市县长青学苑办理校数、班级及参加人数，见表5-3。

表5-3　　　　　2018年度各市县社区长青学苑情况[3]

市县	所数（所）	班数（班）	参加人次
总计	1344	15548	824820
新北市	110	906	32611
台北市	324	4868	273089
桃园市	23	769	15854
台中市	243	1672	51738

---

[1] 张雅晶：《台湾社区教育概述》，中国社会出版社2005年版，第137—138页。

[2] 苏丽琼、黄雅玲：《老人福利政策再出发——推动在地老化政策》，《社区发展期刊》2005年第110期。

[3] 台湾省卫生福利主管机关统计处：《老人长青学苑概况》，https://dep.mohw.gov.tw/DOS/cp-1721-9415-113.html。

续表

市县	所数（所）	班数（班）	参加人次
台南市	162	815	225301
高雄市	109	1326	60752
宜兰县	12	796	35531
新竹县	49	99	3863
苗栗县	66	237	7716
彰化县	100	582	18156
南投县	26	170	4589
云林县	33	1830	16969
嘉义县	37	216	6164
屏东县	14	203	32691
台东县	1	66	1765
花莲县	18	80	2981
澎湖县	6	50	681
基隆市	1	106	3616
新竹市	3	281	16872
嘉义市	1	98	3669
金门县	6	375	10145
连江县	—	3	67

为了解社区长青学苑的实际运作情形，这里以高雄市社区长青学苑和台北市社区长青学苑的办理情形为例，简述如下。

（二）高雄市社区长青学苑

在台湾省老年教育社区化的发展过程中，高雄市社区型长青学苑扮演了前锋的角色。1982年12月3日，高雄市社会局开办了台湾省第一所老人大学——长青学苑，以年满60岁以上的市民为服务对象，开设语言、艺术和书画等各种课程。1990年颁布"高雄市长青学苑设置要点"，长青学苑设主任1人，由社会局长兼主任，下设教育、活动、事务、研究发展、公共关系五组。经费由社会局负担，行政及教学等实务工作由女青年会负责，可视为公私部门合办老人教育的典型。经历20多年的发展，为进一步满足老年人社区终身学习的需求，2005年高雄市社会局结合社区资源开办相关课程，落实长青学苑社区化，开办社区型长青学苑。高雄市社会局每年投入1000万元新台币的经费用于社区型长青学苑的办理，为全市老年人提供更普及的学习机会，更能回应在地特性与老年人的学习需求。

"高龄者社区学习方案"① 一文对高雄市社区长青学苑有详尽的探讨。在目标方面，首先通过老年网络照护体系的营造与规划，激发老年人的学习动机，活化生活内涵，实现生命尊严的全人发展营造；其次通过老年人学习服务体系的营造与规划，落实老年人在地学习、学习服务和创造学习资源的"三分机构、七分社区"规划；最后结合社区组织与民间社团对老年人学习永续规划，以社区为中心，发展社区自主的老年人照护及学习规划，落实在地老化的教育实践。在组织架构上，社区型长青学苑是公私合营的老年教育机构，社会局及长青中心提供经费，机关部门在行政上给予必要的协助，高雄市社区大学促进会负责整合民间资源与执行业务、服务培养学员，合作的单位、组织及学员则是共同的伙伴。高雄市社区大学促进会援用其十年来承办社区大学的经验，在与社区型长青学苑的运作当中，反映出其办学特色。

一是设立班代会议或工作坊，作为学员、老师、合作单位与学苑的重要桥梁。班代会议的内容除让合作单位互相认识、介绍社区型长青学苑的理念与做法、汇报年度办理情形外，并针对行政事项、班级事务、通识课程安排、学员临时状况应急处理、期末成果展呈现方式、学生学习成果及教师教学评量方式，以及第二年开办的建议等事项进行讨论。第二学期则就终身学习经验分享、激发学习活力、有效沟通与增进班级凝聚力、落实社区型长青学苑的学习价值等议题做讨论，以促进班级凝聚力、加强彼此的协调联系，增进老年人终身学习的成效。二是进行义工培训。义工是服务学员、老师、学苑等的重要人员，亦是办理各项活动时主要的工作伙伴，通过义工培训促进彼此了解、经验的分享，反映问题及需求并达成共识，使各项活动更为流畅。例如，以"心肺复苏术

---

① 何青容：《高龄者社区学习方案：高雄市社区型长青学苑》，《师友月刊》2009年第509期。

及特殊情况紧急处置"为培训主题，培养义工紧急意外事故的应对能力，及促进应急预警系统的建立。三是办理教师会议或工作坊。第一学期主要内容为介绍社区型长青学苑的理念与做法、汇报本年度办理情形，并针对行政配合及班级经营、通识课程安排、期末成果展呈现方式、学生学习成果及教师教学评量方式、学员临时状况紧急通报作业、第二年度开办的建议等事项进行讨论。第二学期则安排"活出生命的价值——高龄教与学的前景"讲座，使教师形成苑务理念的共识，促进社区老年教育的发展。四是举办合作单位会议。由于社区型长青学苑的上课地点分散全市各处，合作单位对于其扮演的角色与期待不一，举办合作单位会议目的在促进苑方与合作单位间的交流、建立合作单位对苑务的共识、加强彼此之协调联系，使苑务运作更为顺畅。

高雄市社区型长青学苑鼓励学员彼此交流，扩大学习视野，促进公共参与，除了开设电脑、语言、文学、手艺、表演艺术、书画、运动、健康医学及心灵成长课程十大类固定课程之外，为建立公民社会的宗旨，也开设通识课程周，并且配合高雄市世界运动会，带领学员参访世运主场馆。通识教育周的办理，对象除了学员之外，并扩邀各班教师、学员亲友和社区民众参与。此外，为促成学习效果的正面循环，社区型长青学苑计划于年度结束时办理学员学习成果发表会。高雄市的社区长青学苑促使老人再社会化的原则，表达了老人对这种需求的倾向。

二 台湾省教育行政主管机关主办的社区型老年教育机构及其模式

台湾省教育行政主管机关在老年教育方面的两大举措是办理社区型乐龄学习中心和社区型乐龄大学。以55岁以上老人为主要招生对象，开创多元的终身学习渠道。

（一）乡镇一级组织管理——乐龄学习中心

自2008年起，依据"设置各乡镇市区乐龄学习资源中心计划"，以"一乡镇、一乐龄"为理念，统筹整合各地公共图书馆、老人文康中心、社会福利单位、社区大学、高龄学习中心及民间团体等教育资源，建立以社区为单位的社区学习据点，设立"乐龄学习中心"（2010年之前称为"乐龄学习资源中心"），提供社区老年人更便利的学习资讯联结网络，让老年人可以通过社区渠道学习新知识,并同时拓展人际关系,让生活更快乐。乐龄学习中心的成立,凸显出老年教育和社区教育结合的可能性。2008 年开始乐龄学习中心接受直辖市及县市机关申请设置,由教育行政主管机关拨付经费补助,逐年于 368 个乡镇市区设置"乐龄学习中心"。乐龄学习中心以学校为基础,进而扩大民间团体结合办理,除活化因少子化而闲置的学校空间外,招募社区老人成立"乐龄义工队",不仅改变社区老人学习氛围,而且让老年人有服务社区的机会。

截至 2011 年,台湾省 20 个县市共设置 209 所乐龄学习中心,大多数设于中小学,其余分设在乡镇公所文康中心、大学院校及民间组织等。到 2012 年,共计学员 1049030 人次。[①] 至 2016 年,整个台湾省共有乐龄学习中心 339 所,[②] 2019 年已于 358 个乡镇市区辅助设置 366 所乐龄学习中心,排在前五名的市县有高雄市(39 所)、台南市(38 所)、屏东县(34 所)、新北市(31 所)、台中市(29 所)。办理活动达 105259 场次,学习人数也从 2008 年的 592932 人次成长到 2019 年的 2636878 人次,时数达 207709 小时;另为强化高龄者人力资源,鼓励乐龄学习中心成立"乐龄义工队",至 2019 年共有 11652 位义工、1670 个乐龄学习社团和 3006 个乐龄学习村里拓点(见表 5-4)。[③]

表 5-4　　　　2019 年各县市办理乐龄学习工作成效一览

县市	中心数	场次	女	男	总人次	时数
基隆市	7	2496	50931	13143	64073	5609
台北市	12	6483	152092	33268	185360	13171
新北市	31	12282	233206	61339	294545	23027
桃园市	13	4429	85602	23102	108704	9419

---

① 台湾省教育行政主管机关:《大学乐龄学堂联络名册》,hops://moe.senioredu.ov.tw/front/bin/ptdetail.phtml?Part=09110236&Rcg=5。
② 蒲思颖:《台湾省高龄教育政策推行效果研究》,硕士学位论文,华中师范大学,2018 年。
③ 《高龄教育》,台湾省教育行政主管机关乐龄学习网,https//:ws.moe.edu.tw001Upload3relfile04244658a219e-7012-4a43-9035-248f9964efc8.pdf。

续表

县市	中心数	场次	女	男	总人次	时数
新竹县	13	3656	75685	16970	92655	7100
新竹市	3	3907	98264	24729	122993	8137
苗栗县	18	5326	99143	27521	126664	9869
台中市	29	6646	119578	30286	149864	1265
南投县	12	3342	75261	24965	100226	7434
彰化县	27	6776	124823	33927	158750	12800
云林县	21	8818	157143	43357	200480	16155
嘉义市	2	664	13715	2517	16232	1238
嘉义县	18	4533	88800	25368	114168	9699
台南市	38	7174	137226	45524	182750	15225
高雄市	39	10369	213691	51888	265579	20331
屏东县	34	6200	130850	40640	171489	12579
宜兰县	12	3333	60948	14811	75759	6663
花莲县	13	2726	57479	18676	76155	5107
台东县	13	3024	50220	13670	63890	5557
澎湖县	6	1908	28548	10051	38599	3054
金门县	5	1167	21089	6854	27943	2881
合计	366	105259	2074294	562606	2636878	207709

2019年台湾省教育行政主管机关研究报告显示，多数老年学员每周至少有两天投入乐龄学习活动中，更有学习者一周7天不间断地参与乐龄学习活动，足见社区乐龄学习中心确实提供了在地老年人近便的学习场域，提高老年人的学习参与，为台湾省社区老年教育的永续发展贡献力量。[1]

（二）依托高校组织管理——乐龄大学

乐龄大学是台湾省乐龄教育的模式之一，主要依托高等院校，利用高校的师资力量、硬件设施设备、教学场所等资源开展老年教育，是台

---

[1] 魏惠娟：《台湾乐龄学习中心服务效益分析研究报告》，台北：中正大学高龄教育研究中心，2019年。

湾省普及的社区老年教育形式之一。

乐龄大学也是自 2008 年开始办理，由大学院校设立，推动 5 天 4 夜的"老人短期寄宿学习计划"，当时称为"大学办理短期寄宿学习"活动，有 13 所大学参与办理；2009 年转型为"乐龄学堂"，为期 1—2 周，采取集中住宿方式，有 28 所大学办理；2010 年逐渐发展为"乐龄大学"，采取学期制，一年分两期，每期授课 12—18 周，周一至周五白天上课，每周安排 6 节课，每学年合计 216 小时，共有 56 所学校申请办理。[①] 2018 年，为强化乐龄学习创新多元渠道，持续结合大专校院资源，辅助开设 107 所乐龄大学，鼓励发展各校特色，办理乐龄活力营或旅游寄宿学习营，提供创新多元的乐龄学习渠道。2019 年度共有 101 所大专院校提供 4457 位老年人学习机会。

（三）以老年人口为基准，开设社区多元学习中心

为营造友善的社区环境，打造校园社区多元学习服务空间，提供社区民众可学习、交流与共学的平台，台湾省教育行政主管机关执行社会行政主管机关 2017 年 7 月 10 日颁布"校园社区化改造计划"，辅助各直辖市、县（市）政府设置社区多元学习中心。总共分为 3 期，第 1 期时间为 2017 年 9 月至 2018 年 12 月；第 2 期时间为 2019 年 1 月到 12 月；第 3 期时间为 2020 年 1 月到 2021 年 8 月。[②]

社区多元学习中心的辅助原则及基准依据教育行政主管机关"辅助终身学习活动实施要点办理"，以台湾省各乡镇市区 55 岁以上老人超过该乡镇市区人口比率 20% 为主要优先辅助对象，各直辖市、县（市）政府依据申办学校的空间独立性、发展理念或协助社区办理老年学习、社区学习活动经验、特色性、配合度、永续经营的规划等，推荐 3 期办理单位，3 期核定 100 所。经费补助以部分补助为原则，不包括人事费，补助金额为新台币 15 万—50 万元。社区多元学习中心的以特色课程为主，包括亲子游戏治疗、造型气球、3D 列印笔体验、不插电式桌游体验、手

[①] 黄富顺：《台湾省新进高龄教育的实施、特色与问题》，《洛阳师范学院学报》2013 年第 1 期，第 4 页。

[②] 台湾省教育行政主管机关：《社区多元学习中心简介》，https：//moe. senioredu. moe. gov. tw/Home/CommunityDiversityLearningCenter。

机摄影、有氧运动、动力纸飞机、鬼步舞和饮水思源之酱油蛋糕制作等。

三 台湾省民间组织设立的社区老年大学及其模式

台湾省民间组织（包括协会、基金会）所设立的社区老年教育机构众多，包括遐龄学园、老人社会大学、敬老大学、长青大学、老人大学、松年学院、长青学苑、松柏学苑、银发族学院和长青社会大学等，其中规模较大的有老人大学和敬老大学。下面主要介绍遐龄学园、老人社会大学、敬老大学和松柏学院。

（一）以研讨会学习形式为主的社区老年大学

社区老年大学的学习方式丰富多元，其中一种便是以研讨会学习形式为主的社区老年大学——遐龄学园。遐龄学园于1982年12月18日，经由台湾省社会行政管理机关和教育行政管理机关核准设立，台北市财团法人慈航福利基金会创办的一所老人大学，主要进行学术研究活动，聘请学者专家担任学园的顾问或研究员。该学园订定研究计划书纲要作为研究工作的依据，设主任1人和副主任2—4人管理园务，并设组长、干事及助理人员经办研究管理及出版等事务。园内设赞助人会，聘请热心于老人福利与老人教育的人士参加，联系和助推各项活动的开展。

学园主要以研讨会形式开展教学与学习，可分为六种研讨会[1]，包括高龄学研讨会，分设病理、心理及福利等组；国学研讨会，分设文史、诗词、经书等组；宗教哲学研讨会，分设佛教、道教、人生哲学等组；国家建设研讨会，分设计划、行政、社会、经济等组；教育文化研讨会，分设高等教育、中小学教育、文艺等组；国际关系研讨会，分设国际政治、国际合作、国民外交等组。各研讨会原则上每两周开一次，注重吸收现代知识，并发挥所学及经验，提出建设性建议供政府参考。研讨会的场所分别设在台北市第一老人文康中心、东西精华协会、法伦讲堂及其他适当场所，另有一办公场所设在西宁南路四号五楼，所需经费均由慈航福利基金会支给。研讨会举办各种活动所需经费，除由园拨付外，参加研讨会的人需交纳会费分担，数额根据实际而定。该学园设置"研

---

[1] 中国台湾省社区教育学会：《社区老人教育》，复文图书出版社1984年版，第52页。

士"授予参加研讨会的人,设置"修士"授予参加讲习会的人,另设置"彦士",授予入园研究两年以上有特别贡献并被社会认可者。遐龄学园出版《遐龄业书》和《遐龄月刊》,《遐龄业书》编印研讨会认为有意义有价值的著作,《遐龄月刊》记载研讨会、讲习会和日常园务。①

(二) 以开设课程形式为主的老年大学

台湾省许多老年大学仍是以传统大学的模式开展学习,即授课制。以老人社会大学为例,它是台湾省老人教育协会所附设的单位,以贯彻"活到老、学到老"精神为宗旨,只要年满55岁以上者均可报名,无其他条件限制。老人社会大学下设校长及秘书长,下辖总务、财务、学务及教务四个单位,分别管理各项学员学习相关事务。每年设置两期,修习班次不限,每期约4个月,每周上1次课,每次2小时。学员免交学费,但需交1800元的教师钟点费及行政费,计算机班需交纳2500元,另教材费自理。上课地点除校本部(台北市健康路264号万国道德总会会址)外,还在台北县市13个地区设置校区,方便老人就近入学。

老人社会大学共开设68种课程,主要以提供保健知识,充实生活内涵,休闲娱乐为目的。各校区开设的课程类别及数量不尽相同,校本部开设的课程最多。主要开设的课程有语文、休闲、英文、医疗保健、文学、易经研究、艺术及计算机等。其中最受欢迎的三类课程是英文、医疗保健和易经研究。英文课程受欢迎的主要原因是老人出国旅游机会增多,儿孙在国外,学英文方便交流;医疗保健课程受欢迎的主要原因是老人已经意识到身体健康的重要性,关注学习保健知识;易经研究课程受欢迎的主要原因是很多老人热衷于风水、手相、面相及紫微斗数等的研究。每年老年大学约开设100个班,参与学员2000—3000人。

除此之外,敬老大学亦是采取该种模式。敬老大学,又称敬老遐龄大学,1994年由敬老协会在台北市中心区创办,由协会理事提供主要的资源与协助,以创造"健康、快乐、智慧"的晚年生活为办校理念。敬老大学的学员初办时400多人,到2007年增加到2000多人次,教育程度以高中程度居多,占45%,硕士以上学位者占12%。学员中除家庭主妇

---

① 中国台湾省社区教育学会:《社区老人教育》,复文图书出版社1984年版,第52页。

外，以退休公教人员居多。① 敬老大学的课程分为校内课程、校外课程和学习成就感的获得三部分。校内课程分为静态和动态两类，开设 30 多门课，自由选修，采用学分制。校内课程包括养生保健、运动休闲、生活技能、社会新知、文艺书法、心灵成长、生死学、因特网、小区资源利用等；校外课程包括游学和社会活动课程，每学期举办 1 次旅游学习，参访学术福利机构，参加政府举办的乡土活动或校外教学等。学习成就感获得则通过举办毕业典礼并颁发学位、办理学习成果展览或表演等实现。修习 4 年修满规定学分，获得"遐龄学士"学位，接着修习 3 年获得"遐龄硕士"学位，再修习 3 年获得"遐龄博士"学位。敬老大学的毕业典礼举办得特别隆重，这是对老年学生的一种鼓励，更是老年学生的一种荣耀。

四 台湾省宗教团体创立的社区老年教育机构及其模式

台湾省的佛教、天主教和基督教等宗教团体，均或多或少办理老人教育活动，或办理社区老年教育的专属机构，为老年人提供各种服务，促进社区老年教育的发展。宗教团体创立的社区老年教育机构主要有台北市基督教女青年会首创的"青藤俱乐部"、基督教长教会的松年大学、天主教圣母圣心修女会创办的晓明长青大学、佛光缘社教馆于佛光山台北道场创立的松鹤学苑等。

（一）青藤俱乐部

1978 年 1 月，民间社团台北市基督教女青年会倡导并首创学习性组织"青藤俱乐部"，揭开了台湾省社区老年教育的序幕。其创立的宗旨在于弘扬伦理道德，发扬传统敬老尊长的美德，唤醒社会大众对老年人的尊重，为老人提供系统的教育活动，增进老人福祉。同时倡导老年休闲活动，活动具体内容包括演讲座谈、技艺研习、休闲娱乐等，集休闲、联谊与再教育于一体，以增进老人生活情趣与身心健康。青藤俱乐部为年龄在 55 岁以上的老年人提供低收费的综合性服务，会员需交纳年会费

---

① 黄富顺：《台湾省新进高龄教育的实施、特色与问题》，《洛阳师范学院学报》2013 年第 1 期。

150元新台币。该俱乐部成立仅一年多的时间，参加各项活动的人数已经超过1万多人次，会员人数增加至400多人，平均年龄大约63岁。[1]

(二) 松年大学

1989年，台湾省基督教长老会创立社区学苑——松年大学。其组织和管理模式以2019年度第二学期招生简章[2]为例，其招生对象为认同该校宗旨且年满50岁的人，研究生班招生限制为松年大学大学部（台湾称法，即大学的本科部分）毕业者。采用学分制，每学年分上、下两期，每学期6学分，每学期至少上10节课，才颁发学分证明。修满48学分（8个学期）者颁发学士部毕业证；修完24学分（4个学期）者颁发硕士班毕业证书；博学班以三年为一个修习单位，分七级，如博学班一级、博学班二级……颁发证书和奖章。课程包括六大类，具体如下：

人生哲学：圣经教义、民间宗教介绍、生死学等；

保健医学：身心保健、各科医学、营养学等；

社会新知：社会文化、政治法律、财经趋势、生态环境等；

康乐活动：健身操、舞蹈、歌唱、校外教学等；

语文课程：英语、日语、台湾话等；

才艺课程：卡拉OK、围艺、书法、陶笛、手语、绘画、手机等。

收费为80岁以上免费，70—80岁收800元新台币，65—70岁收1300元新台币，50—65岁收1800元新台币。

松年大学目前在台湾省设立54所分校，其中包含原住民14所分校，目前学员总数为3000多人，从创校至今，毕业人数达7500人。[3]

(三) 晓明长青大学

1994年10月，天主教圣母圣心修女会创立晓明长青大学，该校设在台中市晓明女子高级中学内，旨在结合社区力量，开拓多元化、社区化及人性化的服务网络，通过各项教育服务课程与活动的开展，协助老人过上身心灵脑均健全的晚年生活，同时唤醒社会大众认识老年教育的重

---

[1] 中国台湾省社区教育学会：《社区老人教育》，复文图书出版社1984年版，第42页。
[2] 台湾省基督长老教会.松年大学简介，https://www.tschurch.org/senior-university/。
[3] 松年大学双连分校：《松年大学简介》，https://www.slpctaipei.org/snuslpc-taipei。

要性，妥善照顾老人及提前规划自己的老年生活。其课程设置分为一般科系和专业科系，修满规定学分者，可申请获得相关学位，但一般科系学位和专业科系学位均非正式学历。招生对象为 55 岁以上且认同该会宗旨者。2005 学年度第一学期，共招收 2223 位学员，其中年龄在 55 岁到 69 岁占 69%，有 1529 人；80 岁以上占 5%，有 106 人；而仍有 3 位 95 岁以上的老人参加修习，令人钦佩。①

（四）松鹤学苑

1996 年，佛光山台北道场松鹤学苑成立，其课程主要包括佛法义理、梵唱、禅坐、食疗养生和医学常识等，招生对象为 55 岁以上的"银发族"，为老人提供活泼丰富的社交活动，从而享受积极乐观的人生。

综上所述，台湾省社会行政主管机关、教育行政主管机关、民间组织和宗教团体所创办的社区老年教育机构，虽名称各异，但大体类似，共同之处包括：一是均以促进社区老年教育发展、充实老人精神生活为办理宗旨；二是均采取定点授课方式；三是招生对象均以 55 岁以上者为主；四是课程内容大抵都是基本生活知识与技能、医疗保健、休闲娱乐、语文、计算机等为主，宗教团体所办理的老人教育机构另渗透各教派宗教性质的科目与活动。在费用方面，社会行政主管机关和教育行政主管机关所办理的以免学杂费或收取少许教材等杂费为主，民间组织及宗教团体所办理的，则收取少部分的学费。

第四节 台湾省社区老年教育的课程与实施

随着台湾省老年人口逐年攀升，台湾省社会行政主管机关目前已于各市县设置长青学苑 1344 所，台湾省教育行政主管机关目前已于各乡镇社区设置 358 所乐龄学习中心和 107 所乐龄大学，提供社区老年人在地化的学习课程及活动。台湾省社区老年教育的课程充分挖掘社区内具有鲜明特色的资源，利用优于其他地区的师资力量和本土文化，结合本区域

---

① 晓明长青大学：《晓明长青大学概况》，http：//www.smgsh.tc.edu.tw/lkk/main.aspx？m=2&body=51。

特点开设课程。同时在广泛调研的基础上，做好教学设计，优化课程结构，创建特色领域教学，并研发一系列配套教材、课本和讲义等出版物，打造社区特色课程，形成特色区域文化。通过循序渐进、不断发展，使社区特色课程能够长期的开展下去，永葆生命力，使特色社区文化在更大范围内得以推广。

一　台湾省社区老年教育的课程设置

在社区实际开设的老年教育课程上，台湾省社会行政主管机关和教育行政主管机关各自主管的内容上都有一定的区别。台湾省社会行政主管机关对社区老年教育课程的规划主要以社会福利和休闲娱乐为取向，台湾省教育行政主管机关所推行的社区老年教育课程，则是以实现老人的教育权和社会权为原则，内容种类更加丰富多元。

（一）台湾省社会行政主管机关规划的课程——以社会福利和休闲娱乐为导向

台湾省社会行政主管机关对老年教育课程的规划以社会福利和休闲娱乐为导向，以满足老人的教育需求为原则。台湾省社会行政主管机关充分发挥协调、统筹、分配资源的功能，在成立的社区长青学苑课程设计上做统一整体规划，将资源做较均衡的分配，输送到市县的各个社区。其开课内容包括促进老年人身心健康的各类课程，通过通识教育课程引导老年人走出原先学习的范畴，扩大学习视野、了解社会脉动。

各市县社区长青学苑所开设的课程，大致可分为六大类：一是语言交流类，如国语、英语和日语等；二是技艺研习类，如国画、中国结、国剧、剪纸、书法、摄影、茶艺、陶艺、园艺、烹饪、乐器、歌唱和舞蹈等；三是中国文史类，中国文学、诗词欣赏、近代历史和易经等；四是卫生保健类，如脚底按摩、指压、营养等；五是社会经济类，如经济工商、社会福利等；六是科技信息类，如专题讲座、电脑应用等。以台北市社区长青学苑为例，每年分2季（春季：2月至7月；秋季：8月至12月）开课，其2020年开设的课程分为文史、社经、语文、技艺、卫健、科技等研习组。具体如下①：

文史组：包括文学、历史、哲学和宗教等；

社经组：包括社会福利、经济、工商等；

语文组：包括语言（国语、外语）、文字学等；

技艺组：包括书、画、琴、棋、歌剧、民俗技艺、拳剑功夫、园艺、茶艺、普康活动（国乐、合唱、参观旅游、联谊庆生、老人成品展示）等；

卫健组：包括饮食营养、卫生护理、健身运动等，也是采用专题讲座的形式；

科技组：采用专题讲座的形式，介绍现代科技知识。

凡是户籍在台北市的年满 60 周岁以上的老人均可报名参加，根据其兴趣与水平决定所在班级。师资以"老人教、老人学"之教学相长方式为主，必要时再请专家，老人通过学习获得欢悦，增进新的知识。台湾省社区长青学苑不具有课程规划功能，其课程以静态性科目为主，强调养生保健、休闲娱乐性质居多，以充实老年人生活、活化身体机能、拓展人际关系，落实多元化的老人福利政策为目的。依据调查指出②，台湾省长青学苑提供的老年教育课程，以卡拉 OK 歌唱种类最多，占 72.5%，故此类老年教育课程具有局限性。参与学员女多于男，教育程度以中小学居多，福利性质色彩较为明显。

（二）台湾省教育行政主管机关规划的课程——以终身教育的理念为原则

台湾省教育行政主管机关为落实老年教育在地终身学习的理念，2006 年公布"迈向高龄社会老人教育白皮书"，2007 年先利用校园闲置空间设立高龄学习中心和社区玩具工坊，2008 年起陆续在台湾省设置乐龄学习中心、乐龄大学及社区终身学习中心（"社区多元学习中心"），提供老年人便利的社区学习场所及适合的教材和学习课程，让老年人快乐

---

① 台北市政府社会局：《社会参与——长青学苑》，https://dosw.gov.taipei/News_Content.aspx? n = 222C9779823FA161&s = 7B3F8B646D0A5442。

② 魏惠娟等：《"2007 高龄教育整合与创新"研讨会论文集》，台湾省教育行政主管机关，2007 年，第 159—173 页。

学习，进而维持健康活力及社会参与。

以乐龄学习中心课程为例，在课程方面以艺术教育、旅游学习、医疗保健、消费安全、休闲学习、家庭人际关系、生命关怀和口述历史等多元学习课程为主轴，除上列课程外，逐步将课程分类，2012 年乐龄课程分为四类：政策宣导课程、基础生活课程、兴趣特色课程、贡献影响课程。除政策宣导课程外，其他课程包括：① 基础生活课程：高龄社会趋势、退休准备教育、健康老化、高龄心理、家庭关系、用药安全和消费保护等；兴趣特色课程：信息科技、艺术教育、当地文化历史或产业等；贡献影响课程：志愿者课程、高龄者学习特质与活力老化策略、如何经营自主学习团体课程等，并根据当地特色及实际需要提出创新课程，为老人丰富持久的学习奠定基础。

2014 年将贡献影响课程改为贡献服务课程，并加入中心特色课程，课程时数比例中心特色课程为 30%，政策宣导课程占 11%，基础生活课程占 24%，兴趣特色课程占 28%，贡献服务课程占 7%。2016 年乐龄课程的分类进行大幅度调整，政策宣导课程和基础生活课程合并为核心课程，兴趣特色课程和中心特色课程合并成为中心自主课程和贡献服务课程，课时数以中心自主课程为主，占 64%，核心课程占 29%，贡献服务课程占 7%。2018 年，在中心自主课程中加入学习社团课程变，其他不变。即核心课程（包括基础课程和政策宣导课程）、自主规划课程（包含兴趣课程、中心自主课程和学习社团课程）和贡献服务课程，核心课程占 37%、自主规划课程占 51%，贡献服务课程占 12%。这些课程包含不同种类，从政府的政策、生活安全、心灵成长和兴趣发展、服务课程到社会参与，与老年人的生活息息相关，吸引更多老年人参与学习，而多元的课程提供老年人更多的选择，他们可以根据兴趣做出选择，发展自身兴趣、精进专业能力与投身社会服务，发挥自身的社会价值。从 2016 年到 2018 年的课程开课比例的变化可知，兴趣课程被贡献服务课程取代，显示乐龄学习中心具有鼓励老人关怀社会、融入社会并为社会做贡献的

---

① 台湾省教育行政主管机关：《第七次台湾教育年鉴（第四册）》，台湾省教育行政主管机关，2012 年，第 176 页。

精神。

除此之外，台湾省教育行政主管机关为了发展多元化的乐龄学习渠道，2008年结合岛内13所大学推动5天4夜的"老人短期寄宿学习计划"，2009年结合28所大学办理的1—2周的"乐龄学堂"，2010年逐渐发展为学期制的"乐龄大学"。大学院校具备较为专业和齐全的师资、设备和学术资源等，更便于老年教育的开展。学校式的老年教育，既能帮招生困难的大学转型，又能与社区合作嘉惠社区中的老人，2010年教育行政主管机关颁布"乐龄大学计划"，根据各办理学校的发展特色规划，每学期授课内容安排如下[①]：一是概念性课程，如"迎向高龄化社会的挑战与因应""高龄者学习的特性与活力老化策略""高龄者的终身学习与在地老化"等；二是知识性课程，如老年人的生涯规划、银发族养生与保健、老年人心理压力与调试、老年人灵性教育与生命意义、银发族生活与法律等；三是休闲课程，如电影与音乐欣赏、陶艺、书法、绘本创作与分享；四是运动性课程，如健身操、太极养生操等。除上述课程外，在学期中安排代际学习体验课程（又称为"混龄课程"），安排老年人进入适合其学习的大学或研究所中随班上课，与学生共同学习，体验代际互动学习的乐趣。

二 台湾省社区老年教育的师资培训

台湾省早期推动的老年教育，以社会福利体系为主，未有计划性及系统性地培育老年教育专业人才。社区老年教育领域具有特殊性和复杂性，需要教育、医学、护理、营养、保健等不同专业的师资力量，方能满足老年人的教育需求。为落实社区老年教育工作，培训社区性的老年教育专业人才，2012年，台湾省教育行政主管机关颁布"乐龄教育专业人员培训实施计划"和"乐龄教育专业人员培训要点"，依据该实施计划和培训要点，提升社区老年教育人员的专业程度。

[①] 台湾省教育行政主管机关：《第七次台湾教育年鉴（第四册）》，台湾省教育行政主管机关，2012年，第182页。

（一）老年教育专业人员培训——提升老人品质生活

社区老年教育专业人员的培训目标：①培养老年教育专业人员热爱老人、接纳老人、尊重老人和服务老人等态度；②增进老年教育专业人员参与老年教育的专业能力、经营管理与教学专业知能；③强化老年教育辅导功能，协助社区老年教育机构达成活跃老化、提升老人生活品质能力。社区老年教育专业人员的培训分类：①老年教育讲师：在社区老年教育机构中，规划及执行授课任务的活动者；②老年教育专案计划管理人：在社区老年教育机构中，担任老年教育活动的规划及经营管理者；③自主学习团体带领人：在老年人自行组织，以自助自主方式运作的学习团体担任领导工作的人，或于台湾省教育行政主管机关主管的图书馆、博物馆、科学馆等社会教育机构中，对老年人进行文史、自然科学或其他知识内容的解说者。

社区老年教育专业人员培训分为初阶、进阶和实操三个阶段，初阶培训目标，为开办第一年的经营团队了解中心的经营策略方向，学习经营手册的使用，建立经营团队与义工团队，研习方式采用"应用导向"的课程设计，初阶培训课程以认识乐龄学习中心、活用乐龄学习资源中心工作手册、乐龄学习中心经营团队策略规划及创新经营等课程。进阶培训目标，针对学习课程，做深化与创新设计，进行乐龄学习故事收集、整理与宣传，强化经营者及社会大众对乐龄学习的认知、肯定与报道。研习方式采用"实作产出"的课程设计，达成"一中心一特色"的学习设计构想。各阶段研习方式皆分区方式执行，以小组研讨、分组企划演练和主题讲述等为主。

（二）核心课程规划师的培养——培育宣讲种子人才

2014年，台湾省教育行政主管机关开始培育及推广活跃老化核心课程的规划师，并且招募及培训各乐龄学习中心乐龄核心课程的宣讲种子人才，与老年教育讲师不同，核心课程规划师的培训是以成人教育学理论为基础，以"创造有效的教与学"为理念，通过培训，核心课程规划师将协助乐龄学习中心或老年教育相关机构进行核心课程教学。核心课程规划师是核心课程的老师，具有指导核心课程、设计核心课程、改善老年学习和创造有趣有用的学习等功能，通过教授核心课程传播老龄社会中学习的观念，促进社会大众关注老年期重要的学习课题是"活跃老化"。

2016年，台湾省教育行政主管机关颁布"乐龄学习核心课程规划师计划"，初阶培训内容有招募、甄选、培训、教学4个阶段，并于乐龄学习中心进行至少6个场次宣讲教学；进阶培训以"活化记忆力、认识失智"为宣讲主题，培训内容有招募与甄选、培训研习、宣讲实施、宣讲观摩和交流研习5个阶段，进行8个场次的宣讲教学。2017年在11个区域，办理一天七个小时的培训课程，主要教授内容为老年学习的理念、老年学习核心课程与教学模式、教学设计以及教学演练，并进行小组讨论分享且实操。为了能够培育在地的核心课程规划师，2018年各区的乐龄学习辅导团协助培训，规划满足老年人需求的课程和教学的方式，以增进各地乐龄学习中心及相关老年教育机构的教学品质。

秉持"活跃老化"的核心学习理念，各区辅导团在每年度会定期举办培训课程或研习提供给乐龄学习中心经营团队，强化团队经营能力与教学知能，持续带动老年学习、老年人身心发展与健康、生活安全与社会参与等生活品质的提升。2016年后课程规划区分为乐龄学习核心课程、中心自主规划课程和贡献社会服务课程三个类型，乐龄学习辅导团培训规划的重点在各类课程的规划、设计与教学，了解课程分类的内涵与价值，深化老年教育人员的理论基础及经验交流分享，同时强化经营团队的专业性，提高老年教育及方案执行的品质。

（三）"路老师"培训——推广用路安全

随着老年人身体机能的退化，及交通发达、路上车辆多且路况复杂，老年人经常发生交通安全事故。为了通过多元的管道跟老年人宣讲交通安全的重要性，2010年，台湾省交通行政主管机关和台湾省教育行政主管机关合作一同办理老年人交通安全宣导事项，通过老年交通安全教育宣讲推广种子人员培训，并结合在地各机构的帮助，扩大推广的成效，将老人交通安全观念深入各地。

"路老师"是台湾省交通行政主管机关"交通安全教材宣讲推广工作者"的总称，即推广老人"用路安全的老师"。"路老师"培训分为六个阶段：招募、研习训练、宣讲推广、交流座谈、成果发表和认证奖励。

只要完成 12 小时的老人交通安全教育宣讲推广员培训研习及二阶段交流座谈者，就会颁发"老人交通安全教育宣讲推广员"研习证明，或公务人员终身学习时数。另外，完成全部阶段培训的"路老师"，会分为个人及小组两类，评选出几名金质奖及银质奖的"路老师"。

（四）义工的专业培训——提倡老人服务老人

在社区人力资源中，义工扮演着重要的角色。老年人在乐龄学习中心担任义工，结合自身的专业和经验，以老人服务老人的方式，贡献自己的社会价值。义工的专业培训，通过义工训练课程有计划地执行，特别是老年教育与学习的培养，让他们具备正确的志愿服务理念和服务特质。社区老年义工的招募，不仅提升老年人的社会参与率，也强化乐龄学习中心与社区的结合。2012 年，社区义工人数由 7154 人，到 2018 年，义工人数达到 11366 人，[①] 有越来越多的老年人加入义工行列，最终创造乐龄学习中心与社区双赢的局面。

三 台湾省社区老年教育的教学模式

传统的老年教育方式包括自我学习、讲述法、小组讨论、讲述与讨论并用、旅游学习等，学习对老年人来说是一件枯燥乏味的事。学习本来不局限于任何形式，更不应受场地的限制，台湾省教育行政主管机关通过创新教学模式降低老年教育成本，但同时使社区老年教育的效益达到最大化。

（一）"教学 123"——提升老人学习效果

"活跃老化"理念课程的创意实践，乐龄学习总辅导团根据成人教育学理论，设计一套乐龄学习核心课程教学 123 模式，简称"教学 123"，[②] 即 1 个重点、2 个活动、3 个应用。所谓"教学 123"，"1"代表每一个单元所要探讨的一个重点。"2"代表针对该单元所要探讨的问题，规划师要能设计出两个教学活动，第一个是与教学重点有关的活动，可以是

[①] 台湾省教育行政主管机关：《乐龄学习系列教材 29：乐龄十年专刊：乐龄拾穗》，2019 年，第 52 页。

[②] 魏惠娟：《乐龄学习规划师训练方案：教学 123 设计模式》，《T&D 讯飞季刊》，2016 年，第 1—22 页。

提问、游戏、影片或案例故事等，只要与教学重点相关的活动均可，强调通过互动设计，营造良好的学习气氛与激发正向的学习效果。第二个活动是针对教学重点的一个理论、一个定义或一些最新研究的证据等，规划师要能规划出知识性的教学策略，如应用小组研讨、脑力激荡或影片案例等。"3"代表该单元课程结束后，学员回去能够应用的3个行动策略，目标是在训练成人自我导向的学习能力。通过规划师设计有创意的行动策略，引导学习者能学以致用。"教学123"模式不仅是一套系统的教学设计模式，更是有效促进成人学习的教学设计策略。

（二）自主学习——增进老人社会参与

2015年，台湾省教育行政主管机关为推广老年教育，增进老年人社会参与，激发老年人终身学习，且获得独立自主、学会发展的机会，培训老年自主学习团队带领人，辅助及辅导带领人成立高龄自主学习团体，大力扩展乐龄学习机会，彰显自主学习特性及增进自治能力的发展，使老年人身心健康快乐，促进活跃老化及终身学习社会的建立。

老年自主学习团体以自主、自助运作方式，选定多元学习主题，设计自主学习课程、教材及教案，提升学习品质，增进学习效果。教育行政部门鼓励自主学习团体带领人深耕偏乡及离岛地区，增扩更多元的老年人参与学习的机会，并结合政警、交通、卫生与社政机构及社区等教育资源，发挥资源共享的效益，为老年人的身心健康带来正向影响。老年自主团体的成员年满55岁及以上，其中担任带领人（亦为负责人）、协同代领人或文秘、出纳及其他工作等干部最多4人，干部不受"55岁以上"年龄限制。

台湾省教育行政主管机关办理"推动高龄自主学习团体终身学习活动试办计划"，通过初阶、进阶和实作三个阶段，业已培训136位自主带领人，协助前往偏远社区带领活动，共计有131个团体于各地进行学习活动，强化贡献服务的能量。2015年至2018年总计培训491位高龄自主学习团体带领人，辅助348个自主学习团体深入社区或偏远地区，办理多元丰富的终身教育课程及活动，彰显老年人贡献服务的能量。自主学习团体模式是新兴的老年主导型的办学模式，推动台湾社区老年教育蓬勃发展。

（三）网络学习——提供丰富学习资源

2008年，台湾省首创社区老年教育学习专属网站——教育行政部乐龄学习网，提供多元且丰富的高龄学习相关资源，包括最新老年教育政策与各项计划、老年学习教材、老年教育人才资料库、老年教育学习渠道、各项老年教育研习讲义教材等。教育行政部乐龄学习网分为五个资讯专区，内容丰富多元，可供老人自主选择，满足不同老人多样化的学习需求，主要包括以下几个方面。

一是乐龄学习中心专区：各乡镇市区乐龄学习中心联络电话、地址和中心课程与特色，方便民众就近寻找适合的学习专区。同时同步提供各乡镇市区乐龄学习中心最新课程办理情形、活动成果等；二是乐龄大学专区：乐龄各大学校院联络电话和课程介绍，可以链接各大高校网站获取相关学习资料；三是研究报告专区以及出版物专区：2008年起委托大学校院撰写各项老年教育及代际教育研究报告；四是退休准备专区：为了让老人更好地适应退休后的生活，退休准备教育从健康、法律、生活和贡献四个方面帮助老人进行退休规划，如退休金的计算与规划、正确的理财和成为义工等，帮助老年人及早意识到退休准备的重要性，了解退休准备的方式，收集退休准备的信息等，从而享有健康、快乐和有尊严的退休生活。除此之外，教育行政主管机关为了鼓励积极推动乐龄学习工作者热心的奉献，在2012年举办第一届"乐龄教育奉献奖"，该奖项每两年办1次，2018年举办了第四届。该专区提供了四届"乐龄教育奉献奖"的颁奖视频；并成立了社区多元学习中心，介绍社区多元学习中心的依据、目的、补助对象、执行期限、补助原则和成效考核等。

除了教育行政部的乐龄学习网之外，还有各高校链接的乐龄大学网站，各市县的社区长青学苑的官方网站，提供最新课程、招生、报名等信息的查询渠道，便于老年人及时掌握相关社区老年教育资讯，积极参与。

第五节 台湾省社区老年教育的成效与问题

台湾省已于2018年进入老龄社会，并将在2026年迈入超老龄社会。庞大的老年人口数增加已成为不可逆转的趋势，长青学苑、乐龄学习中心及乐龄大学等遍地设立，开创了台湾省社区老年教育发展的新境界。

一 台湾省社区老年教育的成效

老年教育是终身教育重要的一环，鉴于多元的终身学习渠道，对延缓老化和提高生活品质有密切的关系，本着"快乐学习、忘记年龄"（即乐龄）的原则，台湾省以社区为载体，以在地学习、创新多元、专业辅导、世代融合为主轴策略，建构在地化的老年教育体系。

（一）在地学习：建立体系，普及机会

台湾省教育行政主管机关为落实"在地学习"理念，依据老人学习特性，结合补助当地各级学校、行政机关、民间团体等单位，普设社区老年教育机构，建构完善的社区老人学习体系。自2008年以来，秉着"一乡镇，一乐龄"目标和采取"一乡镇，一特色"的方式规划，普设乐龄学习中心，拓展社区老年人学习机会及渠道。2019年已于358个乡镇市区辅助设置366所乐龄学习中心。乐龄学习中心的课程以乐龄学习核心课程（含特色课程）、中心自主规划课程、贡献社会服务课程三大类，采用多元模式办理，特色课程让各中心可以将所在地区的文化特色、产业发展、风俗民情等转化为学习内容，课程领域广泛且多元，老年人可以根据自己的需求，选择符合时代潮流的资讯科技、生活产业、文化特色及祖孙共学等课程。乐龄学习中心参与人次已由2008年的59万增加到2019年的264万。

台湾省教育行政主管机关通过社区拓点计划打造近便的学习场所。截至2015年已于988个村里开拓1766处社区学习据点，[①] 2019年增至3006处社区学习据点，遍及台湾省北部、南部岛屿，嵌入各个偏远农村，由点串成线，由线到面，串联结成一张学习网，便于老年人就地学习。台湾省鼓励学员自行组成自主学习的服务团体以服务老年人，促进中老年人力资源再运用的良性循环。截至2016年，已成立574个自主学习服务团体提供自主服务，如重阳节主动前往安养机构、医院等与老人欢度节日，具有贡献服务社会的价值。为发挥老年人贡献服务精神，各乐龄

---

① 黄月丽：《人口老化下的高龄教育政策》，《国土及公共治理季刊》，2016年，第110页。

学习中心成立了"乐龄义工队",义工队队员主要担任宣讲员进行"宅配"服务,将学习资源"宅配"到社区,希望以老人带领老人,将老年人力资源活化并服务于社会。截至2019年,共有11652位义工、1670个乐龄学习社团。

(二)创新多元:开拓渠道,强化权益

为强化老年人的学习权益,发展多元化的老年学习渠道,用创新多元的学习方式,提供老人适宜的学习活动。2018年,教育行政主管机关运用107所大学院校优质师资及设备,执行乐龄大学计划,创新老年人多元学习模式。乐龄大学计划提供55岁以上的老人进入校院和大学生共同学习,采取学年制,每学期12—18周,每学年合计216小时,活动课程以老化及高龄化、健康休闲、学校特色、生活新知等课程为主轴。以"学校社区化,社区学校化"为理念,长青学苑至2018年已开设1344所,参与学员达824820人次。

为使老年人随时掌握最新学习资讯,2008年,台湾省教育行政主管机关首创社区老年教育学习专属网站——乐龄学习网,网站汇聚乐龄学习中心、乐龄大学和老年教育相关调查与研究报告,提供多元且丰富的老年学习相关资源,包括最新老年教育政策与各项计划、老年学习教材、老年教育人才资料库、老年教育学习渠道、各项老年教育研习讲义教材等。为老年人提供便利及快速的学习查询渠道,促进老年人参与社区学习活动。

(三)专业辅导:专业人力,提升品质

台湾省教育行政主管机2008年辅助成立乐龄学习中心的同时,委托专业学术团体成立乐龄学习辅导团,以协助及辅导各市县政府推动落实社区老年教育。2012年,为促进老年教育的专业发展,委托中正大学、台湾师范大学等4所具有成人教育及老年教育相关系所的大学,首度成立分区的乐龄学习辅导团,研拟每年评鉴及访视指标,研编乐龄学习系列教材(29种)和数字教材(10种),办理专业培训研习、联席座谈、成果观摩及国际研讨会等,以提升老年教育工作者的专业能力。

从2012年起,台湾省教育行政主管机关开始培训老年教育专业人员,包括讲师、自主学习团体带领人、教育导览解说员、教育专案计划管理人四类。经了解，台湾省教育行政主管机关用退休人力所培训的乐龄专业人员中，有高达86.15%的学员参加完培训后进入乐龄学习中心、乐龄大学、长青学苑等相关社区老年教育机构服务，展现专业人员的培训成效，老年人退休后仍将智慧及经验传承、贡献于社会。2018年各社区共办理52场次培训及联系会议，包括乐龄核心课程规划师、经营团队培训及各社区乐龄中心之在职及专业课程训练，共计有4229人参与，并进行152所全国乐龄学习中心实地访查。[1]

2015年，台湾省教育行政主管机关推动"高龄自主学习团体终身学习活动计划"，经过辅导结训，并通过考核的学员组成2016年的高龄学习团体，发挥服务偏远社区老人学习的功能，普及老年学习机会。通过初阶、进阶和实作三个阶段，业已培训136位自主带领人，协助前往偏远社区带领活动，共计有131个团体于各地进行学习活动，强化贡献服务的能量。2015年至2018年总计培训491位高龄自主学习团体带领人，辅助348个自主学习团体深入社区或偏远地区，办理多元丰富的终身教育课程及活动，彰显老年人贡献服务社会的能量。

（四）世代融合：代际教育，世代互动

因家庭结构的变迁，祖孙世代的互动逐渐减少，台湾省教育行政主管机关在2008年至2009年，结合全国的乐龄学习中心和家庭教育中心推动"祖孙周"，促进世代共融。从2011年起，台湾省正式将每年8月的第四个星期日定为"祖父母节"，结合乐龄学习中心、学校、民间团体、相关企业等一起办理系列活动。截至2018年，台湾省教育行政主管机关已经利用学校空间设置154所的乐龄学习中心，让社区老年人可以利用社区学校进行学习活动。

同时，社区大学发展老年教育的方式之一是开设"混龄课程"，开放让老年人进入大学学习，以旁听附读，或学分采认的方式，让大学生学习如何与老人一同学习与相处，通过接触与合作，让学生学习正确老化的概念与知识，也让老人能接触年轻世代的想法，拓展视野，了解社会

---

[1] 台湾省教育研究院：《台湾省教育年报107》，https://www.naer.edu.tw/ezfiles/0/1000/attach/9/pta_21289_8682494_12077.pdf。

变迁，增加其学习的目的与动机。老年人担任年轻人的良师益友，通过世代间的经验交流与传承，促进世代间的了解与交融。

二　台湾省社区老年教育存在的问题

台湾社区老年教育发展有其成效，但整体而言，目前在社区老年教育推动方面，存在下列各项问题亟待解决。

（一）政策落实不到位，缺乏具体的实施计划

在台湾省社区老年教育的制度建设方面，尽管涉及社区老年教育的地方政策及法规较多，但大都以组织架构、实施目标、应用对象等宏观要素为主，未能将中长期计划、经费、人力、组织与策略予以明晰化，由此也影响了实际功效的发挥。虽然2006年颁布的"迈向高龄社会老人教育政策白皮书"内容仅限于宣示台湾社区老年教育未来开办的方向，并未规划出实施计划，所以阻碍了此方案的实施。其改善之处包括：①内容太广，超出教育范围；②部分主题与内容未臻一致；③部分内容叙述未见逻辑性；④标题与内容有不一致情形；⑤未提到研究的部分；⑥政策愿景与目标，未掌握教育目的的本质。教育行政主管机关为推广老年学习及业务的需要，先后颁订计划、要点及办法等，但这些办法、要点及计划均属"法规"命令或行政规则性质，法制基础尚不足。因此，如何协助政策使之永续发展，同时如何鼓励地方政府积极投入，或民间资源的导入，进而使整个老年学习网络得以整合，都是未来努力的方向，均有待更完善的规定来引导。

（二）推动主体多元，缺乏具体的统整机制

台湾社区的老年教育机构种类繁多主体多元，诸如社会行政部门推动的社区长青学苑、社区照顾关怀据点，教育行政部门成立的社区乐龄学习中心及依托大学设置的乐龄大学，民间组织办理的老人社会大学、宗教团体办理的俱乐部等。截至2018年，台湾省各市县共设置369所社区乐龄学习中心、107所社区乐龄大学和1344所社区长青学苑，更有民间力量组织的其他机构和非机构的社区老年教育资源。

虽然社会行政部门2007年1月31日公布的"老人福利法"中明确规定，老年教育的主管机关是教育行政部门，但是目前社区老年教育推

动体系多元,并未统整。各主体部门有关社区老年教育政策的规划分歧零散,造成资源浪费和效能不彰。尤其在2008年后,教育行政部门所举办的社区老年教育活动,逐渐与社会行政部门的社区长青学苑有分庭抗礼之势,这种缺乏整合式的社区老年教育工作,造成资源重复分散。台湾省老年教育与老人福利的主管机关,分属不同行政体系;社区老年教育的政策规划、沟通协调与资源运用上,有其限制。为避免重复配置,亟须在不同部门、不同层级政府、各类教育系统及社会中各种组织与团体等进行整合,以充分发挥社区老年教育资源整合与联结的效果,形成团队合作模式,共同营造资源共享的社区老年教育体系。

(三)课程设置冗余,优先顺序尚待厘清

老年人的身心具有特殊性,其学习需求及兴趣多元,近几年,虽然台湾省教育行政主管机关根据世界卫生组织(WHO)的"活跃老化"政策以及学习者的规范性需求,规划出活跃老化的五大领域作为老年人学习的核心课程,这突破了传统以兴趣休闲为主的课程框架。台湾省各社区老年教育机构积极开设丰富多元的课程,以满足老年人多样化的需求。如乐龄学习中心所开设的课程种类相当丰富,但各乐龄学习中心在开课比例上没有统一的分类和标准,因此在课程的开设比例上有所偏颇,无法保证每一位学员能够得到多元且完整的课程。[1] 由于资源和经费有限,目前社区开设的老年教育课程偏向花费资源较少的活动,娱乐性的、社交性的和休闲性的课程设置过于冗余。依据调查[2],台湾省长青学苑提供的老年教育课程,以卡拉OK歌唱种类最多,占72.5%,故此类老年教育课程具有局限性。

根据台湾省卫生福利主管机关"台湾省2017年老人状况调查报告"[3],65岁以上老人休闲活动项目"看电视"的占80.73%,其次为

---

[1] 台湾省教育行政主管机关:《乐龄学习系列教材29:乐龄十年专刊:乐龄拾穗》,2019年,第49页。

[2] 魏惠娟等:《"2007高龄教育整合与创新"研讨会论文集》,《台湾省教育行政主管机关》,2007年,第159—173页。

[3] 台湾省社会行政主管机关统计处(2017),https://dep.mohw.gov.tw/DOS/cp-1767-38429-113.html。

"户外健身、运动"占52.89%，再次"聊天、泡茶、唱歌"占46.91%；而2016年参与学习活动者仅占4.88%，此调查明显指出老年人对学习活动参与率明显不足，对老年期的生涯认知规划有所欠缺。因此，在课程方面，应加强需求评估与回馈，厘清课程优先顺序，提供一些更贴合社区实际、更有社会价值的课程，以吸引更多老年人参与社区学习活动，提高晚年生活品质。

（四）理论研究滞后，缺乏性别差异学习行为研究

台湾省关于社区老年教育理论研究滞后。比较台湾省文献数据库、SpringerLink、EBSCO等数据库的文献检索结果，可以发现台湾省学者涉及老年教育的文献发表数量在2000年左右达到峰值，之后就呈现出逐年下降的趋势。2018年台湾省正式进入深度老龄化社会，对理论的研究更需进一步加强。

一项对台湾省老年教育推动情况与需求调查结果显示[1]，老年教育活动中女性未参与的因素，在生理方面，表现为"记性不佳""听力及视力不佳"和"无法久坐"等；在心理方面，表现为"害怕学习时运用到新科技的课程"和"没有参与学习的动机"等；在社区老年教育方面，男性与女性有不同的学习动机、不同的学习模式，现有的成人教育资料库或相关的教育计划，多数是针对全部老人的资料，较少有针对性别差异进行的分析，缺乏实证基础的背景资料，导致政策规划与资源运用无法针对性别需求，提出具体的策略和措施。据台湾省2018年人口推算，男性的寿命从2016年的76.8岁上升至2065年的81.9岁，女性寿命从2016年的83.4岁上升至2065年的88.6岁，[2] 随着女性寿命比男性寿命的延长，老年人口中女性比例较男性越来越大。2019年度，参加乐龄学习中心的老人中女性有2074294人次，男性有562606人次，[3] 女性人数是男

---

[1] 台湾省教育行政主管机关：《第七次台湾教育年鉴（第四册）》，台湾省教育行政主管机关，2012年，第171页。

[2] 中国台湾省发展委员会：《台湾人口推估（2018年至2065年）》，《台湾省台湾发展委员会》2018年第45期。

[3] 中国台湾省发展委员会：《台湾人口推估（2018年至2065年）》，《台湾省台湾发展委员会》2018年第45期。

性人数的3.69倍，进行性别差异学习行为研究迫在眉睫。未来宜列入性别统计新增项目，积极建置性别资料库，加强性别差异的学习研究，并宜对研究或执行结果作相关的性别统计与分析，以供未来社区老年教育政策的评估。此外，在社区老年教育的资金保障方面，由于近年来台湾省经济持续低迷，地方政府在社区老年教育方面的预算不足，也在很大程度上影响了社区老年教育的良性发展，需要各级政府在编列预算中，保障社区老年教育所需经费。

第六章

粤港澳台社区老年教育：共性与个性

第一节　粤港澳台社区老年教育的个性差异分析

经过多年的发展，粤港澳台四地的社区老年教育都已形成一定的规模，并各具特色。总的来说，粤港澳台的社区老年教育在政策保障、课程与教学、组织管理与运行模式、教师培训等方面的共性中又表现出各自的个性差异特征。

一　粤港澳台社区老年教育政策保障的差异分析

在社区老年教育政策保障方面，广东省的相关法律法规出台时间晚、数量少，老年教育政策制度尚处于起步阶段，还未形成完整体系。广东省早期的社区老年教育都是由私人、各工作单位、企业等自行举办和运营，缺乏系统规范。直至2017年，为贯彻落实《国务院办公厅关于印发老年教育发展规划（2016—2020年）的通知》（国办发〔2016〕74号），积极应对人口老龄化趋势，大力推动老年教育发展，广东省人民政府才首次正式发布了《关于大力推动老年教育发展的实施意见》（粤府办〔2017〕41号）的政策文件[1]，对广东省的老年教育工作开展进行了初步的规范和指引。

相较于广东省社区老年教育政策规范出台时间晚、数量少，港澳台

---

[1] 广东省人民政府办公厅政府信息公开：《广东省人民政府办公厅关于大力推动老年教育发展的实施意见》，http://www.gd.gov.cn/gkmlpt/content/0/146/post_14612 5.html#7。

地区的相关规范条例出台时间较早且更为丰富和完善。20世纪80年代后期香港就开始实施长者学习计划。1997年，香港特别行政区政府成立后，香港特别行政区行政长官将"照顾长者"作为政府三大施政方针之一，强调发展对长者的"持续照顾"和"社区照顾"，确保长者享有基本及有尊严的生活。同年，香港成立安老事务委员会，专门负责制定全面的安老政策，统筹各项安老服务的策划和发展工作，以及监察有关政策和计划的落实执行。随后，香港特区推行了如"老有所为""长者学苑"等活动计划，对香港特区的社区老年教育的目标、主题、实施办法、评选与监督等做出了详细的规定。和香港类似，澳门特区政府从20世纪90年代开始增加对长者安老服务的介入，将老年人群体纳为施政纲领的重要保障群体，积极推动安老服务的发展。澳门特区政府也是通过由各政府部门举办各种社区老年教育计划，如《终身学习奖励计划》《持续进修发展计划》《澳门特别行政区2016—2025年长者服务十年行动计划》等，以及《施政报告》来推动和保障社区老年教育的发展。而台湾省关于社区老年教育的政策最为完善系统。自1989年台湾教育省行政机构制订"老年教育实施计划"，开始介入老年教育以来，台湾省由社会行政主管机关和教育行政主管机关分别颁布社区老年教育相关政策多达十多件，目前，台湾省已经形成了较为完善系统的保障社区老人教育的政策规范，有力地推动着社区老年教育的发展。

二 粤港澳台社区老年教育课程与教学实施的差异分析

从社区老年教育课程与教学实施方面来看，广东省的社区老年教育课程内容设置多偏向于娱乐休闲，绝大多数的社区老年教育机构都以书画、声乐、舞蹈、摄影、电脑、烹饪、保健、养生、花艺等课程类型为主，较少涉及老年人社会适应、心理疏导、社会技能、科学育儿、死亡、投资理财等方面的课程，过于注重娱乐化的课程内容容易使老年教育成为老年人的休闲娱乐活动，很难使老人群体通过接受老年教育促进老年人力资本的发展，提升老年人的社会价值和社会地位，也很难解决老年人在生活中遇到的一些根本性问题，忽视了"老有所为"的发展理念。在教学实施上，广东社区老年教育模式大多以单一讲授为主，空中讲堂、多媒体、网络、智能设备等现代教育手段运用不够充分，教学模式僵化。

香港特区的社区老年教育课程设置与教学实施则更为灵活多样、系统全面，并体现了以人为本的理念。香港的社区老年教育课程分为必修和选修两类，前者必须为卫生署专为长者学院计划而编制的健康课程之一；选修课程则可由各长者学苑依其地处的社区的需求、长者的兴趣以及个别学校所能提供的设施，并参考选修课程纲要而自行设计。课程内容涵盖多方面，既有着重实用价值，提高长者自我照顾能力和适应老年生活的技巧，亦有学术、艺术、工艺及体育活动等课程。课程的设计、课堂的安排，以及教师的教学都从长者的特性出发，以老人为本，考虑不同长者的特性、需求和可能的突发情况，进行合理的设计，让长者能克服老化带来的问题，融入课堂中。在教学模式上，香港社区老年教育教学模式包括函授、电台（香港电台长进课程）、电视授课等多种授课模式，教学形式多样化。此外，香港劳工与社会福利局秉承"以人为本、社区照顾"的服务理念，还积极寻求跨界合作，主动连接社区资源，努力开发多种老年教育服务项目。

澳门特区的社区老年教育在课程设置上呈现出丰富多样、健康养生的特征，符合长者的年龄特征与实际需求，课程内容更具有生活实用性，以便长者能够适应体征与社会的变化，进而还可以重返相关职业岗位，做出奉献，更为注重"老有所为"。在教学上，澳门特区社区老年教育的教学模式具有一定的灵活性、自主性、草根化与快乐性，表现出轻松自由，多变灵活的特点。课堂教学并不是老师单向的对知识的满堂灌，上课地点也不仅仅局限于教室，电脑教室、乒乓球室等各类操作活动室也是教学场所，更注重长者的互动和实践，在"做中学"，主要在于激发长者主观能动性与学习兴趣，培养长者终身学习的意识。课程和教学内容主要包括两个方面，一是周期性的课程表学习与教学活动；二是"有意识"引发长者学习的"某种形式的交流"，即各类教育实践要素组合的广义的课程与教学。另外，澳门特区社区老年教育实行"导师制"，导师选择大多建立在师生双向选择的基础上。

台湾省的社区老年教育课程设置主要由社会行政主管机关和教育行政主管机关负责，两个机关各自开设的课程在内容上稍有区别。社会行政主管机关对社区老年教育课程的规划主要以社会福利和休闲娱乐为取向，教育行政主管机关所推行的社区老年教育课程，则是以实现老人的教育权和社会权为原则，内容种类更加丰富多元。但总体而言，台湾省的社区老年教育的课程都是在充分挖掘社区内具有鲜明特色的资源，利用优于其他地区的师资力量和本土文化的基础上，结合本区域特点而开设的课程。在广泛调研的基础上，做好教学设计，优化课程结构，创建特色领域教学，并研发一系列配套教材、课本和讲义等出版物，打造社区特色课程，形成特色区域文化，非常具有当地特色。在教学上，台湾省充分利用互联网数字资源，编制乐龄学习系列纸质教材和数字教材，将相关教材上传至教育行政部乐龄学习网的乐龄学习数字教材专区，供广大民众随时随地观看学习。

三 粤港澳台社区老年教育组织管理与运行模式的差异分析

在社区老年教育组织管理与运行方面，广东省在政府起主导作用的基础上，充分调动社工、义工、地方大学社会各力量，推动全民参与志愿服务，积极参与社区老年教育，开发出多种社区老年教育运营模式，如政府主导模式、"社工+义工"联动模式、地方开放大学参与模式、多主体参与模式等多种运行模式。目前，广东省逐步形成了政府主导、社会参与、公办民办并举的社区老人教育服务供给模式。

香港特区社区老年教育主要由劳工及社会福利局和安老事务委员会统筹负责，构成了由社会福利署和安老事务委员会对安老服务进行管理和政策支持的行政架构，是公共服务必不可少的一部分。目前，香港特区形成了由劳工及社会福利局和安老事务委员会设立种子基金，学校及非政府机构各参与机构参与种子基金竞选，各参与机构利用已有的资源和场地等，提供课程让老年人参与，满足老年人上学读书愿望的跨界别合作和跨代共融的社区老年教育运作模式。其中以长者学苑为典型代表。

澳门特区社区老年教育目前形成了特区政府与社团联合的多部门的多元化组织管理与运行模式。澳门特区是一个社团社会，社团联合是富有澳门特区特色的社会治理方式。在社区老年教育的组织管理与运行方面，政府与社团是以合作伙伴的关系联合鼓励与刺激社区老年教育的发展，呈现出跨部门多元化的统整状态。无论是社会性团体组织（如学会、联谊会等）、公益性团体组织（如基金会），还是经济性团体组织（如商会、工会、职业团体等），都或多或少参与了社区老年教育服务当中。因此，澳门特区社会资助与管理老年教育的部门辐散宽泛，管理模式也呈现出多样化的特征。

台湾省的社区老年教育组织管理与运行模式最大的特殊之处在于，其除了由社会行政主管机关、教育行政主管机关和民间组织负责管理和运行老年教育机构之外，宗教团体也积极参与社区老年教育中来，形成多元化的办学机制。台湾省的佛教、天主教和基督教等宗教团体，都或多或少举办了老人教育活动，或运行社区老年教育的专属机构，为老年人提供各种服务，促进社区老年教育的发展。如民间社团台北市基督教女青年会首创的"青藤俱乐部"、天主教圣母圣心修女会创办的晓明长青大学等。

四 粤港澳台社区老年教育教师队伍的差异分析

师资队伍是教育教学活动中的重要因素，拥有一支稳定而优质的教师队伍是提升当前社区老年教育质量的关键所在。而在社区老年教育教师队伍方面，广东省的社区老年教育教师多以兼职教师为主，教师来源广泛多样，如各高等学校的教师，还有医院、警察局、政府部门等各行业、各领域的从业者，专职或全职教师较少，缺乏稳定的师资队伍。另外，教师质量良莠不齐，有的兼职教师此前没有老年教育教学经验，少数兼职教师甚至没有从事过教学工作，因此，为保障社区老年教育教学质量，广东省亟须建立健全社区老年教育教师队伍的岗位培训工作，提高教师队伍素质，维持教师队伍的稳定性。香港特区对社区老年教育的教师招聘要求则更为严格。如对于长者课程教师的首次聘任，香港特区的老年教育机构首先会对该教师的专业素养进行摸底调查，然后统一要求应聘教师要进行专业试讲，最后学校会组织专业教师和相关教育专家进行评议，给出专家意见，以确认该教师是否符合老年教育教师基本要求，是否在教学的过程中能够确立明确的教学目标，选择合适的教学方法。以确保入选教师有真才实学，具有较强的教学能力，能胜任长者的教学工作。

　　澳门特区和台湾省在社区老年教育的教师队伍方面则做得更为完善。澳门特区的社区老年教育实行"导师制","导师"既可能是学校中的教师,也可能是长者教育机构或长者事务委员会的组织与管理人员,他们是长者中能力比较优秀的或声望较高的优秀代表。不同领域的"导师"既是知识、经验与智慧的传授者,也是推动长者教育事业发展引领者,践行终身学习与老有所为的榜样辐射者。另外,为保持"导师"队伍的稳定性,澳门特区的社会工作局与澳门特区理工学院长者书院曾合办"长者导师培训课程",只要长者有自我学习、自我提升与自我实现的意愿,即可免费报名参加此课程。这一方面极大地激发了长者的学习欲望,另一方面有利地增加社区老年教育教师队伍的数量和质量,缓解师资短缺的问题,促进了社区老年教育的发展。台湾省自2012年开始,就由教育行政主管机关颁布了"乐龄教育专业人员培训实施计划"和"乐龄教育专业人员培训要点"相关文件专门规范社区老年教育的教师队伍教育培训问题,来提升社区老年教育的教师队伍的专业程度。在具体培训中,台湾省将社区老年教育的专业人员按阶段、分门别类进行培训。如将社区老年教育专业人员培训分为初阶、进阶、实操三个阶段,每个阶段对应不同的培训内容和目标。并将社区老年教育专业人员按照老年教育讲师、老年教育专案计划管理人员、自主学习团队带领人等类型进行培训。此外,2014年台湾省教育行政主管开始培育及推广活跃老化核心课程的规划师;2016年,教育行政主管机关又颁布了"乐龄学习核心课程规划师计划"。可见,台湾省相关机构极其重视社区老年教育的教师队伍建设,并通过一系列的培训计划来培育社区老年教育的教师队伍专业人才,保障教师队伍的数量和质量,满足社区老年教育的需求。

第二节　粤港澳台社区老年教育的共性分析

　　老年教育是教育事业和老龄事业的重要组成部分,是提升老年人的福祉、满足老年人学习需求、促进社会和谐的必然要求。在学习型社会和积极老龄化的浪潮推进下,粤港澳台四地社区教育成为发展老年人教育的重要载体，其在发展演变的过程中呈现出一些共性特征，通过分析总结四地社区老年教育的背景、课程与管理方面的共通之处，有助于推动我国社区老年教育办学质量不断提升，使社区老年教育真正成为广大老年学习者满意的教育。

一　粤港澳台社区老年教育背景分析

人口老龄化对世界的影响日益加重，使这一问题已经跨越地区界限，成为我国粤港澳台地区共同关注的焦点问题之一。养老问题解决的好坏直接关系到社会的稳定和发展，具有不可忽视的战略意义。纵观粤港澳台地区社区老年教育的发展，发现这四个地区在社区老年教育的背景、课程与教学、组织与管理方面具有相似之处，笔者试图对此进行分析，以期促进四地社区老年教育的共同发展。

（一）面临人口老龄化现状

随着工业化、城市化和现代化的加速发展，人类的平均寿命逐年延长，不论是香港澳门等特区还是广东省，都逐渐步入老龄化社会，迈进了所谓的"风险社会"，这在一定程度上为社区老年教育的发展奠定了基础，成为社区老年教育发展的先决条件。

广东省统计局的统计数据显示，广东省人口年龄结构呈现出"两头低、中间高"的特征，即少年儿童人口（0—14周岁）和老年人口（65周岁及以上）占比相对较低，而成年人口（15—64周岁）的比例较高。[1]依据省民政厅预计，到2020年，广东60岁及以上老年人口将达1518万，占比升至15.8%以上。[2]根据各国对老龄化的概念界定，该数据反映出广东省老年人口基数大，已然步入老年化社会的阶段。

香港特区处于弹丸之地，由于医学日益昌明，人均预期寿命延长，再加上出生率下降，香港特区也跟其他发达地区一样，亟须应对人口老龄化带来的挑战。根据《香港人口推算2015—2064》，香港特区人口预期

---

[1] 广东统计信息网：《2018年广东人口状况分析》，stats.gd.gov.cn/tjfx/content/post_2268233.html。

[2] 广东统计信息网：《2018年广东人口状况分析》，stats.gd.gov.cn/tjfx/content/post_2268233.html。

会由2014年的724万上升至2043年顶峰的822万,① 由此可以看出,老龄人口问题将成为香港特区未来20年亟待解决的重大问题。

澳门特别行政区同样面临此种情况。澳门特区作为一个移民城市,人口老龄化既受到自然生育因素的影响,也受到外来人口迁入的巨大影响,这使澳门特区的人口老龄化趋势变得更加复杂。20世纪90年代以来,澳门特区老龄化趋势严重,跨入名副其实的人口老年型行列。2016年澳门特区统计暨普查局发布的数据显示,澳门特区总人口数为65.1万人,65岁及以上的老年人口约为6万人,占总人口数的9.2%,老化指数为76.3%。② 澳门特区人口的预测数据显示,澳门特区年满65岁长者人口的比例将由2014年占总人口的8.4%增加至2036年的20.7%。由此可见,澳门特区在未来20年里,将会面临人口快速老龄化的社会现象。

相较于粤港澳地区,台湾省的人口老龄化速度更快,老龄化程度更深。从台湾老龄化发展进程来看,1980年台湾省65岁以上人口比重在4%—7%,1993年达到7.1%,正式成为联合国定义的老龄化社会(Aged Society)。2020年3月65岁以上老年人口数占人口总数的15.51%,③ 据估计2026年将突破20.7%（约488.1万人）,进入超老龄社会。因此不难看出,台湾从老龄社会进入超老龄社会,只花了8年时间,其速度已超过世界老龄化最严重的国家——日本（11年）。④

总的来说,粤港澳台四地都面临着人口老龄化这一挑战,且未来人口老龄化这一压力有增无减。为解决这一社会问题,社区养老应运而生。以社区为依托的居家养老、社区养老,强调由社区里的代理机构而非福利机构照顾老人,成为社区老年教育发展的重要背景。

（二）受到终身教育理念影响

终身教育（Lifelong integrated education）是始于20世纪20年代,流

---

① 香港特别行政区政府劳工及福利局:《安老服务计划方案》,https：//www. lwb. gov. hk/sc/highlights/elderlyservicesprogrammeplan/index. html。
② 澳门特区统计暨普查局:《人口数据资料库》,https：//www. dsec. gov. mo/CensOsWebDB/#!/information/0/1？lang=cn。
③ 台湾"内政主管机关"（2020）统计处资料,https：//statis. moi. gov. tw/micst/stmain. jsp？sys=220。
④ 黄月丽:《人口老化下的高龄教育政策》,《国土及公共治理季刊》2016年第4期。

行于60年代的一种国际性教育思潮。终身教育是指个人在生命周期的各个阶段所接受的不同层次、不同形式和不同内容的教育。终生教育的核心思想是学习应该贯穿人的一生，从幼儿教育到老年教育，都应该被纳入终身教育之中，终身教育思想已成为当今世界各国教育改革的指导原则。

《国际老龄行动计划》指出"一个以知识为基础的社会，必须制定保证终身获得教育的培训机会的政策"。学习化社会的理念把教育和学习提到了一个前所未有的新高度，要求以一种整合的观点看待各种社会教育资源，学习的场所不再局限在传统的学校内，家庭、企业、社区都扮演着重要的角色。尤其在现代社会，社区是人们生活的主要空间，良好的社区教育将是社区居民的一种"隐性福利"。居民通过不断的学习得以适应社会生活的迅速变迁，提高个人生存能力和生命质量。如果越来越庞大的老年群体不能受到良好的教育，就是终身教育的最大缺损，学习化社会的实现也无从谈起。社区老年教育的发展对积极推进和完善终身教育体系，建立学习化社会发挥着重要的作用，是终身教育过程中一个不可缺少的环节和重要组成部分。①

在人口老龄化世界趋向的大背景和终身教育这个教育改革总目标的影响下，20世纪70年代，欧洲、美洲、大洋洲的一些国家相继创办了老年大学，实践终身教育理念，对全球各地影响巨大。中国共产党在第十六次全国代表大会上提出"构建终身教育体系"，"形成全民学习、终身学习的学习型社会，促进人的全面发展"的要求。在此号召下，2008年，广州试点推出政府购买项目和社工服务；2010年部署20个街道家庭综合服务中心试点；2012年全面铺开，老年服务是必选的服务内容。自2011年开始，各区设立长者综合服务中心，具体由各社区组织、养老院、福利院承接并开展服务。街道、居委、家庭综合服务中心、长者综合服务中心针对社区老年教育综合开展工作。2017年6月，广东省政府发布了《关于大力推动老年教育发展的实施意见》，指导广东省老年教育工作的发展，为广东省老年教育发展提供更好的发展机遇。

---

① 高娟：《社区老年教育模式研究》，硕士学位论文，陕西师范大学，2011年。

在终身教育理念和思潮的影响下,1989 年台湾省第六次教育会议倡议"建立成人教育体系,以达全民教育及终身教育目标",教育行政主管机关以此为理想研订"老人教育实施计划"三大目标。进入 20 世纪 90 年代,台湾省意识到促进老年教育是推进终身学习社会发展的重要任务,在 1994 年制定的终身学习发展规则中建议对银发教育详加规划。同年"台湾行政主管机关文化建设委员会"提出"社区总体营造"的政策,以大力推动社区文化营造为主体,为社区老年教育提供良好的发展环境。1998 年台湾省教育部门颁布"迈向社会蓝皮书",宣示以推动终身学习型社区建设为主体。2006 年"迈向高龄社会老人教育政策蓝皮书"宣示了台湾省老年教育的蓝图和终身学习社会的愿景。

澳门特区老年教育的发展同样受到终身教育思潮的影响。以澳门长者书院为例,其办学宗旨是实践终身教育的理念,让长者有机会重返校园,激发他们的学习热情,丰富和更新知识,肯定自我价值,更积极地融入现代社会。在此背景之下,香港特区也积极探索建立具有自身特色的学习成果认定和转换体系,搭建老年人才成长"立交桥",推动建设全民学习、终身学习的学习型社会。

总的来说,终身教育思想的广泛传播不仅改变了老人对学习的观念和态度,同时也刺激了粤港澳台四地社区老年教育的发展,成为四地社区老年社会发展的催化剂。

二 粤港澳台社区老年教育课程实施分析

老年教育不同于其他的教育,课程的内容以及课堂的安排都需要从老年人的特性出发,考虑不同老年人的特性、需求和可能的突发情况,进行合理的设计,让老年人能克服老化带来的问题,融入课堂中去,借助学习让自己的生命更丰富。纵观粤港澳台四地,其在社区老年教育课程实施中呈现出两大方面的相似之处,包括课程内容多元化以及课程内容实用性较强。

(一)课程内容多元化

老年教育课程的对象虽然仅针对老年学员,然而老年学员个体之间存在较大差异。年龄跨度极大,文化程度差异也大,在职业和社会地位上，更是千差万别。有些学习者较早地参加老年教育，学有所成，有些学习者却刚刚参与老年教育。不同年龄、专业背景、受教育水平、工作经历等的学习者有着不同的课程需求，导致老年教育课程在课程内容以及课程安排都呈现出多样化的特点。

以广东省为例，社区老年教育的课程主要包括以下几种类型：一是生活休闲型，体现老年人求乐、求健、求知的需求，力求课程内容的兴趣性与实用性；二是知识更新与能力提升型，满足老年人提升个人素养的要求，力求内容的科学性与前沿性；三是生活与职业技能型，满足老年人生活能力提升及服务社会的价值再现需求，力求实践性与价值性；四是价值引导型，满足和谐家庭、和谐社区、和谐社会建设的要求，力求内容的时代性与教育性。以上四类课程并不是孤立的，而是有机统一的，课程主题涉及老人生活的方方面面，将社会主义的核心价值观贯穿于整个社区老年教育课程建设中，力求能够培养快乐健康、知识时尚、服务奉献、道德理想的新时代老人[①]。

香港特区的社区老年教育课程也体现出丰富多元的特征。课程可分为五大类，包括医疗保健类、生活技能类、心灵需求类、休闲活动类以及艺术欣赏类，除此之外，另有义工及领袖训练，由大专院校的长者学苑提供的商科、人文社会科学、科学及工程学系的科目，还有提供旁听生的大学本科科目，课程门类丰富，满足老人们的各类需求。

澳门特区也不例外，以澳门长者书院为例，根据书院的办学宗旨，针对长者的实际需要，书院开设多个范畴的学科，包括资讯科技类、语言类、文化艺术类、保健养生类、运动类等38项科目及活动课，从第一级到第四级共61班，现有学生480人，形成了多学科、多形式、多层次的办学格局。

在台湾省，社会行政主管机关对老年教育课程的规划以社会福利和休闲娱乐为导向，以满足老人的教育需求为原则。各市县社区长青学苑所开设的课程大致可分为六大类：一是语言交流类，如国语、英语和日语等；二是技艺研习类，如国画、中国结、国剧、剪纸、书法、摄影、

---

① 陈春勉：《老龄化背景下社区老年教育课程建设研究》，《成人教育》2016年第9期。

茶艺、陶艺、园艺、烹饪、乐器、歌唱和舞蹈等；三是中国文史类，中国文学、诗词欣赏、近代历史和易经等；四是卫生保健类，如脚底按摩、指压、营养等；五是社会经济类，如经济工商、社会福利等；六是科技信息类，如专题讲座、电脑应用等。从开设的课程来看，题材广泛多元，很大程度上能够丰富老人的精神生活，满足老人的学习需要。以台北市社区长青学苑为例，2020年开设的课程分为文史、社经、语文、技艺、卫健、科技等研习组。具体如下[①]：

文史组：包括文学、历史、哲学和宗教等；

社经组：包括社会福利、经济、工商等；

语文组：包括语言（国语、外语）、文字学等；

技艺组：包括书、画、琴、棋、歌剧、民俗技艺、拳剑功夫、园艺、茶艺、普康活动（国乐、合唱、参观旅游、联谊庆生、老人成品展示）等；

卫健组：包括饮食营养、卫生护理、健身运动等，也是采用专题讲座的形式；

科技组：采用专题讲座的形式，介绍现代科技知识。

由此可见，粤港澳台四地在社区老人教育的课程内容方面注重满足老人不同的兴趣爱好，充分挖掘社区内具有鲜明特色的资源，不断开发和优化课程内容，通过循序渐进、不断发展，提供老年人便利的社区学习场所和学习课程，让老年人快乐学习，进而维持健康活力及社会参与。

（二）课程内容实用性较强

老年教育课程的设计有别于普通教育课程，它不是以学科为中心设计的，它并不特别强调学科知识的连贯性和全面性，是以问题或者专题为中心设计的。老年大学课程是按老年人的现实需求设定，与基础教育等具备规范成体系的教材不同，大多数老年教育的课程没有固定的教材可供老年学员直接使用。如果说基础教育着眼于未来，那么老年教育则着眼于现实。老年学员总是希望自己所学的知识能够快速运用于实际生活，所以要求老年教育课程内容能够体现出强烈的实用性。粤港澳台四

[①] "台湾省台北市政府社会局"：《社会参与—长青学苑》，https：//dosw. gov. taipei/News_Content. aspx？n=222C9779823FA161&s=7B3F8B646D0A5442。

地的课程内容也体现出这一特征，实用性较强。

以广州为例，社区老年教育机构供给的课程包括书画类、声乐类、器乐类、舞蹈类、电脑类、烹饪类、保健类、时尚类、摄影类、国学类、手工类和外语类等。可以说，广州社区老年教育内容主要涵盖了居家生活、信息技术、陶冶情操、医疗保健、强身健体等各方面，满足老人各方面能力增长的需求和个人不同的兴趣喜好。

香港特区也不例外，香港特区社区老人教育课程设置有中医中药班、穴位推拿班、食物营养班、太极班和瑜伽班，有投资理财班、家居及电器维修班、烹饪班、室内设计、语文班、计算机班，有圣经班、佛理班、哲学班、生命教育班、心理学班，还有歌唱班、社交舞班、旅游班、园艺班、工艺班、绘画班、音乐班、诗词欣赏、粤剧及造手班、书法班等，应有尽有，课程题材聚焦老人生活的方方面面，从老年人生活实际出发，致力于满足日益增长的"老有所学、老有所乐"的需要，也力求满足体现"老有所为""社会和谐"的需求，适应社会发展及老年人的学习需求，实用性原则贯穿始终。

三 粤港澳台社区老年教育组织与管理分析

随着老龄化社会的到来，庞大的老年人口使社会各方都十分关注老人的教育问题。为促进社区老年教育组织的积极发展，粤港澳台四个地区社区老年教育在组织与管理方面亦呈现出相似之处，对其进行系统地总结归纳能够充分发挥社区老人教育在凝聚社区力量、完善社区服务、满足老人需求等方面的积极作用。

（一）上位政策支持，社区教育得到保障

政策支持是指政府运用行政权力，通过为社区老年社会组织"赋权增能"，利用政府的力量帮助老年人组织起来开展公共性的活动，在持续的互动中挖掘和激发他们的潜能，提高个人的和集体的行动能力，保障社区老年社会组织的成长和发展。[1]纵观粤港澳台四地的社区老人教育发

---

[1] 刘荣：《城市社区老年社会组织发展动力机制研究》，硕士学位论文，华中师范大学，2017年。

展，均或多或少受到了政府政策的支持，其发展得到保障。

《中华人民共和国老年人权益保障法》规定："老年人有继续受教育的权利。国家发展老年教育，把老年教育纳入终身教育体系，鼓励社会办好各类老年学校。"广东省政府在2017年发布了《广东省人民政府办公厅关于大力推动老年教育发展的实施意见》，支持省内老年教育的发展。可以说，近年来广东省政府对老年教育的重视力度在逐渐加强，对于老年教育在解决老龄化问题等方面的意识也逐步加深。在国家宏观政策纲要的指导下，部分地方老年教育机构逐渐受到地方政府和社区街道办的重视。① 通过制定政策细则，结合当地的实际情况，政府和社区致力于将宏观政策指导落实于实际的行动当中，发展具有广东特色的老年教育事业。

香港特区为支持社区老年教育的发展，保障老年人的生活水平，推行了一系列关于社会养老的政策，力求做到"老有所养、老有所属、老有所为"。一方面，1998年社会福利署推行"老有所为活动计划"，并于2003年4月起把计划纳入常设服务项目。② 长期以来，"老有所为活动计划"通过拨款资助社会服务机构、地区团体及教育团体等举办各式各样的活动，为长者提供多方面的参与机会，使长者发挥潜能，贡献社会和发扬老有所为的精神。另一方面，香港特区政府也依托社会福利性机构和相关学校积极为老年人提供服务，并对此给予政策支持。如"长者学苑"计划，旨在推进终身学习，支持身心健康，实现老有所为，善用现有资源，促进长幼共融，加强公民教育，推动跨界共融等。③

澳门特区政府为保障老年人的生活和学习，也推出了一系列政策支持社区老年教育的发展。2005年澳门特区特区教育暨青年局推出"终身学习奖励计划"，旨在提升澳门特区市民的学习兴趣，让更多市民成为真正的终身学习者而制定的激励机制；同时，澳门特区推行《持续进修发展计划》，积极顺应老人多样化的学习需求，致力于逐渐构建以持续进修

---

① 陈乃林：《社区老年教育探索》，《中国成人教育》2015年第22期。
② 安老事务委员会，https://www.elderlycommission.gov.hk/cn/About_Us/Introduction.html。
③ 张欣：《香港、澳门社区教育发展的新趋势》，《职教通讯》2016年第22期。

和培训为主的学习型社会形态；此外，为了进一步应对老龄化社会状态，优化社会治理满足长者需求而提出的实施方针，澳门特区政府颁布《澳门特别行政区 2016 年至 2025 年长者服务十年行动计划》①（以下简称《行动计划》），为社区老年教育的发展奠定了基础。

台湾省的社会行政主管机关和教育行政主管机关也颁布了一系列政策促进社区老年教育的发展，早期大多由社会行政主管机关以推进老年教育作为社会福利的目标来推进。后来，教育行政主管机关介入，同样颁布了一系列政策，极大地保障了老人的晚年生活。主要包括"老人福利法""迈向学习社会蓝皮书""友善关怀老人方案""迈向高龄社会老人教育政策蓝皮书""高龄中程教育发展计划"等多达 20 余条政策，有力地推动的社区老人教育的完善和发展。

（二）缺乏统筹管理，存在条块分割现象

尽管社区老年教育在粤港澳台地区取得了政府多方面的支持，获得了较为长远的发展，但是在管理体制方面仍然存在或多或少的问题，条块分割的管理体制造成了社区老年教育实践中多方管理却又无人管理的状况时有发生，已经成为制约社区老年教育发展的主要原因。

以广东省为例，社区老年教育没有专门的管理机构，虽设立了专门的工作小组，但属于协调性机构，没有专门的管理部门落实社区老年教育的具体工作，条块分割现象严重，有的归教育部门管，有的归文化部门管，导致老年教育在向社区推进过程中，许多问题无法得到有效解决，缺乏清晰的权责分配。

香港特区政府在老年教育管理方面，也存在管理机制不健全的问题。一方面，政府部门和一些机构团体责任没有落实到位，拨款程序复杂，存在资金运用不合理的问题。再加上老年教育机构设置不大合理，缺乏专职管理人员，活动场地有限，无法合理有效地开展活动；另一方面，香港社区老年教育尚未成立教育监管机制和教育管理委员会，缺乏系统的、全局性的管理章程和监管机制。

---

① 澳门特别行政区政府养老保障机制跨部门策导小组：《2016 年至 2025 年长者服务十年行动计划》，http：//www.ageing.ias.gov.mo/consult/documents。

澳门特区为老人专设的教育机关只有澳门理工大学长者学院以及仍处于试点阶段的氹仔分校。随着老年人口的增加，为澳门尚未成体系的社区老年教育带来了负担，导致专门实施社区老年教育的体制机制呈现出一种较为散乱的状态。

台湾省的老年教育机构，推行主体包括社会行政部门、教育行政部门以及民间组织等，呈现出多元化的特征。正是由于目前社区老年教育推动体系多元，且缺乏统整，导致资源浪费，不同主体所主导的社区老年教育各自为政，形成分庭抗礼之势，难以充分发挥社区老年教育资源整合的效果。

第三节　港澳台社区老年教育的经验借鉴

历经多年的探索与实践，香港、澳门、台湾三地的社区老年教育都形成了独特的特点与经验，并取得一定的积极成效。香港特别行政区的社区老年教育无论是运作机制、服务方式还是管理模式比较成熟；澳门特区社区老年教育显然已经冲破传统教育观念的灌输式教学模式和格局，在很大程度上，更注重在学习过程中主体与活动之间的有意义建构，强调长者的主观能动性与主体间的互动；在台湾省，老年教育是终身教育重要的一环，本着"快乐学习、忘记年龄"的理念，台湾省以社区为载体，以在地学习、创新多元、专业辅导、世代融合为主轴策略，建构在地化的老年教育体系。综观港澳台三地推进社区老年教育的发展及其成效，港澳台三地的社区老年教育可在以下方面为广东省的社区老年教育提供经验借鉴。

一　强化终身教育与社区教育意识，突破思想的相对封闭性

老年人未积极参与社区老年教育存在关键原因在于他们缺乏老年教育或终身教育的观念以及对老年教育的认知偏差。一是老年群体缺乏社区老年教育的认知，提起老年教育，很多老年人认为它就是唱歌跳舞，消磨时间的老年活动；二是人们往往认为老年阶段就是年长者享受天伦之乐的阶段，对于年长者加入社会，提升年长者社会地位等意识缺失。

这一类认知缺失与偏差凸显了老年群体思想的相对封闭性，而这也是阻碍广东省社区老年教育规模化发展的关键因素。一方面，老年教育、终身教育的观念是在长期的社会文化发展过程中形成的，难以在短时间内改变社会根深蒂固的思想观念；另一方面，地方政府在"教、学、为、乐"的思想观念指导下，难以转化为可操作性的政策执行方案，且在思想观念传播上，存在误解和偏差，难以形成科学的、准确的指导思想传播氛围。[1]

社区老年教育是推进老年教育的基本途径，更是社区教育服务老龄化社会的价值体现。而意识是行为的先导，老年人对社区老年教育的参与度在很大程度上取决于其对社区老年教育的认识。因此，应强化终身教育与社区老年教育意识，突破已有认知与思想的相对封闭性。通过多元渠道使老年人意识到社区老年教育的理念是以满足和丰富老年人的文化生活，追求精神文明为目的，体现的是促进老年人快乐健康生活。如台湾省社区老年教育本着"快乐学习、忘记年龄"的理念，为台湾省社区老年人提供多元的学习渠道，让其认识到社区老年教育的乐趣，体会其中的价值。在积极的社区老年教育指导下，开展社区老年教育实践。

二 完善社区老年教育政策制度，健全社区老年教育支持体系

《老年教育发展计划（2016—2020年）》表明，要以增加老年教育投入为核心，以刷新老年教育体系为枢纽，以改善年长者的生命和赖以生存的生存质量为目的，统一社会资源、激发社会活力，改善老年教育现代化水平，努力形成具有中国特色的老年教育发展新格局。[2] 广东省政府在2017年发布了《广东省人民政府办公厅关于大力推动老年教育发展的实施意见》，支持省内老年教育的发展。总体而言，广东省政府对老年教育的重视力度在逐渐加强，对于老年教育在解决老龄化问题等方面的意识也逐步加深。然而政策需要配套子政策以及操作化的实践，才能实现

---

[1] 陈乃林：《社区老年教育探索》，《中国成人教育》2015年第22期。
[2] 《中华人民共和国中央人民政府、国务院办公厅关于印发老年教育发展规划（2016—2020年）的通知》，http://www.gov.cn/zhengce/content/2016-10/19/content_5121344.htm。

"落地化"。

（一）完善社区老年教育政策制度，促进宏观政策的落地化

政策的落实不能仅停留在理念和制度上，需要具体操作性的工具设计和优化措施。社区老年教育的发展不能仅是停留在国家的宏观政策与地方政府的政策与制度上，应在政策指导下，根据各市区实际情况制订相应计划或具体的细则，并在政策指导下开展具体的社区老年教育实践。

台湾省老年教育的政策在落地化方面为广东提供了重要借鉴。台湾省教育行政主管机关于2016年颁布"迈向高龄社会老人教育政策蓝皮书"，该"蓝皮书"是台湾省首次对老人教育政策作明确的宣示，也是老年教育最完整的政策主张，对台湾省老年教育进行全面规划，被视为台湾省开展老年教育的最高指标。[①] 各区域在"蓝皮书"的基础上，设置诸如"补助设置社区终身学习中心实施计划""设置各乡镇市区乐龄学习资源中心实施计划""补助设置各乡镇市区乐龄学习资源中心实施要点"等相关具体化的计划与实施要点，为各市区、各乡镇提供了明确的实施细则与指标，使政策得以落地，并获得较好的实践成效。因此，广东应积极台湾省的经验，各地社区应在《广东省人民政府办公厅关于大力推动老年教育发展的实施意见》的指导下，制定政策实施细则，结合当地的实际情况，将宏观政策指导落实于实际的行动当中，发展具有广东特色的老年教育事业。与此同时，应完善社区老年教育的法律建设，包括建立、执行、监督等一系列程序。

（二）健全社区老年教育支持体系，保证学与教的供给平衡

老年教育政策的精髓是国家与社会如何有效满足老年人的教育需求，形成国家、社会、市场和老年人之间平等、互惠、制度化的伙伴关系。社区老年教育则是老年教育在社区这一场域中的具体实践形式，同样以满足老年人的教育需求为旨归。因此，要健全社区老年教育的支持体系，保证学与教的供给平衡。

台湾省与澳门特别行政区在社区老年教育的供给系统方面的差异也为广东社区老年教育发展提供了新的思路。在台湾省，其社区老年教育

---

① 杜正胜：《迈向高龄社会老人教育政策蓝皮书》，2006年，第8—30页。

的载体既有社会行政主管机关主办的社区型长青学苑、教育行政主管机关主办的社区型老年教育机构，又有民间组织设立的社区老年大学以及宗教团体创立的老年教育机构，多元化的社区老年教育机构为台湾省的社区老年教育提供了多元的教育载体，也保证了社区老年教育的供给。相较台湾省，澳门特别行政区为长者设立的高等教育机构只有澳门特区理工大学长者书院和 2019 年还在试点运行的氹仔分校两所机构，而长者对于高层次的教育需求逐渐增多，因此导致学位不足而带来供需不平衡的矛盾。台湾省与澳门特区的社区老年教育的对比明显突出了教育供给的重要性。因此，广东应健全社区老年教育支持体系，处理好"学"与"教"这一基本矛盾，以多元形式、多种载体扩大社区老年教育的供给，保障公共教育服务的有效供给，满足老年人的终身学习需求，致力于"学"与"教"的供给平衡。

三 多方主体联动，构建新型社区老年教育治理模式

长期以来，老年教育管理体制不顺，条块分割的传统管理体制导致老年教育特别是基层老年教育实践中的多方管理却又无人管理的状况时有发生，已成为制约老年教育社区化发展一个非常重要的原因，广东省亦是如此。因此，健全社区老年教育管理体制，吸纳多元主体参与，联合多方主体力量，合理构建新型社区老年教育治理方式对广东省推进社区老年教育发展尤为重要。

（一）联合政府与社区，建设多元化社区老年教育组织与管理模式

公共治理中，政府不是教育行政的唯一主导者，而是要善于吸收听取各方意见达成合作共识，鼓励利益相关方参与治理活动，以实现多方治理的有效性。[1] 多元主体联动、各司其职、密切合作是有效的组织与管理模式必备的特性。

澳门特区的"社团社会"特点亦被有效地应用于其社区老年教育中，并取得良好实践成效。澳门特区在社区老年教育的组织与管理方面，特区政府与社团是以合作伙伴的关系联合鼓励与刺激社区老年教育的发展，

---

[1] 程仙平、杨淑珺：《社区老年教育治理的路径选择》，《教育探索》2016 年第 8 期。

呈现出跨部门、多元化的统整状态。在一定程度上，社团更容易连接社区，成为社会服务供给的主力军，多元化的组织与管理模式更有利于统筹与分配各方资源，减缓地方政府的压力。因此，广东可借鉴澳门特别行政区的发展经验，将地方政府与相关社区联合起来，建设多元主体参与的社区老年教育组织与管理模式。

（二）开展跨界合作，完善社区教育服务

除了地方政府与老年人所在社区的参与之外，社区老年教育的发展也有赖于其他部门或团体的合作以及社会各界的积极参与。社区老年教育治理中的"社会"，包括社区老年教育参与者、企业、社会组织团体和个人等，他们基于"共同参与、有效互动、责任共担、利益共享"原则，积极发挥供求配置和共享资源的杠杆调节功能，提高教育和服务质量的最终目的。[①]

在香港，特区政府和一些社会福利机构、各类学校、社会团体进行跨界别的合作，如香港特区政府为社区老年教育设立专门的拨款机构，为老年人社会化提供基本保障，劳工及福利局和安老事务委员会负责制定全面的安老政策，社会团体机构、福利机构与学校合作为长者学员提供上课的场地及学习的资源等。跨界合作提供了更为完善的社区老年教育服务，为香港社区老年教育的发展发挥了重要作用。广东省各地方政府应积极借鉴香港跨界合作的成熟经验，借助社会各界力量开展社区教育合作，为广东省的社区老年教育发展添砖加瓦。

四 丰富课程内容与教学模式，为社区老年教育提供实践支持

（一）开发丰富的课程资源，为社区老年教育提供多元教学内容

教学内容是老年教育的核心，它直接关系到老年人参与学习的兴趣与热情，也在很大程度上决定了老年教育的质量与规模。一方面，要满足老年人增长知识、强身健体、满足兴趣、与人交往的需要；另一方面，要加强老年人的心理健康教育和生命教育，让课程内容切合老年人的年龄、心理特点，满足他们多样化的学习需求。因此应开发相关课程资源，

[①] 程仙平、杨淑珺：《社区老年教育治理的路径选择》，《教育探索》2016年第8期。

在整合课程资源的基础上为社区老年教育提供符合老年人身心发展的特点与学习需求的老年教育内容。

港澳台社区老年教育在教学内容的选择以及课程资源的本地化与丰富性方面为广东省社区老年教育的内容方面提供了重要借鉴。在香港特区社区老年教育的课程不仅有包含室内的课程，也有涵盖了许多课外实践活动。室内的课程既有老年人感兴趣的风水问题，也有对老年人身心健康有益处的健康课程，同时还有一些培养老年人的艺术情操的课程，如书法课、美术鉴赏课等；课外实践包括摄影课、义工活动、演唱比赛等。与此同时，香港特区政府资讯科技总监办公室开设了一系列的长者数码培训课程，协助长者认识信息化时代的最新变化。在澳门特区，其社区老年教育在课程上呈现出丰富多彩、健康养生的特征，符合长者的年龄特征与实际需求，课程内容亦具有生活实用性，便于长者能够适应体征与社会的变化，甚至可以重返相关职业岗位，做出奉献。而台湾省社区老年教育的课程充分挖掘社区内具有鲜明特色的资源，利用较强的师资力量和独具特色的本土文化，结合本区域特点开设丰富的课程。

综观港澳台地区在社区老年教育课程内容方面的经验，广东省应着眼于广东的"粤特色"，积极开发丰富而具有本地特色的课程资源，为广东省社区老年教育提供多元的教学内容支持。具体而言，可以在结合广东特色与老年人教育的实际需求的基础上，做好相关教学设计、优化课程结构，创建特色领域教学实践。与此同时，研发一系列配套教材、课本和讲义等出版物，打造广东社区老年教育特色课程，形成特色区域文化。

（二）采用灵活自主的教学模式，为社区老年教育提供专业支持

社区老年教育质量的提高与教学这一实践过程密不可分。针对老年人这一异质性强、需求多样、习得能力不高的群体，应采用灵活的教学模式，突出自主性与灵活性的特点，为社区老年教育提供便利与专业支持。

澳门特区的社区老年教育在教学模式这一方面提供了丰富的经验。在澳门，其社区老年教育的课程与教学主要涵盖两个层面，一是周期性的课程表学习与教学活动，二是"有意识"引发长者学习的"某种形式

的交流",即各类教育实践要素组合的广义的课程与教学。其教学模式呈现出轻松自由、多变灵活的特点,在教学实践中注重与长者的互动与实践,致力于激发长者主观能动性与学习兴趣,通过"做中学"不断地在实践中获得知识。此外,澳门社区老年教育的"导师制"给广东的社区老年教育以重要启发。在澳门社区老年教育中,不同领域的"导师"既是知识、经验与智慧的传授者,也是推动长者教育事业发展引领者,践行终身学习理念与老有所为的榜样辐射者。这些"导师"是老年人朋辈群体中能力比较突出或声望较高的优秀代表,既在社区老年教育质量的提高上具有不可忽视的作用,也是长者再就业、为社会贡献并实现人生价值的重要途径,具有激励长者终身学习的作用。

鉴于灵活多样的教学模式与"朋辈指导"对老年人群体发挥的重要作用以及澳门在此方面获得的重要成效,广东省的社区老年教育应积极借鉴这一经验。一方面,广东省社区老年教育可采用灵活自主的教学模式,既借助传统的课堂开展教学活动,又不拘泥于传统的课堂,积极开发灵活自主的教学模式。另一方面,在特定社区的老年人群体中宣扬"朋辈导师"的榜样作用与角色意义,通过遴选或培养的方式确定朋辈导师,在"导师制"的指导下,实现"朋辈导师"与"学员"的双向互动与共同成长,从而提高社区老年教育的质量,促进广东省社区老年教育的发展。

五 营造社区老年教育环境,构筑积极老龄化社会

(一) 营造良好的终身学习氛围,培育老年学习型社团

社区老年教育是构建学习型社会的重要内容,学习型社会背景为发展社区老年教育提供了契机。[①] 作为服务于老年群体终身学习的基本教育形式,社区老年教育应秉承终身学习理念,促进老年学习者的终身全面健康发展。

一方面,营造良好的终身学习氛围。老年教育过程中必须将终身教育的观念注入其中,着重于重新塑造老年人学习信念,参与社会活动的

---

① 刘明永:《学习型社会背景下社区老年教育探索》,《中国成人教育》2013年第9期。

热情，发掘老年人的潜质，协助他们树立"活到老，学到老""教、学、乐、为"的观念，注重营造良好的终身学习文化氛围，创设良好的社区学习环境。另一方面，在终身学习时代，学习型社团是社会成员实现终身学习的主要组织形态，社区老年教育亦需要学习型社团这一重要载体。广东亦应大力培育老年学习型社团，引导、培育具有共同学习愿景、特长相近、区域相邻的学习型社团，以培养老年人终身学习的意识，提升老年教育的发展动力。基于多样化、个性化、品质化的社区老年人学习需求，融入广东地域人文环境，积极培育符合老年人学习特征的老年学习型社团。

（二）建立粤内老年学校学分互认机制，构筑积极老龄化社会

高校间共享教学资源，学分是共同的语言，学分互认就是桥梁，建设学分互认机制就是建立、健全共同的话语体系。[①] 学分互认为跨专业、跨院系甚至跨校合作提供了动力支持和规范保障，能够激发长者学生的凝聚力和创造性。

香港特别行政区的社区老年教育学分互认机制为广东省社区老年教育提供了较好的借鉴范本。香港老年教育学分互认机制，不仅促使长者学员广泛接触各种传统文化，还激发他们依据兴趣进行深入学习。借助现代信息技术，老年学校学分互认完全突破了区域限制，形成了传统文化成果全港共享的格局。[②] 学分互认机制推动各学校间结成"教学共同体"，打破学校间原有壁垒，实现了校际优势互补、协同育人，促进了香港社区老年教育体系的不断发展和完善。目前，广东省社区老年教育的发展模式主要有"社工＋义工"联动模式、政府主导的社区长者学苑模式、地方开放大学参与模式以及多元主体参与模式，在多种模式中，高校是非常重要的一个主体。因此，建立粤内老年学校学分互认机制，对促进广东社区老年教育的发展以及构筑积极老龄化社会有着非常重要的意义。

[①] 阳立兵、钟平艳：《论高校学分互认的传统文化传承价值》，《汉字文化》2019年第7期。

[②] 阳立兵、钟平艳：《论高校学分互认的传统文化传承价值》，《汉字文化》2019年第7期。

具体来说，广东省社区老年教育的相关高校应积极探索建立具有自身特色的学习成果认定和转换体系，搭建人才成长"立交桥"，推动建设全民学习、终身学习的学习型社会。与此同时，各相关高校充分利用互联网对于老年教育的技术优势，以"基于在线开放课程、促进开放共享、改革教学方法、培养创新能力"的思路，将信息技术与教育教学深度融合，以新型方式促进广东社区老年教育的发展。

总体而言，在现代社会下，无论是老年问题社会化，国家致力于构筑积极老龄化社会，还是社会成员独立意识、自我实现和主体意识的增强，老年人以自主选择、自治自强的观念追求着有尊严有价值的生活，而社区老年教育为其提供了平台。在认识到广东社区老年教育发展存在的问题以及充分借鉴港澳台较为成熟的社区老年教育发展经验的基础上，广东应在社区老年教育的主体意识唤醒、社区老年教育的政策制度完善、社区老年教育治理模式创新、社区老年教育课程与内容的支持以及社区老年教育环境的营造等方面采取积极举措，致力于广东社区老年教育的有效推进与长足发展。

参考文献

著作

Ferdinand Tonnies. Community and Society. Germany. Dover Publications, 1877.

［英］郎特里（Rowntree, D.）：《西方教育词典》，陈建平等译，上海译文出版社1988年版，第3页。

［日］横山宁夫：《社会学概论》，毛良鸿、朱阿译，上海译文出版社1983年版，第10页。

［法］保罗·朗格朗：《终身教育引论》，赵中建译，中国对外翻译出版社1985年版。

高志敏：《成人教育社会学》，河北教育出版社2003年版。

［美］J. 曼蒂、L. 奥杜姆：《闲暇教育理论与实践》，叶京等译，春秋出版社1989年版。

《联合国教科文组织. 学会生存——教育世界的今天和明天》，教育科学出版社1996年版。

厉以贤：《学习社会的理念和建设》，四川教育出版社2004年版。

叶忠海：《中国当代老年教育发展研究》，华东师范大学出版社2019年版。

台湾发展委员会：《台湾人口推估（2018年至2065年）》，台湾发展委员会2018年版。

许水德：《高龄者的学习权与社会权》，台湾师大书苑有限公司1999年版。

中华民国社区教育学会：《社区老人教育》，复文图书出版社1984年版。

杜正胜：《迈向高龄社会老人教育政策蓝皮书》，教育行政部门 2006 年版。

张雅晶：《台湾社区教育概述》，中国社会出版社 2005 年版。

许水德：《老年人的学习权与社会权》，台北：台湾师大书苑有限公司 1999 年版。

魏惠娟等：《台湾省老人教育推动现况与需求调查》，《中正大学成人及继续教育学系暨高龄者教育研究所》，《迈向高龄社会：落实老人教育政策蓝皮书》，《2007 高龄教育整合与创新"研讨会论文集》，《教育行政主管机关》，2007 年。

教育行政主管机关：《第七次台湾教育年鉴（第四册）》，教育行政主管机关 2012 年版。

教育行政主管机关：《乐龄学习系列教材 29：乐龄十年专刊：乐龄拾穗》，教育行政主管机关 2019 年版。

期刊文献

Moody, H. R., "Philosophical presupposition of education for old age", *Educational Derontology*, 1979.

A. H. Maslow, A Theory of Human Motivation, Psychological Review, 1943.

楚良勋：《日本老年教育特点及其对我国老年教育的启示》，《继续教育研究》2006 年第 4 期。

李福岭：《美国老年教育与我国老年教育之比较》，《高等函授学报》（哲学社会科学版）2010 年第 1 期。

王娟：《美国老年教育及其对我国的启示》，《湖北大学成人教育学院学报》2008 年第 4 期。

龚超：《国外社会教育理论研究的发展现状探析》，《理论月刊》2008 年第 2 期。

田友谊：《我国闲暇教育研究述评》，《上海教育科研》2005 年第 5 期。

冯建军、万亚平：《闲暇及闲暇教育》，《教育研究》2000 年第 9 期。

胡象明：《广义的社会福利理论及其对公共政策的意义》，《武汉大学学报》（哲学社会科学版）2002 年第 4 期。

岳瑛：《外国老年教育发展现状及趋势》，《外国教育研究》2003 年第 10 期。

迟宝策：《第三年龄教育及其根模式发展探究》，《辽宁师专学报》（社会科学版）2019 年第 4 期。

王英：《中外老年教育比较研究》，《学术论坛》2009 年第 1 期。

李琦、王颖：《老年教育的供需矛盾及解决机制——国际经验与本土思考》，《云南民族大学学报》（哲学社会科学版）2019 年第 11 期。

郑玉清：《增权赋能视角下开展老年教育的策略》，《高等继续教育学报》2019 年第 4 期。

张吉东：《增权赋能：高校思想政治教育新理念》，《江苏高教》2010 年第 4 期。

朱起民：《增权视角下的社区老年教育研究》，《黑龙江教育学院学报》2018 年第 3 期。

王英：《社区老年教育问题研究：社区社会工作视角的分析》，《成人教育》2009 年第 2 期。

黄思源、李景娟：《新时代社区老年教育高质量发展的难点与突破——以北京市朝阳区老年教育为例》，《中国成人教育》2019 年第 24 期。

陈淑梅：《天津市社会工作介入社区老年教育的可行性研究》，《知识经济》2016 年第 20 期。

刘璟：《养教结合新型养老模式与发展老年教育》，《老年教育（老年大学）》2019 年第 5 期。

徐凡弟：《养教结合的老年教育模式新探——以瑞安市为例》，《广西广播电视大学学报》2019 年第 5 期。

张红卫、刘红燕：《系统论视域下推进养教结合老年教育的路径与对策》，《职业教育（中旬刊）》2018 年第 4 期。

杨初楠：《数字化社区老年教育模式的实践及发展思路》，《内蒙古电大学刊》2018 年第 1 期。

王浩：《基于养教结合的老年教育策略研究》，《中国成人教育》2014 年第 21 期。

许丽英、汪娟、吴卫炜：《养教结合的城市社区老年教育模式研究》，《当代继续教育》2018 年第 3 期。

陈春勉：《老龄化背景下社区老年教育课程建设研究》，《成人教育》2016 年第 9 期。

杜远征：《养教结合视角下老年人教育问题研究》，《智库时代》2019 年第 25 期。

许丽英、汪娟、吴卫炜：《养教结合的城市社区老年教育模式研究》，《当代继续教育》2018 年第 3 期。

续芳：《天津市社区老年教育现状及需求调研报告》，《天津职业院校联合学报》2019 年第 8 期。

张少芳：《老年人养教结合模式发展瓶颈及对策》，《中国老年学杂志》2017 年第 13 期。

储呈梅：《基于"以人为本"的老年大学管理探索与实践》，《江苏科技信息》2016 年第 11 期。

刘智运：《高等教育中"以人为本"的内涵》，《中国地质大学学报》（社会科学版）2003 年第 2 期。

潘冬艳：《需求幅度理论视阈下老年教育课程体系的检视与构建——以国家开放大学老年开放大学为例》，《职教论坛》2017 年第 6 期。

李海峰、王炜：《基于人本主义理论的教育游戏设计研究——从 EGL 框架构建到"护林小熊"3D 游戏开发概览》，《电化教育研究》2015 年第 2 期。

黄宗惠：《"以人为本"对老年教育发展的意义》，《老年大学》2009 年第 3 期。

杜子才：《有中国特色的社会主义老年教育刍议》，《中国老年学杂志》1997 年第 4 期。

米淑兰：《北京市西城区社区老年教育需求调研与发展策略思考》，《北京宣武红旗业余大学学报》2018 年第 1 期。

杨剑波：《社会工作视角下社区老年教育问题研究》，《中国校外教育》2020 年第 5 期。

廖敏：《社会工作视角下社区老年教育问题研究》，《长沙民政职业技术学院学报》2018 年第 3 期。

辜阳波：《老龄化趋势下发展社区老年教育的实践与探索》，《闽西职业技术学院学报》2019年第1期。

陈乃林：《社区老年教育探索》，《中国成人教育》2015年第22期。

程仙平、杨淑珺：《社区老年教育治理的路径选择》，《教育探索》2016年第8期。

陈丽、林世员、郑勤华：《互联网＋时代中国远程教育的机遇和挑战》，《现代远程教育研究》2016年第1期。

刘宁、陆静：《社会心理学视角下电大参与社区老年教育的路径》，《继续教育研究》2015年第12期。

陈玉明、吴遵民：《电大开拓社区教育何以推进》，《开放学习研究》2016年第6期。

邢贞良：《转型与融合：职业院校发展老年教育策略研究》，《中国职业技术教育》2015年第9期。

丁洁：《社区老年教育的创新发展研究》，《课程教育研究》2018年第22期。

董艳清、龙世发、骆革新：《地方性开放大学参与社区老年教育服务的模式与策略研究——以茂名开放大学为例》，《传播力研究》2018年第6期。

陈春勉：《老龄化背景下社区老年教育课程建设研究》，《成人教育》2016年第9期。

吴进：《农村老年教育教学设计的构想》，《成人教育》2018年第11期。

李婷、李文：《新媒体时代老年教育的变革与发展路径》，《成人教育》2018年第11期。

陈可：《终身教育理念指导下老年教育课程建设研究——以常州开放大学为例》，《烟台职业学院学报》2018年第3期。

冯涛：《共享视野下促进老年教育的社会路径分析》，《新西部》2018年第36期。

谢宇：《教师专业化发展视阈下老年教育教师队伍建设策略研究——以广州老年开放大学为例》，《湖南广播电视大学学报》2020年第1期。

刘明永：《学习型社会背景下社区老年教育探索》，《中国成人教育》2013

年第 9 期。

乔维德:《社区老年教育发展的瓶颈与对策》,《天津电大学报》2015 年第 1 期。

鲍忠良:《社区教育视野下的老年教育问题与策略探究》,《继续教育研究》2014 年第 9 期。

陈乃林:《社区老年教育探索》,《中国成人教育》2015 年第 22 期。

丁洁:《社区老年教育的创新发展研究》,《课程教育研究》2018 年第 22 期。

辜阳波:《老龄化趋势下发展社区老年教育的实践与探索》,《闽西职业技术学院学报》2019 年第 1 期。

陈薇:《老有所为:日本和香港老年人力资源开发的经验和启示》,《天水行政学院学报》2018 年第 4 期。

张欣:《香港、澳门社区教育发展的新趋势》,《职教通讯》2016 年第 22 期。

薛明智:《跨校修读与学分互认机制的探索与思考》,《太原城市职业技术学院学报》2019 年第 6 期。

孙建新:《老年大学师资队伍现状与管理对策研究》,《吉林省教育学院学报》2017 年第 6 期。

何李杏:《社区老年教育的现状与问题探究——以湛江社区大学为例》,《区域治理》2019 年第 32 期。

张竹英:《国内老年教育的规范性文件分析与立法建议》,《福建广播电视大学学报》2016 年第 5 期。

张蕊鑫、马乐:《社区老年教育学习资源建设问题与对策研究》,《成都工业学院学报》2019 年第 3 期。

孙立新、叶长胜:《我国老年教育研究的主题透视与展望——基于 CNKI 与 CiteSpace 的可视化分析》,《终身教育研究》2020 年第 2 期。

黄月丽:《人口老化下的高龄教育政策》,《国土及公共治理季刊》2016 年第 4 期。

杨国赐:《当前成人教育政策与发展取向》,《成人教育》1991 年第 3 期。

谭文静、陈功:《台湾省乐龄教育概况及对中国建设老年大学的思考》,

《兰州学刊》2020 年第 2 期。

台湾教育行政主管机关：《第七次台湾教育年鉴（第四册）》，《教育行政主管机关》，2012 年，第 175 页。

苏丽琼、黄雅玲：《老人福利政策再出发——推动在地老化政策》，《社区发展期刊》2005 年第 110 期。

何青容：《高龄者社区学习方案：高雄市社区型长青学苑》，《师友月刊》2009 年，第 27—31 页。

魏惠娟：《台湾乐龄学习中心服务效益分析研究报告》，台北：中正大学高龄教育研究中心，2019 年。

黄富顺：《台湾省新进高龄教育的实施、特色与问题》，《洛阳师范学院学报》2013 年第 1 期。

隗振琪、王潔媛：《大学高龄教育对老年意象转变指研究》，《明星学报》2020 年第 2 期。

程仙平、杨淑珺：《社区老年教育治理的路径选择》，《教育探索》2016 年第 8 期。

刘明永：《学习型社会背景下社区老年教育探索》，《中国成人教育》2013 年第 9 期。

阳立兵、钟平艳：《论高校学分互认的传统文化传承价值》，《汉字文化》2019 年第 7 期。

张钧伟：《老年大学教师队伍建设存在问题及解决对策》，《广东职业技术教育与研究》2019 年第 1 期。

张晓琴：《香港老年社区教育服务概观》，《中国成人教育》2014 年第 10 期。

硕士与博士论文

黄燕东：《老年教育：福利、救济与投资》，浙江大学，2013 年。

王英：《中国社区老年教育研究》，南开大学，2009 年。

王文超：《美国老年教育发展及启示》，河南师范大学，2011 年。

迟宝策：《英国老年教育研究》，东北师范大学，2011 年。

蔡玉军：《增权视角下的社区老年教育研究》，华中师范大学，2016 年。

孙珍辉：《城市社区老年教育现状调查及对策研究》，广西师范大学，2018年。

鞠明欣：《养老保障之扩展：社会增权下的老年人力资本开发研究》，吉林大学，2014年。

蔡玉军：《增权视角下的社区老年教育研究》，华中师范大学，2016年。

何阳：《重庆Y社区老年教育小组活动的社工介入研究》，重庆大学，2015年。

原艳：《养教结合的城市社区老年教育模式构建研究》，福建农林大学，2018年。

李振兴：《社区老年教育教师队伍建设研究》，上海师范大学，2017年。

包立峰：《以人为本企业文化的价值生态与建构》，东北师范大学，2012年。

潘澜：《我国老年教育社区推动的理论与实践研究》，上海师范大学，2010年。

杨山杉：《终身教育视域下郑州市社区老年教育研究》，郑州大学，2016年。

李纯：《人力资源开发视角下社区老年教育研究》，江西师范大学，2016年。

郑政鑫：《深圳"社工＋义工"社区服务模式研究》，南京大学，2014年。

王雯：《社会工作介入社区老年教育模式的实践与探析》，郑州大学，2012年。

刘春雪：《社区老年教育的社会工作介入研究》，云南大学，2019年。

陈芸：《社会治理视角下广州市老年教育发展研究》，华南理工大学，2018年。

郑洁：《广州市基层社区老年教育服务问题研究——以夏港街社区为例》，华南理工大学，2018年。

李振兴：《社区老年教育教师队伍建设研究》，上海师范大学，2017年。

孙珍辉：《城市社区老年教育现状调查及对策研究》，广西师范大学，2018年。

梅蕾：《我国城市社区老年教育研究》，四川师范大学，2010年。

刘影：《上海市社区老年教育课程实施现状研究》，上海师范大学，2019年。

电子文献

中国共产党新闻网：《"积极老龄化"在中国》，http：//theory.people.com.cn/n/2013/0203/c107503 - 20413628.html。

学术堂：《社区教育概念与终身教育理论》，http：//www.lunwenstudy.com/crjiaoyu/131739.html。

龙岗区坪地街道办事处：《坪地街道社会事务办2015年工作总结及2016年工作计划》，http：//www.lg.gov.cn/bmzz/pdjdb/xxgk/ghjh/ndgzjhjzj/201804/t20180412_11684938.htm。

广州市老龄工作委员会办公室：《2015年及2016年广州市老年人口数据摘要》，http：//gzll.gzmz.gov.cn/gzsllgzwyhbgs/gzslnrkxz/201702/72b9bd61e2324912b0281100a90cd3b4.shtml。

广州日报：《广州75%受访者认为社区养老比去养老院好》，http：//news.dayoo.com/guangzhou/201705/04/139995_51202204.htm。

广州市番禺区广播电视大学：《成果展示》，http：//demo2.ltpower.net/web/hhxx - 9bd082c11bd36560c51fa637802e9ca7/page/1414.html。

《带好孙，教好孙——隔代教育好方法》（教材）入选2017年向全国老年人推荐优出版物，http：//demo2.ltpower.net/web/hhxx - 9bd082c11bd36560c51fa637802e9ca7/news/show - 4493.html。

台湾内政主管机关（2020）统计处资料，https：//statis.moi.gov.tw/micst/stmain.jsp？sys = 220。

台湾社会行政主管机关，"老人福利法"，台湾法规资料库. https：//law.moj.gov.tw/LawClass/LawHistory.aspx？pcode = D0050037。

台湾卫生福利部统计处：《老人长青学苑概况》，https：//dep.mohw.gov.tw/DOS/cp - 1721 - 9415 - 113.html。

教育行政主管机关：《大学乐龄学堂联络名册》，hops：//moe.senioreduov.tw/front/bin/ptdetail.phtml？Part = 09110236&Rcg = 5。

台湾教育行政主管机关：《社区多元学习中心简介》，https：//moe.senioredu. moe. gov. tw/Home/CommunityDiversityLearningCenter，2020 - 03 - 26。

台湾基督长老教会：《松年大学简介》，https：//www. tschurch. org/senior - university/。

松年大学双连分校：《松年大学简介》，https：//www. slpctaipei. org/snus-lpc - taipei。

晓明长青大学：《晓明长青大学概况》，http：//www. smgsh. tc. edu. tw/lkk/main. aspx？m = 2&body = 51。

台北市政府社会局：《社会参与—长青学苑》，https：//dosw. gov. taipei/News_Content. aspx？n = 222C9779823FA161&s = 7B3F8B646D0A5442. 2020 - 04 -29。

教育行政主管机关：《乐龄课程教材研发》，https：//moe. senioredu. moe. gov. tw/Home/Tutor8_2。

广东省人民政府办公厅政府信息公开：《广东省人民政府办公厅关于大力推动老年教育发展的实施意见》，http：//www. gd. gov. cn/gkmlpt/content/0/146/post_14612 5. html#7。

广东统计信息网：《2018 年广东人口状况分析》，stats. gd. gov. cn/tjfx/content/post_2268233. html。

香港特别行政区政府劳工及福利局：《安老服务计划方案》，https：//www. lwb. gov. hk/sc/highlights/elderlyservicesprogrammeplan/index. html。

澳门特区统计暨普查局：《人口数据资料库》，https：//www. dsec. gov. mo/CensOsWebDB/#！/information/0/1？lang = cn。

台湾内政主管机关（2020）统计处资料，https：//statis. moi. gov. tw/micst/stmain. jsp？sys = 220. 2020 - 04 - 02。

台北市政府社会局：《社会参与—长青学苑》，https：//dosw. gov. taipei/News_Content. aspx？n = 222C9779823FA161&s = 7B3F8B646D0A5442。

安老事务委员会，https：//www. elderlyco mmission. gov. hk/cn/Abou t_Us/Intr oduction. h tml。

中华人民共和国中央人民政府：《国务院办公厅关于印发老年教育发展规划（2016—2020 年）的通知》，http：//www. gov. cn/zhengce/content/2016 - 10/19/content_5121344. htm。

后　　记

2011年，党中央国务院发布《关于加强老龄工作的决定》，国务院又相继颁布了各种关于中国老龄教育事业发展规划的文件。为积极响应国务院号召，2017年广东省政府办公厅也发布了《关于大力推动老年教育发展的实施意见》（粤府办〔2017〕41号），明确提出"到2020年，广东省基本形成布局合理、机会均等、内涵丰富、灵活多样、服务完善，覆盖省、市、县、乡、村5级的现代化老年教育体系"。有关研究显示，我国港澳台地区社区老年教育发展较早，实践模式较为成熟，学习和研究他们的做法与经验，并与之作比较分析，是一项有意义的研究工作。

当前，人口老龄化和社区老年教育无论是在国际上还是在国内都是备受人们关注的重点话题。经过多年发展，我国港澳台地区的社区老年教育都已形成一定规模，并各具特色。对粤港澳台四地的社区老年教育进行比较研究，归纳总结这四地的社区老年教育发展的模式、特征、成效与经验等问题，对我国其他地区社区老年教育的开展具有借鉴意义。

本书是广东省广州市教育局与广州市广播电视大学2019年财政专项"广州学习型社会建设（远程教育部分）应用及建设工作"项目的成果之一。全书共分为六章：第一章先总述国际社区老年教育的理论基础、历史逻辑、实践模式及发展趋势；第二章至第五章分别讲述广东省、香港、澳门和台湾省社区老年教育的发展概况、政策支持、发展模式、成效与问题等内容；第六章从比较的角度探讨分析粤港澳台四地的社区老年教育的共性与个性特征。

本书得以最终顺利付梓，是团队共同努力的结果，是华南师范大学港澳青少年教育研究中心主要成员集体努力的结果。笔者指导的华南师范大学教科院国际与比较教育研究所的硕士及博士研究生，如祝晓芳、佘永璇、李梦花、彭玉洁、邹路、刘佳佳、许燕蘭等，对资料的收集与整理做了大量细致的工作，保证了本专题的及时交稿。这里要特别感谢的是中国社会科学出版社的张林编辑为本书的顺利出版，做了大量的协调与编审工作。需要强调的是本书在写作过程中，引用了同行专家的一些研究成果，在此深表谢意。书中引用部分都力求做到一一注明，但难免会有疏漏，在此谨表歉意。本书的出版得到广东省广州市教育局与广州市广播电视大学的资助。

2020 年 7 月